ARNOLD GREDIG

Unser Leben:

Traum oder Wirklichkeit?

Ein Leitfaden fürs Leben

novum 🔖 pro

Dieses Buch ist auch als
e-book
erhältlich.

www.novumverlag.com

Bibliografische Information
der Deutschen Nationalbibliothek:

Die Deutsche Nationalbibliothek
verzeichnet diese Publikation in
der Deutschen Nationalbibliografie.
Detaillierte bibliografische Daten
sind im Internet über
http://www.d-nb.de abrufbar.

Gedruckt in der Europäischen Union
auf umweltfreundlichem, chlor- und
säurefrei gebleichtem Papier.

© 2023 novum Verlag

ISBN 978-3-99131-936-8
Lektorat: Laura Oberdorfer
Umschlagfoto:
Fakepo I Dreamstime.com
Umschlaggestaltung, Layout & Satz:
novum Verlag

www.novumverlag.com

Climate neutral
Print product
ClimatePartner.com/16547-2201-1002

Inhaltsverzeichnis

Erklärungsverzeichnis 7
Vorwort 24
Einleitung 26

Die 3 Lebensbereiche 29
1 Der persönliche Bereich 29
1.1 Meine Lebensgeschichte 29
    1.1.1 Die Kinder- und Schuljahre 29
    1.1.2 Die Ausbildungsjahre 39
    1.1.3 Die Berufseinstiegsphase 51
    1.1.4 Die Aufbauphase 71
    1.1.5 Die Ausbauphase 83
    1.1.6 Die Stabilisierungsphase 109
    1.1.7 Die Ausstiegsphase 117
    1.1.8 Exkurs in die Wunderwelt 128
1.2 Die Entwicklungen betreffend
    Hämophilie, HIV und Aids aus
    medizinischer und sozialer Sicht 137
    1.2.1 Die Bluterkrankheit 137
    1.2.2 Die königliche Krankheit 145
    1.2.3 Die Tenna-Sippe 147
    1.2.4 Das Soziale bei Behinderungen
        und mit Behinderten 149
    1.2.5 HIV und Aids 160
    1.2.6 Die sozialen Auswirkungen von HIV 170
    1.2.7 Die Hepatitis C 173
1.3 Die Zusammenfassung
    „Persönlicher Bereich" 177

2 Der private Bereich 186
2.1 Die gesellschaftliche Entwicklung 186
   2.1.1 *Allgemeine Anmerkungen*
      als Einführung 186
   2.1.2 *Die rechtliche Entwicklung* 191
   2.1.3 *Die religiöse Entwicklung* 203
   2.1.4 *Die politische Entwicklung* 206
   2.1.5 *Die mediale Entwicklung* 222
2.2 Die Zusammenfassung „Privater Bereich" . . . 223

3 Der berufliche/geschäftliche Bereich 227
3.1 Die wirtschaftliche Entwicklung allgemein . . . 227
   3.1.1 *Die Umlagerung von der Produktions-*
      zur Dienstleistungswirtschaft 227
   3.1.2 *Die Ausweitung von der regionalen*
      zur globalen Wirtschaft 230
3.2 Die Entwicklung im Treuhandwesen 233
   3.2.1 *Die Veränderungen im Angebot* 233
   3.2.2 *Die Veränderungen im Einsatz*
      von Betriebsmitteln 236
   3.2.3 *Die Veränderungen in der Arbeit* 242
   3.2.4 *Die Verlagerung vom Generalisten zum*
      Spezialisten 244
   3.2.5 *Das klassische Treuhandmandat* 246
   3.2.6 *Das KMU-Coaching-Mandat* 247
3.3 Die Zusammenfassung „beruflicher/
   geschäftlicher Bereich" 249

**4 Das Fundament für sicheres
und sinnvolles Leben** 252

5 Schlusswort 254

Erklärungsverzeichnis

Sämtliche im Text mit Sternchen (*) versehene Begriffe werden nachfolgend beschrieben:

Begriffe	Definition/Erklärung
AZT	Mit AZT wurde 1987 erstmals ein vielversprechenes HIV-Medikament zugelaßen. *https://magazin.hiv-magazin*
Aids	Steht für „acquired immune deficiency syndrome" und bedeutet „erworbenes Immunschwäche-Syndrom". *https://de.wikipedia.org*
AV-Fistel	Arteriovenöse Fistel ist eine direkte Verbindung zwischen einer Arterie und einer Vene. Die feinen Kapillaren des entsprechenden Gewebes werden dabei umgangen. Die AV-Fistel kann angeboren oder erworben sein, etwa durch eine stattgefundene Thrombose oder Verletzung. *https:www.usz.ch krankheit*
Arthrose	Dies ist eine Gelenkserkrankung und entsteht durch den Abbau von Gelenkknorpel. *https:www.ksw.ch arthrose*

Antabus-Kur   Behandlung von Alkoholkranken

Antiretrovirale
Therapie   Die HIV-Therapie wird auch anti-
                    retrovirale Thearapie genannt. Sie
                    unterdrückt die Vermehrung der
                    Viren im Körper. Bei einer HIV-
                    Behandlung werden immer meh-
                    rere Wirkstoffe miteinander kom-
                    biniert, die an unterschiedlichen
                    Stellen der HIV-Vermehrung an-
                    setzen. Deshalb spricht man auch
                    von einer Kombinationstherapie.
                    https://www.aidshilfe.de
                    hiv-behandlung

Blutgefäß-
kontraktion   Die Blutgefäße sind in der Lage,
                    durch Kontraktion ihrer Muskel-
                    schicht den Gefäßdurchmesser zu
                    verändern und dadurch den Blut-
                    strom zu modifizieren. Das trifft
                    vor allem auf die Arterien, mit Ein-
                    schränkungen auch auf die Venen zu.
                    https://flexiko.doccheck.com
                    blutgefäß

Babylonischer
Talmud   Der Talmud ist eines der bedeu-
                    tendsten Schriftwerke des Juden-
                    tums. Er besteht aus zwei Teilen,
                    der älteren Mischna und der jün-
                    geren Gemara und liegt in zwei
                    Ausgaben vor.
                    https://de.wikipedia.org talmud

Blick
CD4-Zellen

Tageszeitung

CD4-Zellen sind eine bestimmte Gruppe von weißen Blutkörperchen (Lymphozyten), die das CD4-Molekül auf ihrer Zellenoberfläche tragen. Sie koordinieren die Immunabwehrstoffe und veranlassen die Bildung von Abwehrstoffen gegen Eindringlinge. Mit dem CD4-Rezeptor können diese Zellen eingedrungener Krankheitserreger oder Fremdstoffe erkennen. Das HI-Virus nutzt das CD4-Molekül, um nach dem Schlüssel-Schloss in das Innere der Zellen zu gelangen. Dabei dockt es mit einem speziellen eigenen Oberflächenmolekül (Schlüssel) an den CD4-Rezeptor (Schloss) an und wird von der Zelle aufgenommen. Die Bestimmung der Zahl der CD4-Zellen hat eine zentrale Bedeutung fü die Stadieneinteilung der HIV-Infektion und für die Verlaufsbeurteilung. Je niedriger die Zahl der CD4-Zellen ist umso fortgteschrittener ist die Immunschwäche
https://www.internisten-im-netz.de

Chromosom

Chromosomen tragen das Erbgut eines *Lebewesens und sind Bestandteile des* Zellkerns.
https://simpleclub.com

Dauersubstitution   Da es sich bei der Hämophilie um eine Gerinnungsstörung handelt, besteht die aktuelle Standardtherapie darin, den fehlenden Gerinngunsfaktor in Form einer injektion zu verabreichen. *https://roche-fokus-mensch.ch*

Der Balgrist   Universitätsspital für Orthopädie des Kantons Zürich.

Dialyse   Eine Dialyse ist ein Verfahren, mit dem Blut eines Menschen von giftigen Stoffen gereingit wird, wenn Nieren dazu nicht mehr in der Lage sind *https://www.internisten-im-netz.de*

Elektrokoagulation   Dies ist ein chirurgisches Verfahren zur Zerstörung von Gewebe mittels Stroms. *https://flexikon.doccheck.com*

Enzymimmunoassay   Immuntest für die quantitative Bestimmung von Antigenen oder Antikörpern, bei dem Enzyme zur Markierung immunologischer Reaktionspartner eingesetzt werden. *https://www.springermedizin.de*

Erworbenes Immunschwächesyndrom   Aids (Acquired Immunodeficiency Syndrom = erworbenes Immunschwächesyndrom) ist die Spätfolge einer Infektion mit dem HI-Virus (Human Immunodeficienca

Virus. HIV = menschliches Immunschwäche-Virus). Bei einer Immunschwäche ist die Abwehrfähigkeit des Körpers gegenüber Krankheitserregern vermindert.
https://aids.ch HIV und Aids

Fibrinolyse Bei der Fibrinolyse wird Fibrin enzymatisch gespalten. Damit das Blut ungehindert fließen kann und auf Veränderung der Zusammensetzung sowie Verletzungen der Gefäßwand reagieren kann, benötigt es ein Gleichgewicht zwischen Fibrinolyse (macht das Blut flüssiger) und Gerinnung (macht das Blut dicker).Im Körper darf es niemals zu einer unkontrollierten Aktivierung der Blutgerinnung kommen. Störungen in der Regulation der Blutgerinnung können zu Gerinnungsstörungen führen
https://www.gesundheit.gv.at

Fistel Eine Fistel ist eine röhrenförmige Verbindung zwischen zwei Hohlorganen oder zwischen einem Hohlraum im Körper und der Körperoberfläche. Sie kann angeboren sein, sich durch krankhafte Prozesse bilden oder aus medizinischen Gründen künstlich angelegt werden.
https://www.gesundheit.gv.at

Granulieren Als Granulieren oder Granieren (zu lat. granum, „Korn", „Körnern") bezeichnet man das Verwandeln von entweder großen Partikeln oder von sehr kleinen Partikeln mit unterschiedlicher Partikelgröße (Pulver) in ein Haufwerk mit Partikeln enger Partikelgröße. *https://de.wikipedia.org*

Glykosid Eine glykosidische Bindung zwischen dem anomeren Kohlenstoffatom eines Kohlenhydrates und einer weiteren chemischen Gruppe, die entweder ebenfalls ein Zucker sein kann oder auch zum Beispiel eine Base. Die Bindung kann aus einem Halbacetal und einem Alkohol oder Amin zum Vollacetal gebildet werden. *https://studyflix.de.chemie*

HIV HIV ist die Abkürzung für das zu den Retroviren gehörende Human Immunodeficiency Virus, was auf Deutsch „Menschliches Immunschäche-Virus bedeutet". Übertragen wird das HI-Virus durch ungeschützten Geschlechtsverkehr, sowie Spritzen- und Nadelaustausch bei Drogenkonsum. *https://www.bag.admin.ch home*

Hämophilie Hämophilie ist den meisten Menschen als „Bluterkrankheit" bekannt. Bei einer Hämophilie ist die Blutgerinnung gestört. Das Blut gerinnt deutlich langsamer als bei anderen Menschen. Wunden schliesen sich dadurch nur verzögert. Wenn das Blut schlelcht gerinnt, kann es auch im Körpber Blutungen geben.

https://www.gesundheitsinformation.de

Hämophiler Hämatom

Das ist ein Bluter.

Die Ursache für ein Hämatom ist immer eine Gefäßverletzung. Je nach Tiefe der Gefäßverletzung kann dies sofort oder auch erst nach Tagen sichtbar werden. Umgangssprachlich wird das Hämatom auch als „blauer Fleck" oder Bluterguß bezeichnet.

https://www.gesundheit.gv.at

Hepatitis C

Hepatitis C ist eine infektiöse Entzündung der Leber, die durch das Hepatitis-C-Virus ausgelöst wird. Die Übertragung erfolgt durch Blut einer infizierten Person. Meist verläuft die Erkrankung chronisch. Sie kann jdeoch geheilt werden. Es steht keine Impfung zur Verfügung.

https://www.bag.admin.ch home

Immunoblot

Der Immunoblot ist ein Testverfahren zum spezifischen Nachweis von Antikörpern im Serum. Er findet unter anderem in dem HIV Bestätigungstest Anwendung, welcher in Folge eines positiven Screening-Tests abgeschlossen wird. *https://www.meindirektlabor.de*

Interferon-Therapie Therapeutischer Einsatz rekombinanter Interferone zu antiviralen, wachstumshemmenden oder immunmodulatorischen Behandlungen. Wichtige Einsatzgebiete sind beispielsweise die Multiple Sklerose, die CML und die Hepatitis C. Die Interferontherapie ist nebenwirkungseich und führt beispielsweise zu ausgeprägten grippalen Symptomen, Blutveränderungen und psychischen Veränderungen. *https://www.pschyrembel.de interferon*

Kanti Bündner Kantonsschule

Koagula Ein Koagel oder Koagulum (von lat coagulare = stocken, Mehrzahl Koagula), ist ein extravasales Blutgerinnsel (von lat. extra = außen und lat. vas = Gefäss), extravasaler Blutpfropf, Blutkuchen, Blutkoagel oder Blutkoagulum ist eine galleartige Blutblase aus roten Blutkörperchen, weißen Blutzellen und Blutplättchen, die durch die Blutgerinnung entsteht. Ihre

Außenhaut wird durch den „Klebstoff" Fibrin stabilisiert. Ein nicht infiziertes und intaktes Koagulum spielt eine entscheidende Rolle bei der Wundbehandlung, da es einen biologischen Wundverband darstellt.

https://de.wikipedia.org

Konduktorin

Gesunde Frau mit einer erbrechtlichen Krankheitsanlage, die auf Kinder übertragen werden kann. Der Begriff wird besonders bei Frauen verwendet, die Anlageträgerinnen für X-chromosomal vererbte Krankheiten sind, bei denen fast auschließiich Knaben erkranken, welche die entsprechende Anlage von der Mutter erben (Beispiele Hämophilie, Rot-Gründ-Blindheit)

https://www.kindernetzwerk.de

Kryopräzipitate

Kryopräzipitat ist der Teil des Blutes, der nur bestimmte Gerinnungsfaktoren enthält, z. B. Faktor VIII (unzureichend bei Hämophilie A), Von-Willebrand-Faktor und Fibrinogen. Kryopräzipitat wird jetzt am häufigsten als Fibrinogenquelle verabreicht (Fibrinogen ist für die Blutgerinnungsbildung erforderlich).

https://www.cincinnatichildrens.org

Leberbiopsie   Eine Leberbiopsie ist eine Gewebeentnahme aus der Leber. Sie ist eine Methode der Medizin zur Untersuchung von diffusen oder umschriebenen Leberveränderungen.
https://de.wikipedia.org

Leberzirrhose   Es handelt sich um eine chronische Erkrankung bei der das Lebergewebe zunehmend zerstört wird und die Leber ihre Funktion einbüßt. Anfangs zeigen sich meist noch keine Symptome. Die häufigsten Ursachen sind eine Fettleber – entsteht meist durch zu hohen Alkoholkonsum oder Übergewicht, aber auch durch Hepatitis B und C.
https://www.usz.ch krankheit

Long Covid   Long Covid ist der Oberbegriff für gesundheitliche Langzeitfolgen, die nach einer Infektion mit dem Corona-Virus SARS-CoV-2 vorhanden sein können. Der Begriff „Long Covid" umfaßt Symtome, die mehr als vier Wochen nach Ansteckung mit dem Coronavirus fortbestehen, sich verschlechtern oder neu auftreten.
https://www.infektionsschutz.de

Lola-Prinzip   Das Lola-Prinzip zeigt auf, wie der Mensch jedes Ziel mit weniger

Zeit und Aufwand erreichen kann als auf herkömmliche Art.
https://www.lola-prinzip.ch

Lymphknoteninfekt Geschwollene Lymphknoten sind meist ein Zeichen dafür, dass sich das Immunsystem mit körperfremden Erregern wie Viren oder Bakterien auseinandersetzt. Häufig kommt es zu der Schwellung bei einer Erkältung oder Grippe. Der Infekt heilt in der Regel nach einiger Zeit von alleine.
https://www.deutsche-familienversicherung.de

Nukleosidanaloga Das sind Substanzen, die natürlichen Nukleosiden (Molekülen) ähneln. Zu ihnen zählen u. a. die nukleosidischen Reverse-Transkriptase-Inhibitoren (NRTI), Arzneistoffe, die vor allem in der antiviralen Therapie angewendet werden, z. B. gegen HIV oder HBV.
https://flexikon.doccheck.com

Opportunistische Infektionen Als opportunistische Infektionen bezeichnet man die durch fakultativ pathogene (opportunistische) Erreger verursachten Infektionen. Die Erreger machen sich verschiedene Umstände zu Nutze, die beim Erkrankten eine Immundefizienz, das ist eine Immunschwäche,

verursachen, z. B primäre Immun-
defekte, onkologische Erkrankungen oder Infektionen.
https://flexikon.doccheck.com

PCR

Der PCR-Test beruht auf der sogenannten Polymerase-Kettenreaktion (englisch polymerase
chain reaction, PCR). Bei dieser
Nukleinsäureamplifikationstech-
nik (NAT) wird die Erbsubstanz
des Virus in der Probe vervielfäl-
tigt, sodass diese nachgewiesen
werden kann.
https://www.infektionsschutz.de

Phänotypisch

Einfach ausgedrückt, ist der Phänotyp das Erscheingungsbild eines Lebewesens, also (meistens)
Merkmale, die wir sehen können.
Darunter fallen äußere Merkmale
wie die Körpergröße oder Augen-
farbe. Aber auch physiologische
Eigenschaften wie die Stoffwech-
selprozeße im Körper oder bestimmte Verhaltensmerkmale
zählst du zum Phänotyp.
https://studyflix.de

**Polymerase-
Kettenreaktionen**

Dies ist eine enzymatische Technik, die zur schnellen Herstellung
von DNA-Kopien eines gewünschten DNA-Abschnitts dient.
https://studyflix.de

Postoperativ	Postoperativ bedeutete „nach einem chirurgischen Eingriff" bzw. „nach einer Operation". *https://flexikon.doccheck.com*
Pseudotumor	So nennt sich eine Gewebeveränderung, die einzelne Eigenschaften eines Tumors imitiert (z. B. eine Raumforderung), aber kein Tumor im engeren Sinne ist. Es liegt keine Fehlregulation des Zellwachstums mit Vermehrung von Zellen vor. *https://flexikon.doccheck.com*
Präexpositions-prophylaxe (PrEP)	HIV-negative Menschen nehmen ein Medikament ein, um sich vor HIV zu schützen. Das Medikament verhindert, dass sich das Virus nach dem Eindringen in den Körper vermehren kann. *https://www.hivandmore.de*
PPSB	PPSB (Prothrombinkonzentrat) ist die Bezeichnung für ein Blutprodukt, in dem die folgenden Vitamin-K-abhängigen Gerinnungsfaktoren konzentriert sind: Faktor II = Prothrombin, Faktor VII = Prokonvertin, Faktor IX = antihämophiler Faktor B, Faktor X = Stuart-Prower-Faktor. Zusätzlich sind die antithrombotisch wirkenden Faktoren Protein C

	und Protein S sowie als Zusatz Antithrombin enthalten, *https://de.wikipedia.org*
PTT	Die partielle Thromboplastinzeit, kurz PTT, ist ein hämostaseologischer Laborwert, der Auskunft über das intrinsische (endogene) System der Blutgerinneung gibt. *https://flexikon.doccheck.com*
Psoas	Der Psoas, zu Deutsch auch Lenden-Darmbeinmuskel, ist der stärkste Hüftbeuger des menschlichen Körpers und die einzige muskuläre Verbindung zwischen Wirbelsäule und Oberschenkelknochen. *https://www.fitforfun.de*
Radiologisch	Die medizinische Radiologie, im engeren Sinne auch Strahlenheilkunde genannt, ist das Teilgebiet der Medizin, das sich mit der Anwendung bildgebender Verfahren zu diagnostischen therapeutischen und wißenschaftlichen Zwecken befasst. *https://de.wikipedia.org*
Rezessiv	Von lateinisch „recedere" (zurücktreten, zurückweichen, in den Hintergrund treten) bedeutet in der Genetik „zurücktretend" oder auch „nicht in Erscheinung tretend". *https://de.wikipedia.org*

Ribavirin	Das ist ein Arzneistoff aus der Gruppe der Virostatika. Es ist ein Nukleosid-Analogon und wirkt virostatisch (die Vermehrung von Viren hemmend) gegen eine Reihe von DNA- und RNA-Viren wie beispielsweise das Hepatitis-Virus. *https://de.wikipedia.org*
Substitutions-therapie	Um die Blutgerinnung beim Patienten mit schwerer Hämophilie dauerhaft zu verbessern, muss sie deshalb häufig, meist mehrmals pro Woche, verabreicht werden. Über viele Jahre hinweg erfolgte diese Substitutionsbehandlung nur bei Blutungen als sogenannte Bedarfsbehandlung. *https://shg.ch*
Sickerblutung	Es handelt sich um eine kleine, leichte, flächige, nicht pulsierende, arterielle beziehungsweise venöse Blutung aus kleinen, rupturierten Blutgefäßen der Endstrombahn. *https://flexikon.doccheck.com*
Therapie mit Retrovir	Im Gegensatz zu vielen anderen Infektionserkrankungen kann HIV auch durch eine wirksame Behandlung nicht geheilt werden.

Das Ziel der Therapie ist, das Fortschreiten der Infektion und das Auftreten von Erkrankungen zu verhindern, um ein möglichst gesundes und langes Leben zu ermöglichen. Durch die Verfügbarkeit von Medikamenten hat sich die Lebenserwartung von HIV-Infizierten deutlich verbessert. Ziel der Behandlung ist die Hemmung der Virusvermehrung und die Stabilisierung des Immunsystems. Allerdings erfordert eine dauerhaft wirksame Therapie äußerst regelmäßige, meist lebenslange Einnahmen der Medikamente. Bei unregelmäßiger Einnahme können Resistenzen entstehen, d. h. die Therapie wird unwirksam. Die Medikamente, die zur HIV-Therapie eingesetzt werden, heissen „Antiretrovirale Therapie" oder „ART". Es wird in der Regel mit einer Kombination verschiedener Substandzen behandelt.
https://www.ifi-medizin.de

Treuhand-Kammer Dies war der Verband der Wirtschaftsprüfer und Steuerexperten, also die Vorgängerin der heutigen EXPERT-Suisse.

USZ	Universitätsspital des Kantons Zürich
Vasektomie	Sterilisation des Mannes.
Virusgenom	
(HCV-RNA)	Die Gesamtheit der vererbbaren Informationen einer Zelle bezeichnet man als Genom oder Erbgut. Ein Gen ist ein Abschnitt auf der DNA, der die Information zur Herstellung einer RNA enthält. RNA ist die Abkürzung für Ribonukleinsäure, ein wichtiges Molekül für die Umsetzung der Erbinformation in Proteine. Die meisten RNAs dienen als Bauplan für Eiweiße. Die Gene bestimmen die Merkmale eines Lebewesens. *https://naturwissenschaften.ch*

Vorwort

Eigentlich müsste der Titel wie folgt lauten: „Unser Leben: Traum und Wirklichkeit." Meine Lebensgeschichte ist, liebe Leserinnen und liebe Leser, auch selbstredend und stellvertretend für Ihre Vergangenheit gedacht. Aufgrund unseres Denkmusters unterscheiden wir Menschen nämlich automatisch zwischen Gut oder Böse. Dass jedes Ereignis positive als auch negative Auswirkungen hat, wird einfach ausgeblendet. Erst wenn uns bewusst ist, dass jede Veränderung und jeder Prozess stets eine „sowohl als auch Wirkung" beinhaltet, ist Persönlichkeitsentwicklung erst möglich.

Eine weitere, wichtige Tatsache ist, dass Veränderungen allein durch ganzheitliches Denken und Handeln umgesetzt werden können.

Mein Leitfaden soll dazu dienen, drei Entwicklungsbereiche der letzten rund 60 Jahre aus der Vogelperspektive aufzuzeigen.

Im ersten persönlichen Teil wird meine Lebensgeschichte als körperlich Behinderter gesamthaft beurteilt, aber keinesfalls als benachteiligte Privatperson dokumentiert. Dieser Bereich beinhaltet das höchstpersönliche Tummelfeld von uns allen und ist gleichzeitig unsere persönliche Schatzkammer. Ferner wird die medizinische und soziale Entwicklung in diesem Bereich festgehalten.

Im zweiten privaten Teil werden die gesellschaftlichen Entwicklungen in den unterschiedlichsten Sachgebieten dargestellt. Wichtig zu wissen ist, dass in diesem

Bereich Respekt, Toleranz, Mitverantwortung und Solidarität die treibenden Kräfte für eine positive Entwicklung sind. Gefragt ist also kollektives Denken, Handeln und Verhalten.

Im dritten beruflichen/geschäftlichen Teil werden die auffälligen Entwicklungen am Beispiel Treuhandwesen beschrieben.

Mit meinem Leitfaden will ich mir einen historischen, philosophischen und sozialpolitischen Rückblick verschaffen. Gleichzeitig gebe ich die daraus gewonnenen Erfahrungen und Erkenntnisse aufgrund meiner persönlichen Lebensgeschichte an die Nachwelt weiter.

Ein großes Dankeschön verdient Walter Christe für seinen Leistungseinsatz und seine Unterstützung als Lektor.

Es ist mir ein großes Anliegen, Sie als Leserinnen und Leser dazu anzuspornen, einmal kurz innezuhalten, Bilanz über Ihre persönliche Vergangenheit zu ziehen und, wenn nötig, passende Vorkehrungen einzuleiten und umzusetzen.

Jede persönliche Weiterentwicklung eines Menschen basiert letztendlich auf den eigenen Erfahrungen. Werden diese hinterfragt, analysiert und ausgewertet, lassen sich neue persönliche Zukunftsstrategien entwickeln. Die Möglichkeit der Realisierung des höchsten Lebenszieles „Innere Ruhe und vollkommene Zufriedenheit" zu erlangen, ist damit gegeben.

Alle in männlicher Form abgefassten Begriffe und Texte sind geschlechtsneutral zu verstehen.

Masein, im August 2022
Arnold Gredig

Einleitung

Ob bewusst oder unbewusst von einem gewissen persönlichen Mitleid getrieben, entschied ich mich im Jahre 2007, eine Autobiographie mit dem Titel „Mein Leben mit 3 H", Hämophilie – HIV – Hepatitis zu verfassen und ein Jahr später zu publizieren. Der Grund dieses Entscheids lag darin, einfach einen Schlußstrich mit der Vergangenheit zu ziehen und einen Neuanfang in Angriff zu nehmen.

Mit 60 Jahren kommt bei vielen Menschen, ob gewollt oder ungewollt, schlicht und einfach aus einem inneren Gefühl oder Sachzwang heraus der Gedanke auf, eine persönliche Bilanz zu ziehen und ihre Zukunftsstrategien festzulegen. Als Unternehmer zwingt allein schon die Geschäftsnachfolge zum Handeln.

Als stets interessierte und kämpferische Person war es mir ein Anliegen, auch meine Lebenserfahrungen ab dem 60. Altersjahr bis heute weiterzugeben sowie meine persönliche Gesamtbeurteilung kundzutun. So entschied ich mich für die Kreation eines weiteren Buches. Mein Ratgeber mit dem Titel „Die Steuerung der 3 Lebensbereiche für Ihren Erfolg" erschien im August 2021.

Mein erstes Buch „Mein Leben mit 3 H" verhalf mir zu meiner persönlichen Selbstfindung. Es war also vor allem Selbstzweck. Mein Ratgeber „Die Steuerung der 3 Lebensbereiche für Ihren Erfolg" soll sensibilisieren und damit Unterstützung und letztlich einen Nutzen für Drittpersonen bringen.

Nach reichlicher Überlegung bin ich zur Überzeugung gelangt, dass als Ergänzung zu meinem Ratgeber die Publikation eines dritten Buches mit dem Titel „Unser Leben: Traum oder Wirklichkeit?" Sinn macht. Gedacht ist es als Leitfaden. Er versucht, die Veränderungen von uns Menschen im persönlichen, privaten und beruflichen/geschäftlichen Bereich aufzuzeigen.

Für mich wichtig ist, dass der Leitfaden möglichst sachlich und emotionslos aufgenommen wird. Er soll Fakten aufzeigen und nicht Emotionen schüren. Das Buch soll gleichzeitig auch als Ersatz für meine Autobiographie aus dem Jahr 2008 dienen, die infolge des Konkurses des Verlages vergriffen ist.

Meine persönlichen, familiären sowie die gesellschaftlichen Ereignisse von 2008 bis heute sind stark prägend und haben bei mir zu einem massiven Sinneswandel geführt. Vor allem auch der Klimawandel, die Corona-Pandemie und der Krieg in der Ukraine haben bei mir und vielen Menschen tiefe Spuren hinterlassen.

Im Jahre 2019 musste sich meine liebe Ehefrau Yvonne einer Lebertransplantation unterziehen. Dieser Vorfall bewirkte bei mir, dass ich meine Scheuklappen fallen ließ, meinen Weitblick erweiterte und sich mein Denkmuster völligl veränderte. Zum ersten Mal in meinem Leben war nicht ich der Betroffene, sondern der Teilnehmende und Begleitende des Geschehens. Dieser Zustand von Hilflosigkeit und Ohnmacht hat mir vor Augen geführt, was meine liebe Großmutter, meine lieben Eltern und meine lieben Schwestern, aber vor allem auch meine mir stets unterstützend und aufopfernd zur Seite stehende liebe Yvonne durchgemacht haben. Das von meinem Ego aufgebaute Steuerungssystem versagte plötzlich.

Dies führte bei mir zu einem regelrechten Sinneswandel. Seither betrachte ich das tägliche Geschehen nicht mehr allein aus meiner persönlichen Optik. Ich versuche stets auch die Perspektive meines Gegenübers zu verstehen, wer immer das ist.

DIE 3 LEBENSBEREICHE

1 Der persönliche Bereich

1.1 Meine Lebensgeschichte

1.1.1 *Die Kinder- und Schuljahre*

Am 11. August 1948 kam ich zur Welt. Mit 51 Zentimeter Länge und 4.2 Kilogramm Gewicht war ich wahrlich kein unterentwickeltes Kind. Das Ganze geschah im kleinen Bergdorf Masein mit seinen damals rund 170 Einwohnern. Verantwortlich für meine Hausgeburt war meine einmalige, wunderbare Stiefgroßmutter Menga. Sie lebte in unserer Familie, bestehend aus meinem Vater Martin, meiner Mutter Erika und bis zu meiner Geburt mit meiner Schwester Anna Marie im gleichen Haushalt. Zwei Jahre später wurde meine zweite Schwester Ursina geboren.

Jeremias Gotthelf, ein Schweizer Schriftsteller, schrieb einmal: „Im Hause muss beginnen, was leuchten soll im Vaterland." Dieser Grundsatz wurde von meinen lieben Eltern und unserer allseits geliebten Stiefgroßmutter Menga nicht bloß zur Kenntnis genommen, sondern vollumfänglich vorgelebt.

Meine Mutter verlor ihre leibliche Mutter bereits kurz nach der Geburt. Großvater Arnold heiratete danach Menga. Sie war eine gute Freundin unserer leiblichen

Großmutter Elisabeth. Schon mit 17 Jahren verlor meine Mutter auch ihren Vater Arnold. Menga übernahm die Sorge ihrer Stieftochter Erika. Sie löste zudem die damaligen Probleme mit dem durch den Tod unseres Großvaters verwaisten Landwirtschafsbetrieb. Großvater Arnold war Bluter und zählte zur Sippe der Bluterfamilie aus Tenna.

Unsere „Ersatz-Großmutter" Menga stammte aus einer Lehrpersonenfamilie. Sie war sehr intelligent, einfühlsam und verfügte über eine riesige Sozialkompetenz. Nach Sprachaufenthalten in der französischen Westschweiz und im Tessin erlernte sie den Beruf der Hebamme. Diesen Beruf übte sie kompetent und mit Herzblut bis ins fortgeschrittene Alter aus. Leben und Einsatz für ihre Mitmenschen bedeuteten für sie alles.

Mein Vater wuchs in Tenna auf. Er siedelte erst nach der Heirat mit meiner Mutter nach Masein um. Ab dem 23. Altersjahr bis zu seiner Pensionierung arbeitete er als Aufseher in der kantonalen Strafanstalt Realta in Cazis. In seiner Freizeit betrieb er leidenschaftlich gern seine Schafzucht. Sein Beruf prägte ihn und er war sehr darauf bedacht, die drohenden Gefahren des Lebens auch uns Kindern mitzuteilen und dies in die Erziehung einfließen zu lassen.

Damit mein Vater sein Hobby pflegen und genießen konnte, war auch ein enormer Arbeitseinsatz meiner Mutter erforderlich. Viele Nächte pro Jahr und auch unzählige Wochenenden musste mein Vater in der Strafanstalt verbringen. Schlafen in der Anstalt zählte nicht als Arbeitszeit, sondern war Selbstverständlichkeit. Die Schafe mussten aber trotzdem versorgt werden und somit war in unserer Familie absolute Teamarbeit angesagt.

Unsere Großmutter Menga war der ruhende Pol und gleichzeitig aber auch die führende Person der Familie. Durch die Arbeitsaufteilung zwischen meiner Mutter und meiner Großmutter wurden gleichzeitig auch ihre Zuständigkeiten bestimmt. Meine Mutter besorgte den Garten, verpflegte die Haustiere, half bei der Feldarbeit mit und unterstützte Menga im Haushalt. Die Küche, die Kinderbetreuung und später die Unterstützung bei den Schulaufgaben war ebenfalls Sache von Menga. Sie opferte sich buchstäblich für das Wohlergehen unserer Familie.

Aufgrund unserer komfortablen Situation hatten wir als Familie maßgebende Vorteile und das große Vergnügen über ein aus heutiger Sicht betrachtet primitives Eigenheim mit Umschwung und großem Auslauf zu verfügen. Dieses Privileg trug auch wesentlich zu unserer Persönlichkeitsentwicklung bei. Freiheit und Unabhängigkeit wurde uns so schon mit in die Wiege gegeben.

Dank dieser Voraussetzungen war die Familie sozial sichergestellt und wir Kinder durften eine wunderbare Kinder- und Jugendzeit erleben. Geprägt war das Ganze von gegenseitigem Respekt, Vertrauen und Liebe.

Wäre da nicht die heimtückische Bluterkrankheit gewesen, hätten wir uns im wahren Paradies befunden.

Als zweijähriges Kind schnitt ich mir in den linken Zeigefinger. Die Schnittwunde blutete ununterbrochen und fortwährend. Die Stunde der Wahrheit nahte. Der konsultierte Hausarzt vermutete zu Recht, dass es sich bei mir um einen weiteren Bluter in der Familie handeln könnte. Für meine Eltern bedeutete dies den Schock fürs Leben. Weitere Abklärungen ergaben, dass sich die Befürchtungen bewahrheiteten. Eine sehr belastende und herausfordernde Bürde wurde mir als Betroffenem wie auch allen meinen Familienangehörigen auferlegt. Zu dieser Zeit war die Bluterkrankheit eine stetige Gratwanderung zwischen Leben und Tod.

Aufgrund der Erfahrungen mit meinem Großvater als Bluter war meinen Eltern wie auch meiner Großmutter bekannt, dass die Bluterkrankheit vererbt wird, dass die Frauen nicht erkranken, sondern Überträgerinnen der Krankheit sind und dass die Krankheit auch als die Krankheit der Könige galt. Ferner wussten sie, dass Bluter keine lange Lebenserwartung haben. Ebenfalls bekannt war, dass es unterschiedliche Krankheitsbilder gibt. Man spricht von der Bluterkrankheit A und B. Alle Angehörigen von Blutern lebten damit in ständiger Angst und Hilflosigkeit im Zusammenhang mit den Leidensgeschichten und dem lauernden Tod der Betroffenen. Übrig blieb für meine Eltern und meine einmalige Großmutter somit für den Moment allein die Hoffnung, dass das Leben und nicht der Tod obsiegen würde.

Von den ersten fünf Jahre blieb mir vor allem in Erinnerung, dass ich mir als Vierjähriger beim Skifahren eine Bänderzerrung im linken Knie zuzog. Danach hütete ich längere Zeit das Bett. Skifahren wie auch das Betreiben aller sonstigen Sportarten waren fortan keine Themen mehr für mich. Mit diesem Ereignis begann für mich mein persönlicher Lebensweg und letztlich die soziale Isolation.

Im Jahre 1955 begann der Ernst des Lebens. Ich wurde in der Primarschule in Masein eingeschult. Damals dauerte ein Schuljahr lediglich sechs Monate, nämlich vom 1. Oktober des laufenden bis zum April des nächsten Kalenderjahres. Die Anzahl der wöchentlichen Schulstunden lag bei 33 Stunden und das 26 Wochen lang. Eine kurze Erholungzeit gab es nur zwischen Weihnachten und Neujahr.

Die Schule war aufgeteilt in eine Unter- und eine Oberstufe. Zwei Lehrer waren zuständig für die Ausbildung der Kinder. Ein Kindergarten existierte nicht. Erst als ich in der dritten Klasse war, wurde die Schule in drei Stufen aufgeteilt und eine dritte Lehrkraft angestellt. Fortan war eine Lehrkraft für die erste, zweite und dritte Klasse, die zweite für die vierte, fünfte und sechste Klasse und die dritte für die Oberstufe umfassend die Klassen sieben bis neun zuständig. Eine Sekundarschule existierte in Masein nicht. Den Besuch der Sekundarschule ermöglichte uns Schulkindern von Masein die Gemeinde Thusis. Ich absolvierte dort die Sekundarschule ab 1961 bis 1964.

Mit zunehmendem Alter, bereits ab dem sechsten Altersjahr, machte sich die Bluterkrankheit bei mir vermehrt bemerkbar. Das führte dazu, dass ich jährlich mehrere Blutungen bekam. Diese häufigen Blutungen machten mir zu schaffen. Interessanterweise wiederholten sich die spontanen Blutungen periodisch, meistens im Frühjahr und im Herbst. Spontane Blutungen entstehen ohne äußere Einwirkung oftmals sogar im Schlaf. Der Verlauf einer Blutung verläuft stets gleich. Anfänglich verspürt der Hämophile* an der Stelle der Blutung ein Druckgefühl. Dieses Druckgefühl nimmt von Stunde zu Stunde zu. Ob in einem Gelenk oder in der Muskulatur eines Beines, Armes oder einer Hand nehmen die Schmerzen bei zunehmender Schwellung verursacht durch die Blutung laufend zu. Bei mir war es meistens so, dass eine Blutung erst nach sieben bis acht Tagen zum definitiven Stillstand kam. Das Resultat nach dem

Stillstand der Blutung war, dass sich je nach Ort des Hämatoms* Blut von ein bis zwei Litern oder mehr angesammelt hatte. Da das gestockte Blut durch den eigenen Körper abgebaut wird, bedeutete dies für mich, dass ich während mehreren Wochen für lange Zeit das Bett hüten musste. Während diesen wochenlangen Rehabilitationszeiten war ich immobil. Gehen war nicht möglich. Die damit für mich verbundene totale Abhängigkeit von meiner ganzen Familie oder Drittpersonen war für mich sehr erniedrigend. Nicht einmal selbst aufs WC gehen zu können, war sehr belastend. Obwohl ich stets im Mittelpunkt der Familie stand und der Hahn im Korb war, belastete mich immer und immer wieder das Problem der Gleichbehandlung meinen Schwestern gegenüber. Mir war wohl bewusst, dass sie laufend zu meinen Gunsten auf Nächstenliebe und sonstige Betreuung der Eltern und unserer Großmutter verzichten mussten. Hoffentlich war der Verzicht dennoch nicht so groß und beeinträchtigend, dass damit ihre Persönlichkeitsentwicklung Schaden nahm.

Wenn ich heute rückblickend an diese Horrorszenarien denke, so ist es für mich schier unerklärbar, dass ich diese Zeiten überhaupt überlebt habe. Zur damaligen Zeit fehlte es an Schmerzmitteln. Gerinnungspräparate wie heute gab es keine. Übrig blieb allein die Hoffnung, dem Tode zu entrinnen. Was zählte war positives Denken, der Glaube an Gott und eine begleitende und unterstützende Hilfsperson, die bereit war, alles zu geben und trotzdem selbst nicht an die Grenzen des Erträglichen zu stoßen.

In der Person meiner Großmutter Menga wurde mir alles, was ein Mensch in solchen Situationen braucht, gegeben. Mit ihrem ruhigen und vertrauenswürdigen Verhalten und ihrer liebevollen Hingabe und Empathie half sie mir, die größten Klippen in den wütenden Wogen dieser Odyssee zu überwinden. Sie lebte mir vor, was Liebe, Geborgenheit und Hingabe für uns Menschen bedeutet. Dank ihr bin ich geworden, was ich heute bin.

Als kleinen Einblick, und damit das Vorgefallene besser verstanden werden kann, erlaube ich mir, einen solchen Akt der liebevollen Unterstützung kurz zu beschreiben. Diesen Tag werde ich nie vergessen. Ich tummelte mich mit Kollegen im Freien. Dabei wollte ich wie die anderen über einen Holzzaun klettern. Ich setzte den linken Fuß auf das zweite montierte Brett, hob mein rechtes Bein und bewegte es über den Zaun mit der Absicht, den rechten Fuß auf gleicher Höhe wie den linken zu positionieren. Im selben Moment rutschte ich ab und fiel mit voller Wucht auf die Kante des obersten Zaunbrettes. Sofort wurde mir klar, was das für mich bedeutete. Ich begab mich bereits von Schmerzen geplagt auf den Heimweg. Glücklicherweise war ich nur etwa hundert Meter von unserem Zuhause entfernt. Kaum auf der Treppe beim Hausgang, die nach unten zur Wohnung führte, angekommen, empfing mich meine Großmutter mit nachdenklichem Blick. Ich spürte sofort, dass auch ihr blitzartig bewusst wurde, was sich da anbahnte. Sie verhalf mir in die Wohnstube und begleitete mich zum Sofa neben dem großen, prachtvollen, grünen Kachelofen. Dies war der Ort, wo ich stets zusammen mit meiner Großmutter die Leidenszeit während der akuten Blutungsdauer verbrachte. Der Zugang zum Schlafzimmer unserer Großmutter führte direkt von der Wohnstube in ihr Schlafzimmer. Damit bestanden optimale räumliche Verhältnisse, einerseits für meine Großmutter als Betreuerin und für mich als Betroffener. Die für mich so wichtige Unterstützung war somit garantiert.

Die Schwellung war bereits so groß und physisch wirksam, dass ich nur kurze Zeit später nicht mehr gehen konnte. Die Tortur begann und die Angst vor dem Verbluten stieg immer stärker in mir auf.

In solchen Situationen gab es nur eine Möglichkeit. Wichtig war, sich möglichst rasch in eine Ruhestellung zu begeben und mit kalten Essigsäure-Tonerde-Wickeln die Stelle der Blutung abzukühlen. Kälte wirkt blutstillend und schmerzmildernd. Allein der Glaube an diese Behandlungsmethode bewirkte Wunder. Je nach Heftigkeit der Blutung verblasste die Wirkung dieses Wundermittels aber rasch und die Tatsache, einer unkontrollierbaren IST-Situation gegenüberzustehen, verschlechterte meinen Zustand von Stunde zu Stunde. Sehr wichtig war ferner die richtige Lagerung des lädierten Körperteils. Für die Lagerung diente jeweils ein Leinenkissen gefüllt mit Spreu. Es konnte leicht verschoben und beispielsweise dem Knie angepasst werden und führte zugleich zu etwas Entspannung.

Geplagt von laufend zunehmenden Schmerzen, Angst und Unverständnis und der immer wieder auftauchenden Frage „Warum schon wieder?" wurde ich stets nervöser, aggressiver und unkontrollierter. Das hatte zur Folge, dass ich außerstande war, ruhig liegen zu bleiben und nicht immer an die Schmerzen und die Verblutungsgefahr zu denken. Spätestens nach drei Tagen war ich meistens meinem Erschöpfungszustand ausgeliefert. Für meine Großmutter musste dies jeweils einen Befreiungsschlag bedeutet haben. Denn in diesem Zustand versagten meine persönlichen physischen und psychischen Kräfte und der Schlaf übermannte mich.

Meine Großmutter saß während dieser Prozeduren jeweils Tag und Nacht auf einem Stuhl neben mir. Wenn ich vollständig frustriert und erschöpft dalag, nahm sie meine Hände und streichelte sie, oder wenn es aus ihrer Sicht angebracht war, betete sie mit mir zusammen und bat Gott um Unterstützung und Gnade. Sie ließ mich ihre Liebe buchstäblich in mir spüren und verhalf mir damit zu neuer Kraft und Zuversicht.

Obwohl ich bislang bereits einige spontane Blutungen, eine massive Blutung infolge Einsinkens in einem Sumpfgebiet auf einer Alm, einen Ski- und ferner einen Velounfall erleiden musste und mein linkes Knie deformiert und auch nicht mehr komplett beweglich war, eine Blutung in diesem Umfang war auch für mich einzigartig. Mein linker Oberschenkel, mein linkes Becken und die ganze Leistengegend waren vollumfänglich gefüllt mit gestocktem Blut. Es dürfte sich um eine Menge von 1.0 bis 1.5 Liter Blut gehandelt haben. Die gesamte Hautoberfläche präsentierte sich wie ein Regenbogen. Das Ausmaß der Blutung war schlicht gewaltig. Die Haut war dermaßen gespannt, dass ich befürchtete, sie könnte jeden Moment platzen. Erst am achten Tag nahmen die Schmerzen ab und auch der Druck auf das Nervensystem flachte langsam ab. Meine Großmutter, ich und auch meine ganze Familie durften aufatmen. Das Ende der akuten Blutung war in Sicht. Ein Rest dieses Hämatoms in der linken Leistengegend begleitete mich noch während zwei Jahren, bis das ganze gestockte Blut restlos resorbiert war.

Was meine liebe und unvergessliche Großmutter in solchen Zeiten alles mitmachte und mit welcher

Selbstverständlichkeit sie das alles auf sich nahm und mich unterstützte, wurde mir erst viele Jahre später so richtig bewusst. Leider weilte sie zu diesem Zeitpunkt nicht mehr unter uns.

Auf der menschlichen Ebene gilt es zudem noch Folgendes festzuhalten. Mit meinem Schulkameraden Carl, mit dem ich zusammen von der ersten bis zur letzten Stunde während der obligatorischen Schulzeit die Schulbank drückte, entstand eine echte Freundschaft. Er unterstützte mich jederzeit und hielt auch in schlechten Zeiten zu mir. Dies war sehr wohltuend und ist auch heute noch eine sehr große Bereicherung für mich.

Mit dem Eintritt in die Sekundarschule in Thusis veränderte sich einiges. Erstens endete damit die jährliche kurze Schulzeit. In Thusis dauerte sie einige Wochen länger. Zweitens zwang mich die bedeutend größere Anzahl von Schülern auf dem Schulareal zu vermehrter Achtsamkeit die lauernde Gefahr betreffend, gestoßen oder touchiert zu werden.

In der Person von Titus, einem Mitschüler in unserer Klasse, fand ich einen weiteren echten Schulkameraden. Daraus entstand eine vertiefte Freundschaft, die bis zu seinem viel zu frühen Ableben dauerte. Er war wie ein Bruder für mich. Auch er teilte alle Hochs und Tiefs mit mir und war stets zur Stelle, wenn ich Unterstützung benötigte. Der Vater von Titus war ein bekannter Bauunternehmer, der jahrzehntelang eine bedeutende Rolle in der Bündner Bauwirtschaft spielte. Sein persönliches Auftreten, seine Sozialkompetenz und vor allem auch seine Bereitschaft zur gesellschaftlichen Verantwortungsübernahme waren für mich vorbildlich und beispielhaft. Er prägte damit auch meine Persönlichkeit.

In Erinnerung an die Sekundarschulzeit darf auch nicht unerwähnt bleiben, dass unser damaliger Deutsch- und Klassenlehrer uns einen Satz kommunizierte, der mich zeitlebens begleitete. Dieser lautete: „Wichtig ist nicht, was ein Mensch macht, sondern wie er es macht." Diese zielorientierte und allgemein anwendbare Kernaussage verinnerlichte ich in mir, sie öffnete mir immer wieder die Augen und verhalf mir bei der Verständigungsfindung von komplexen Problemen.

Eigentlich war für mich nach Absolvierung der zweiten Sekundarschule im Herbst 1963 ein Wechsel an die Handelsmaturitätsabteilung der Kantonsschule in Chur geplant. Zwei Monate vor der Aufnahmeprüfung bekam ich eine spontane Blutung in der linken Wade mit der Folge einer Spitzfußstellung. Dadurch wurde ich gezwungen, die Aufnahmeprüfung um ein Jahr zu verschieben und vorderhand noch die dritte Sekundarschulklasse in Thusis zu besuchen.

1.1.2 Die Ausbildungsjahre

Wie für alle Jugendlichen war auch für mich die Berufswahl eine große Herausforderung. Das Klären von Wunschvorstellungen einerseits und die Umsetzung der realistischen Möglichkeiten andererseits sind bei Menschen mit einer Behinderung besonders schwierig. Für sie ist der Beruf nämlich sehr oft auch Kompensation für den Verzicht der normalen Bewegungsfreiheiten. Meine Wunschberufe waren Lehrer oder Anwalt. Lehrer werden und gleichzeitig während der ganzen Schulzeit vom Sport dispensiert zu sein, war eher problematisch oder klar ausgedrückt unmöglich.

Voraussetzung für die Ausbildung als Anwalt war ein Matura-Abschluss in Latein. Dafür hätte ich anstelle der Sekundarschule in Thusis das Gymnasium an der Kantonsschule in Chur besuchen müssen. Also musste ich mir darüber nicht weitere Gedanken machen. Übrig für mich blieb eine kaufmännische Ausbildung. Dazu boten sich zwei Möglichkeiten. Entweder die Absolvierung einer Berufslehre in einem Unternehmen, auf einer Bank oder in einer Verwaltung oder der Besuch der Handelsabteilung an einer Kantonsschule. Meine Eltern waren eher für den praktischen Weg. Meine Großmutter sprach sich vehement für die theoretische Variante aus. Wie sich später herausstellte, wurde glücklicherweise auf die Großmutter gehört.

Nach bestandener Aufnahmeprüfung für die Kantonsschule nahm ich mein Studium in der Handelsmaturitätsabteilung im Herbst 1964 in Angriff. Schnell stellte ich fest, dass ich mich jetzt in einer höheren Liga befand. Die Auswirkungen der kurzen Schuljahre während der Primarschulzeit machten sich bemerkbar. Die Selbstverständlichkeit und die Gewohnheit von guten Noten in der Sekundarschule waren vorbei. Die neuen Gegebenheiten wie höherer Leistungsdruck und strengere Leistungsbewertungen zwangen mich zu einem Umdenken und vermehrtem Leistungseinsatz.

Ganz anders erlebte ich das erste Schuljahr in Chur auf persönlicher Ebene. Ich wohnte in der Nähe der Kantonsschule in einem kleinen Dachzimmer bei einer Großfamilie und verpflegte mich in einer Pension, nur ungefähr hundert Meter von meinem neuen Zuhause entfernt. Zum ersten Mal in meinem Leben war ich ganz auf mich allein gestellt. Das fehlende Beziehungsnetz meiner Familie machte mir sehr zu schaffen. Infolge meiner eingeschränkten Mobilität war auch mein Freundeskreis sehr dürftig. Ich lebte isoliert und fühlte mich oft sehr einsam und verlassen. Was mir besonders fehlte, waren die guten Gespräche mit und die Zuneigung meiner Großmutter. Ein echtes Heimweh plagte mich immer wieder. Umso mehr freute ich mich dann jeweils auf das Wochenende und die Heimkehr zu meinen Lieben. Durch diesen Umzug nach Chur musste ich auch auf das für mich sehr wichtige Musizieren auf der Kirchenorgel verzichten. Auch der Eintritt als Trompeter in die Kadettenmusik konnte mir mein persönlich geliebtes Orgelspiel-Bedürfnis nicht ersetzen. Aufgrund meines Gesundheitszustands musste ich zudem sehr rasch feststellen, dass ein Verbleib in der Kadettenmusik für mich sinnlos war, denn Marschmusik im Freien auszuüben, war für mich aufgrund meiner physischen Einschränkungen nicht möglich.

In den Stunden der Einsamkeit philosophierte ich oft über den Sinn und Unsinn unseres Lebens. Ich versuchte, den Unterschied und gleichzeitig auch die Gemeinsamkeiten von Recht und Gerechtigkeit ausfindig zu machen. Macht und Ohnmacht beschäftigten mich. Im Rückblick beurteilt, trug diese Zeit sehr viel zu meiner Persönlichkeitsbildung bei. Ich begann mich erstmals so richtig intensiv mit den wesentlichen Dingen dieser Welt auseinanderzusetzen. Selbstverständlich dachte ich auch häufig über meine mögliche Karriere nach. Ich fühlte mich insgesamt glücklich und zufrieden. Endlich sah es so aus, als stünde auch mir ein erfolgreiches Leben bevor.

Mittlerweile war ich im fünften Semester meiner „Kanti-Zeit"*. Am 3. November, es war ein nasser, trüber Tag, wurde ich in der Dämmerung praktisch vor meiner Haustüre und auch noch am Fußgängerstreifen angefahren. Ein junger Fahrzeuglenker hatte mich übersehen. Es kam zum Aufprall, ich wurde etwa drei Meter weggeschleudert. Ich blieb schwer verletzt liegen. Mit einer Schulter- und Ellenbogenfraktur und massiven Prellungen an den Beinen wurde ich ins Kantonspital in Chur eingeliefert. Der Sachverhalt war komplex. Das große Rätseln für die Ärzte begann. Entscheidungen über eine Operation an einem Bluter zu treffen und das zu einer Zeit, als in der Schweiz noch keine Gerinnungspräparate zum Einsatz kamen, war wirklich nicht einfach. Nicht zu operieren hätte für mich als achtzehnjährigen, jungen Mann zur Folge gehabt, zum Krüppel zu werden, eher aber noch zu verbluten. Eine Operation barg ebenfalls das Risiko in sich, dass ich verbluten könnte. Der Chefarzt der Chirurgie, und der leitende Arzt der Orthopädie, entschieden sich für eine Operation. Der Orthopäde erklärte sich bereit, dieses Risiko auf sich zu nehmen. Es war ein echt mutiger Entscheid. Für mich rückblickend betrachtet die Sternstunde meines Lebens. Mir als Bluter blieb nichts anderes übrig, als zu hoffen, dass mir die Ärzte helfen konnten.

Nach einer mehrstündigen Operation erwachte ich auf der Intensivstation. Umgeben von Schläuchen, Infusionen und Bluttransfusionen versuchte ich mich zu orientieren. Die diensthabende Pflegefachfrau teilte mir mit, dass die Operation erfolgreich verlaufen sei. Das lange Bangen und Warten und die große Hoffnung, dass die Blutungen an den operierten Stellen und in den Beinen zum Stillstand kommen mögen, begannen. Die Tage und Nächte vergingen. Immer neue Bluttransfusionen wurden angehängt. Da die Verbände an den operierten Stellen nicht ersetzt werden durften, wurden lediglich neue Gazen daraufgelegt. Durch das teilweise frische und teilweise eingetrocknete Blut entwickelte sich ein Geruch wie bei einem verwesenden Lebewesen. Mein ganzer Körper wurde immer gelber. Nach einer Woche sah ich einer Zitrone gleich. Gelb von Kopf bis Fuß. Die massiven Schmerzen wurden mit starken Schmerzmitteln bekämpft. Dies führte dazu, dass sich bei mir nach einer Woche Zeichen von Abhängigkeit bemerkbar machten. Zudem wurde ich immer schwächer. Die Überlebenschancen sanken. Mittlerweile wurde meine ganze Blutmenge bereits gut zweimal ersetzt. Die Nervosität bei mir, aber auch bei meinen behandelnden Ärzten, stieg. Am elften Tag nach der Operation erreichte mich dann eine Freudenbotschaft. Die Ärzte teilten mir mit, dass es ein Medikament namens PPSB* auf dem Markt gebe. Es handelte sich um das erste Gerinnungspräparat. Dieses Medikament stammte aus Frankreich. Ein letzter Lichtblick erfüllte mein Leben. Und siehe da: Nach dem Einsatz dieses Medikamentes kamen die Blutungen zum Stillstand. Freud und Leid waren vereint. Es kam mir vor, als wäre ich nochmals geboren worden.

Dieses Gerinnungspräparat brachte für alle Bluter eine große Wende in ihrem Leben. Dank dieses Medikamentes war es fortan möglich, äußere und auch spontan auftretende Blutungen im Anfangsstadium zu stoppen. Vorbei waren die Zeiten der qualvollen Blutungs- und langen Rehabilitationsphasen. Das zukünftige Leben der Bluter normalisierte sich zusehends und wurde berechenbarer. Was das für uns Bluter bedeutete, können nur Bluter der alten Blutergeneration so richtig nachfühlen.

Durch die enormen Blutungen brachen die Nähte an den Operationsstellen auf. An der Schulter wie im Ellenbogen entstanden riesige offene Wunden. Diese mussten während Monaten von innen nach außen heilen. Für diese Wundbehandlungen und die erforderlichen Physiotherapiebehandlungen wurde ich im Januar 1967 von der chirurgischen auf die medizinische Abteilung verlegt. Dort verbrachte ich ebenfalls mehrere Monate. Insgesamt war ich rund ein Jahr hospitalisiert.

Dieser Unfall hatte natürlich auch tiefgreifende Auswirkungen auf meine beruflichen Ambitionen sowie meine persönlichen und psychischen Befindlichkeiten. Nach all den Verletzungen und weiteren Beeinträchtigen an meinem linken Bein war meine Mobilität bedeutend eingeschränkter. Zudem hatte ich infolge dieses Unfalls ein Schuljahr verloren. Meine gesundheitlichen Zukunftsaussichten sahen nicht sehr rosig aus. Aufgrund der neuen Situation stellten sich für mich folgende Fragen: Wie weiter? Machte es eventuell Sinn, eine berufliche Neuausrichtung ins Auge zu fassen? Primär wichtig für mich war nun so schnell wie möglich einen Berufsabschluss zu erlangen. Der Wunsch, unabhängig zu werden und finanziell auf den eigenen Beinen zu stehen, nahm ebenfalls zu. Ich entschloss mich kurzerhand, das verlorene Schuljahr in der Maturaklasse nicht zu wiederholen und stattdessen in die Diplomabteilung zu wechseln. Von der Schulleitung wurde mir zugestanden, dass ich in die dritte Klasse der Diplomabteilung eintreten könnte.

Während meiner Spitalzeit passierte auf persönlicher und sozialer Ebene viel. Enttäuscht und frustriert vom Leben entwickelte sich in mir ein Sinneswandel. Ich begann, immer mehr den Sinn des Lebens zu hinterfragen.

Negative Gefühle von Unverständnis und Enttäuschung erfassten mich. Mein stiller Traum vor dem Unfall, vielleicht doch noch Anwalt zu werden, war ausgeträumt. In dieser Stimmung von Resignation und Aufbruch distanzierte ich mich immer mehr vom Glauben an Gott. Ich war überzeugt, dass es eine höhere Macht gibt. An den gütigen und barmherzigen Vater glaubte ich aber nicht mehr. Ein heftiger Widerstand gegenüber den kirchlichen Institutionen entwickelte sich zudem in mir. Dies kam auch nicht aus dem Nichts. Während meiner Rehabilitationszeit auf der medizinischen Abteilung hatte ich einen jungen Bettnachbarn namens Max. Mit ihm verbrachte ich rund sechs Monate im gleichen Zimmer. Er litt an einem unheilbaren Leberkrebsleiden. Seine Jahre waren gezählt. Kurz vor seiner Erkrankung heiratete er und ihm und seiner Gattin wurde ein gesundes Töchterlein geschenkt. Wir tauschten uns gedanklich rege aus, trösteten uns gegenseitig und unterstützen uns so gut wie möglich. Zwischen uns entstand eine tiefe, innige Beziehung. Sein Schicksal mit all den sozialen Problemen beschäftigte mich sehr. Mit Religion hatte er nichts am Hut und konnte nichts damit anfangen. Eines Morgens waren Max und ich mitten in einem Gespräch über seine familiären Probleme. Es klopfte an der Tür und der Spitalpfarrer trat ein. Er versuchte immer wieder mit uns in Kontakt zu treten. Wir beide hatten uns ihm gegenüber stets eher abweisend verhalten. Der gute Mann kam trotzdem immer wieder. An diesem Tag schöpfte er aus den Vollen. Anstatt nichts zu sagen, wollte er uns weismachen, dass Leidenszeiten Segenszeiten sind und wir eigentlich glückliche Menschen sein sollten. Das war dann zu viel des Guten. Ich bat den weisen Mann kurzerhand, zu gehen und nicht mehr zu kommen. Ob mein Verhalten verhältnismäßig war, bleibt offen. Unsere Lebensziele und Lebensvorstellungen waren leben, lieben und genießen. Seine Phrasen verfehlten ihre Wirkung vollständig. Wenn ich heute darüber nachdenke, so kann ich dazu nur festhalten, dass Schweigen oftmals mehr bewirkt als große Worte.

Max und ich waren meistens lustige und positiv denkende Menschen. Das bemerkte auch unser Oberarzt. Da wir in einem Großraumzimmer mit fünf Betten lagen, fand hier ein ständiges Kommen und Gehen statt. Neben uns zwei Langzeitpatienten waren die meisten Patienten nur zwei bis drei Tage zur Untersuchung und Abklärung anwesend.

In Chur steht eine Militärkaserne. Das hat zur Folge, dass jedes Jahr einige Monate lang Rekrutenausbildungen stattfinden. Jeweils zu Beginn solcher Einschulungen kommt es immer wieder zu Selbstmordversuchen von Rekruten. Diese Leute brauchen dann vorerst medizinische Hilfe und anschließend verständnisvolle Gesprächspartner. Unser Oberarzt war überzeugt, dass wir zwei solchen jungen Menschen helfen könnten. Also wurden sie in unser Zimmer verlegt. Wir versuchten dann, unsere neuen Zimmerkollegen aufzumuntern. Wichtiger denn Sprechen war stets das Zuhören. Hier konnte ich aber auch erfahren, wie unmöglich Mitmenschen sich gegenüber in Not geratenen Menschen verhalten können. Wenn Eltern dieser überforderten hilfesuchenden Jungs zu Besuch kamen und ihnen nichts Besseres einfiel, als ihre Söhne mit Vorwürfen und Schuldzuweisungen zu überschütten, war Handlungsbedarf angesagt. Ich solchen Momenten versuchte ich, Ruhe zu schaffen und Kontakte zu schmieden.

Es kam auch vor, dass Strafgefangene aus der Strafanstalt Sennhof Zimmerkollegen von uns wurden. Das Kantonsspital verfügte damals über keine speziellen Zimmer für Strafgefangene. Der Oberarzt informierte uns jeweils, bevor diese Sträflinge wieder in die Strafanstalt zurückversetzt werden mussten. Damit wurde vermieden, dass wir nicht komplett überrascht waren, wenn plötzlich Kantonspolizisten in Uniform erschienen und unsere Zimmerkollegen abgeführt wurden.

Mein geschätzter und vorbildlicher Freund Max starb ungefähr zwei Jahre später an den Folgen seiner Krebserkrankung.

Die Rehabilitationszeiten zuhause oder in den Spitälern zwangen mich, mich vermehrt mit meinem Leben auseinanderzusetzen. Mein großes Glück ist, dass ich von Natur aus über ein frohes Gemüt verfüge.

Die Dispense vom Turnunterricht und das stetige Aufpassen, ja nicht hinzufallen oder gestoßen zu werden, schränkten mein Selbstwertgefühl ein. Ich fühlte mich oft minderwertig. Da mir die Freuden und die Auswirkungen des Mannschaftssports nicht vergönnt waren, verlief auch meine Persönlichkeitsentwicklung anders als bei einem gesunden Menschen. Anstatt durch Teamgeist zum Teamplayer entwickelte ich mich zum Einzelkämpfer. Aufgrund dieser Umstände ließ sich auch kein großer Freundeskreis aufbauen. Das machte mir sehr zu schaffen und stimmte mich oft traurig. Ich fühlte mich ab und zu wie einsame Wanderer in der Wüste. Es war für mich deshalb fast unfassbar, welche Teilnahme mir meine Mitstudenten nach dem Unfall entgegenbrachten. Dies gab mir sehr viel Kraft und Mut. Ich fühlte plötzlich eine Wertschätzung meiner Person. Diese Situation gab mir Auftrieb und stärkte mein Selbstvertrauen. Interessanterweise beschäftigte ich mich bis anhin auch nie damit, wie sich all die vielen Turbulenzen für meine ganze Familie und meine Großmutter anfühlten und auf sie auswirkten. Anscheinend beschäftigte ich mich während meiner Jugendzeit oft zu sehr mit mir selbst und meiner Krankheit, sodass ich auch bestehende zwischenmenschliche Beziehungen zu wenig wahrnahm. Schade.

Für lange Zeit unverständlich war für mich auch das Verhalten meines Unfallverursachers. Er besuchte mich während meines ganzen Spitalaufenthaltes nie und auch nachher informierte er sich nicht über meinen Gesundheitszustand. Der einzige Kontakt zwischen ihm und mir bestand darin, dass er mich einmal mit einem Telefonanruf um den Rückzug des Strafantrags bat. Dieser Bitte kam ich nach. Ich vertrat die Ansicht, dass es keinen Sinn für mich machte, wenn er strafrechtlich verfolgt würde und möglicherweise im Gefängnis landete. Ob mein Entscheid vernünftig war, darüber lässt sich streiten, rein menschlich und rational betrachtet aber sicher anständig und richtig.

Jeder Schadenfall führt bekanntlich zwangsläufig auch zu Schadensersatzforderungen. Dies passierte auch bei meinem Unfall. Bei der Abklärung und Abfindung von Schadenersatzansprüchen nach Unfällen gehen die Ansichten der betroffenen Vertragsparteien oftmals weit auseinander. Dies war auch bezüglich meines Unfalls der Fall. Da ich noch in Ausbildung war und somit über kein Einkommen verfügte, war es äußerst schwierig, den effektiven Schadensanspruch für die Folgen aus diesem Unfall zu beziffern. Die Versicherungsgesellschaft des Unfallverursachers und mein Anwalt einigten sich schließlich auf der Basis von ähnlich gelagerten Fällen bei einer Schadenersatzsumme von 25 000 Franken. Diese Verhandlungen bis zum Abschluss des Falles dauerten mehrere Jahre. Der Höhepunkt war aber letztlich, dass ich meinen eigenen Anwalt rechtlich belangen musste, da er diese Summe veruntreute. Es war also alles andere als „Ende gut, alles gut". Mit einiger Verzögerung wurde mir das Geld doch noch überwiesen.

Dieser Unfall verlangte von mir viel persönliches Engagement und Verständnis ab. Gleichzeitig machte ich aber während dieser Zeit auch sehr viele positive Erfahrungen. Meine Erkenntnis war: Ein schweres Schicksal kann durchaus auch eine große Chance sein. Im Moment beurteilt sicher eher selten, rückblickend jedoch sehr wohl.

Im Spätherbst 1967 nahm ich meinen Endspurt an der Kanti* in Angriff. Keine leichte Aufgabe nach gut einem Jahr Schulunterbrechung. Dazu kam, dass ich mich in einer anderen Schulabteilung in einer neuen Schulklasse umgeben von neuen Gesichtern einleben musste. Aber auch die Professoren in gewissen Fächern kannte ich nicht. Das große Abtasten begann. Verlieren konnte ich nichts. Hätte ich die Schule abgebrochen, wäre aller Einsatz bis anhin nutzlos geworden. Es gab also rein rational beurteilt kein Zurück mehr. Die andere Frage war: Ist es überhaupt realistisch, dieses Ziel zu erreichen? Fest stand, dass ich mich für diesen Weg entschieden hatte. Das Hauptproblem bestand im Faktor Zeit. Zur Verfügung standen mir lediglich noch rund acht Monate. Während dieser Zeit musste ich meine Wissenslücken im Selbststudium schließen und gleichzeitig den ordentlichen Unterrichtsstoff bewältigen. Da ich während meines Spitalaufenthalts die Zeit bezüglich Lernens weithegend tatenlos verstreichen ließ, mangelte es nicht an bevorstehender Arbeit. Erleichternd und somit chancenreicher für mich war, dass die Anzahl und der Umfang des Stoffes der Prüfungsfächer in der Diplomabteilung geringer waren.

Auf das Ziel fixiert und froh und glücklich überhaupt wieder dort zu sein, studierte ich unermüdlich. Es gab für mich keine Freizeit mehr. Damit ich die Zeit besser nutzen konnte, verbrachte ich sogar die Wochenenden in Chur. Ich lebte mich gut in der neuen Umgebung ein. Ich spürte auch schnell, dass der Schwierigkeitsgrad in der Diplomabteilung nicht mit der Matura-Abteilung vergleichbar war. Ein riesiger Vorteil für mich.

So gegen Ende Februar 1968 stand für mich fest, dass ich die Prüfung aufgrund meines damaligen Wissensstands eigentlich bestehen sollte. Dieses Gefühl spornte mich erneut an, alles zu geben.

Mein persönlicher Wille, mein mittlerweile hundertprozentig zurückgewonnenes Selbstvertrauen und mein ausgeglichenes Selbstwertgefühl verschafften mir die nötigen Kräfte.

Die restliche Zeit verging sehr schnell. Die Diplomprüfung nahm ihren Lauf. Ich bestand und mit großer Genugtuung durfte ich das Diplom der Handelsabteilung der Bündner Kantonsschule in Empfang nehmen.

Damit war für mich auch ein wichtiger Lebensabschnitt abgeschlossen. Dank dieses Berufsabschlusses war ich fortan nicht mehr auf die finanzielle Unterstützung meiner Eltern angewiesen. Ich wusste, dass es nun einzig und allein an mir lag, was ich aus diesem Leben machen würde.

Ich war stolz, überglücklich und zufrieden. Besonders dankbar war ich aber auch meiner Großmutter. Hätte sie sich nicht so vehement für mich eingesetzt, wäre ich mit zwanzig Jahren bei gleichem Lebensverlauf ohne Job dagestanden und existenziell auf die Unterstützung anderer angewiesen gewesen.

1.1.3 Die Berufseinstiegsphase

Bevor ich meine erste Arbeitsstelle antreten konnte, musste ich mich aber vorerst nochmals einer äußerst unangenehmen Aufgabe stellen. Da mein Spitzfuß mir doch sehr zu schaffen machte, riet mir mein behandelnder Orthopäde zu einer Operation. Mittels einer Verlängerung der Achillessehne sollte mein Spitzfuß beseitigt und die Probleme meiner Fehlstellungen am Fuß-, Knie- und Hüftgelenk behoben oder zumindest entschärft werden.

Ende Juli 1968 wurde ich auf die Operation vorbereitet. Eigentlich sollte diese Operation dank des Gerinnungspräparats PPSB* keine großen Schwierigkeiten bereiten. Mein Chirurg erklärte mir abschließend den operativen Eingriff und informierte mich über die postoperativ* vorzunehmenden Maßnahmen. Diese bestanden unter anderem darin, dass ich nicht wie im Normalfall bereits am zweiten oder dritten Tag, sondern erst nach etwa zwei Wochen vorgesehener Bettruhe wieder mobilisiert werden sollte. Bei Operationen von Blutern beobachteten die Ärzte oftmals, dass es erst zwischen dem vierten bis sechsten Tag nach der Operation zu Nachblutungen kam. Diese Gefahr mit all ihren negativen Auswirkungen sollte durch die verlängerte Bettruhe behoben werden.

Die Operation verlief planmäßig. Zu meinem Pech verreiste der für mich zuständige Chirurg am Tag nach der Operation. Schlimm war, dass er keine genauen schriftlichen Nachbehandlungsanweisungen hinterließ. Nach drei Tagen Bettruhe verordnete der damals diensthabende Oberarzt, dass ich mobilisiert werden müsste. Gestützt auf die Unterredung mit meinem Orthopäden wehrte ich mich vehement gegen das Aufstehen. Es kam zu einem heftigen Wortwechsel zwischen dem Oberarzt und mir. Hier erfuhr ich zum ersten Mal, dass ein Patient einem Arzt restlos ausgeliefert ist. Trotz allem Widerstand musste ich mich ergeben und den Befehlen des Oberarztes gehorchen.

Mein Bein wurde mit einem Gips versorgt und die Mobilisation begann. Ungefähr vier Tage später war Chefarztvisite. Der neue Chefarzt der Chirurgie am Kantonsspital begrüßte mich freundlich und sah sich mein Bein an. Von außen war nichts zu sehen. Er kehrte sich dann kurz um, schaute zum Oberarzt und teilte den anwesenden Ärzten und Schwestern mit, dass er einen merkwürdigen Geruch wahrnehme. Kurz darauf ordnete er an, dass dieser Gips entfernt werden müsse. Etwa drei Stunden nach der Visite wurde ich in den Operationssaal geschoben. Hier wurde mir der Gips aufgeschnitten. Bereits beim Öffnen des Gipses machte sich ein gasähnlicher Geruch bemerkbar. Das Ganze ließ nichts Gutes ahnen. Nach der Entfernung des Gipses präsentierte sich ein Blutbad. Die ganze Naht in der Länge von rund 30 Zentimeter war infolge eines riesigen Hämatoms* aufgebrochen. Die Wunde war voll von gestocktem Blut. Der Anblick glich einer aufgeschnittenen Blutwurst. Die operierte Achillessehne hatte sich durch diese massive

Blutung ebenfalls verselbständigt. Es stand sofort fest, dass diese nicht mehr zu retten war.

Primär galt es nun, den Unterschenkel und den Fuß zu retten. Mit dem Einbau einer Spülung versuchten die Ärzte, eine Knocheninfektion zu verhindern. Dieser Vorfall kostete mich mehrere Wochen Bettruhe. Glücklicherweise verlief der Heilungsprozess günstig. Damit blieb mir der Unterschenkel samt Fuß erhalten. Wie bei früheren solchen Ereignissen musste die Wunde von innen nach außen heraus heilen. Das Resultat dieser Operation war, dass sich der Spitzfuß in einen Klappfuß verwandelte. Durch den Verlust der Achillessehne war ich nämlich außerstande, einerseits den Fuß zu heben, anderseits ihn zu strecken. Damit ich wieder gehen konnte, wurde ich mit einem Ober- und Unterschenkelgehapparat ausgestattet. Meine Lebensqualität wurde enorm beeinträchtigt. Im Laufe der Jahre bildete sich allmählich im untersten Bereich des Achilles-Sehnen-Stumpfs so etwas wie ein kleiner Muskel. Dank dessen Zugkraft hing der Fuß nicht mehr durch. Dies ermöglichte mir, mich wenigstens im Hause auch mal ohne diesen Gehapparat zu bewegen. Anstelle einer besseren Beweglichkeit musste ich mich einfach an einen anderen negativen, körperlichen Zustand als vor der Operation gewöhnen.

Aus den Ferien zurückgekehrt, besuchte mich mein Chirurg. Er entschuldigte sich bei mir für das Versäumnis. Gleichzeitig sicherte er mir zu, diesen Schadenfall bei der Berufshaftpflichtversicherung des Spitals zu melden. Ich war sehr erstaunt, aber auch erfreut über sein spontanes Verhalten. Mit Aussagen wie: „Mit einer Versicherungsabfindung können Sie sich zumindest weiterbilden und sich das Leben vielleicht etwas verschönern", stieß er bei mir auf große Sympathie. Ich malte mir insgeheim bereits aus, dass ich möglicherweise doch noch zu meinem Matura-Abschluss gelangen und den Beruf als Anwalt realisieren könnte. Die Zeit verging und ich wurde nach Hause entlassen. Bis die Wunde ganz verheilt war, dauerte es noch mehrere Wochen. Vor meiner Heimkehr teilte mir mein Chirurg noch mit, dass mein Fall der Versicherung gemeldet wurde.

Etwa drei Monate später wurde mir vom Kantonsspital mitgeteilt, dass die Anmeldung des Versicherungsschadens zurückgezogen wurde. Ich besorgte mir einen Anwalt. Mein Chirurg entschuldigte sich abermals bei mir und teilte mir gleichzeitig mit, dass diese ganze Angelegenheit nicht in seinem Kompetenzbereich lag, sondern Chefsache wäre. Persönliche Unterredungen zwischen meinem Anwalt und dem damaligen Chefarzt führten zu keinem Erfolg. Meinem Anwalt wurde klar und unmissverständlich zu verstehen gegeben, dass er auf einem aussichtslosen Posten stand. Es wurde uns mit Gutachten gedroht. Auch ein persönliches Gespräch zwischen dem Chefarzt und mir fruchtete nicht. Er ging sogar so weit, dass er mir erklärte, dass mir das Geld für ein möglicherweise erforderliches Gegengutachten fehlen würde. Seine Einschüchterung war erfolgreich. Da mir das Geld wirklich fehlte, entschied ich mich kurzerhand, die Übung abzubrechen und keine weiteren Rechtsschritte mehr zu unternehmen. Der Fall war somit abgeschlossen. Durch diese Erfahrung wurde mir bewusst, dass Recht haben und Recht bekommen eine reine Auslegungsfrage ist. Was mir große Mühe bereitete, war nicht, dass ich keine finanzielle Abfindung erhielt, sondern dass die Macht auf dieser Welt mehr zählt als die Gerechtigkeit.

Das verstand ich als damals zwanzigjähriger junger Mann voller Tatendrang und Ideale nicht. Meine Vorstellungen von dieser Welt waren einfach anders.

Eigentlich hätte ich mich nun etwas zurücklehnen und das Leben genießen können. Der Arbeitsmarkt war sehr gut. Tür und Tor für eine schnelle und steile Karriere standen offen. Zudem hatte sich auch mein Gesundheitszustand nach einigen Monaten stabilisiert und ich konnte mich wieder deutlich besser bewegen.

Trotz dieser guten Voraussetzungen fand ich keine innere Ruhe. Der Gedanke „studieren gehen" ließ mich einfach nicht los. Ich suchte mir eine Teilzeitarbeitsstelle und meldete mich gleichzeitig bei der Akademikergemeinschaft in Zürich für das Fernstudium der B-Matura an. Meine erste Arbeitsstelle fand ich bei der Bauunternehmung des Vaters meines Freundes Titus. Ich hoffte, nun mein erworbenes theoretisches Wissen in die Praxis umsetzen zu können. Doch schnell stellte ich fest, dass es sich hier nicht um meinen Traumjob handelte. Dies war mir grundsätzlich egal. Mein Ziel war vielmehr, meine ganze Kraft in mein Fernstudium zu investieren. Nach rund einem Dreivierteljahr musste ich jedoch einsehen, dass ich mir ein zu hohes Ziel gesteckt hatte. Eine Matura im Selbststudium zu realisieren, war zu viel für mich. Zudem nervte mich meine sinnlose Arbeit doch von Tag zu Tag mehr. Kurz entschlossen kündigte ich meine Arbeitsstelle zum 1. Oktober 1969 und brach auch mein Studium ab. Im „Blick"* stieß ich auf ein Stelleninserat. Die Branchentreuhandgesellschaft des Schweizerischen Autogewerbees suchte einen jungen Sachbearbeiter für die Kundenbetreuung in den Bereichen Buchhaltung und Steuerwesen. Ich bewarb mich für diese Arbeitsstelle und durfte mich vorstellen. Bereits einen Monat später trat ich meinen neuen Arbeitsplatz in der Stadt Zürich an. Endlich konnte ich meine erworbenen Kenntnisse einsetzen. Ohne Praxis, jedoch super motiviert, wurde ich ins kalte Wasser geworfen. Es war eine sehr interessante, abwechslungsreiche und lebensintensive Zeit. In meinem Stammlokal, einer Quartierbeiz in Zürich-Seebach, lernte ich auch meinen Freund Kari kennen. Diese Freundschaft besteht auch heute noch.

Nach einem Jahr kam in mir der Wunsch auf, mich nun neben dem allgemeinen Treuhandbereich auch noch ins Revisionswesen einzuarbeiten. In einem Stelleninserat in der Tagespresse suchte ich mir eine Arbeitsstelle als Revisionsassistent. Neben anderen Firmen meldete sich auch eine kleine Treuhandgesellschaft mit Schwerpunkt Revision auf mein Inserat. Der Firmeninhaber war ein ehemaliger Präsident der Treuhand-Kammer*. Nach einem Vorstellungsgespräch teilte er mir mit, dass ich die Arbeitsstelle als Revisionsassistent erhalten würde. Dankend nahm ich dieses Angebot an. Anfang November 1970 trat ich meine neue Arbeitsstelle an. Ich betätigte mich fortan vorwiegend auf Revisionen im Außendienst. Es war eine körperlich und geistig sehr anstrengende und lehrreiche Zeit. Dank dieses Jobs erlangte ich Einblicke in diverse Firmen und unterschiedliche Branchen. Für die Revisionstätigkeit insgesamt konnte ich mich aber nie so richtig begeistern. Als Macher fühlte ich mich bei Revisionen oftmals wie ein unproduktiver Mensch. Was mir als Bündner auch immer wieder zu schaffen machte, war die Mentalität der städtischen Bevölkerung. Diese Ellenbogenmentalität missfiel mir echt. Ich stellte mir zur damaligen Zeit auch die

Frage: „Soll ich mich nun wirklich in Zürich ansiedeln oder doch wieder in den Kanton Graubünden zurückkehren?" Im Wissen, dass ich mich nun beruflich wie auch persönlich langsam festlegen sollte, entschied ich mich für eine Rückkehr in die Heimat. Dies geschah im Sommer 1971. Als Übergangslösung übernahm ich für einige Wochen eine Stellvertretung bei einer Treuhandgesellschaft in Chur.

Gesundheitlich hatte ich während meiner ganzen Arbeitszeit in Thusis und anschließend auch in Zürich keine nennenswerten Probleme. Traten doch solche auf, konnten sie dank der Gerinnungspräparate stets im Anfangsstadium einer Blutung gestillt werden. Ich blieb während dieser Zeit von längeren Arbeitszeitabsenzen verschont. Im September 1971 trat dann aber aus unerklärlichen Gründen wieder eine starke spontane Blutung im rechten Schulterbereich zutage, die nicht gestillt werden konnte und aufgrund derer ich für gut zwei Monate im Kantonsspital Chur medizinisch versorgt werden musste. Dank dieser Blutung lernte ich damals meine mir bis heute treu und hilfreich zur Seite stehende liebe Frau kennen. Yvonne war einige Monate vorher aus ihrer Heimat, den Niederlanden, als Pflegefachfrau in die Schweiz gekommen. Es war für mich Liebe auf den ersten Blick. Mein Leiden schreckte Yvonne nicht ab. Eigentlich wollte sie nur ein Jahr in der Schweiz bleiben. Daraus sind mittlerweile einundfünfzig Jahre geworden. Wir stellten sehr rasch fest, dass wir füreinander bestimmt sind. Wovon wir glücklicherweise nicht wussten, waren die vor uns liegenden und durchzustehenden Leiden in unserem gemeinsamen Leben. Wir genossen die gemeinsame Zeit und hofften auf glückliche Jahre.

Anschließend an diesen Zwischenfall übernahm ich einige temporäre Arbeitseinsätze. Ich war mir auch dannzumal noch nicht im Klaren, wohin meine berufliche Reise führen soll. Der Gedanke, mich irgendwie mit Menschen zu beschäftigen, ließ mich einfach nicht los. Rein zufällig erfuhr ich, dass infolge des großen bestehenden Lehrermangels im Kanton Graubünden nun verkürzte Lehrgänge für Berufsleute für die Umschulung zum Primarlehrer angeboten wurden. Diese Lehrgänge wurden in Luzern durchgeführt und zwar in Zusammenarbeit mit den Kantonen Luzern und Graubünden. Der Ausbildungslehrgang lief so ab, dass zuerst ein halbjähriger Vorkurs für die Aufnahme zum Lehrgang absolviert werden musste. Die eigentliche Ausbildung dauerte vier Semester. Es stand für mich von Anfang an fest, dass ich nicht mein Leben lang als Primarlehrer verbringen, sondern mich danach zum Berufsschullehrer ausbilden lassen würde. Zur Zulassung für die von mir gewünschte Ausbildung musste ich aber eine Matura oder ein Lehrerpatent vorweisen können. Ich informierte mich beim Schulsekretariat des Lehrerseminars in Chur. Der damalige Seminardirektor unterstützte meinen Plan und ermunterte mich zum Besuch des Vorkurses in Luzern. Dieser Vorkurs fand jeweils am Abend von neunzehn bis zweiundzwanzig Uhr statt. Somit war die Gelegenheit geboten, dass ich mir das nötige Geld für den Lebensunterhalt tagsüber verdienen konnte. Für mich war sofort klar, dass dies für mich die Chance war. Yvonne fand dieses Vorhaben ebenfalls gut. Nach dem definitiven Entscheid in der Schweiz zu bleiben und unter Berücksichtigung meiner Berufspläne entschied sich auch Yvonne für eine berufliche Weiterbildung zur Operationsfachfrau. Diese

Ausbildung dauerte ebenfalls zwei Jahre. Als frühester Termin für die Aufnahme meiner Ausbildung kam der Vorkurs Anfang Oktober 1972 infrage.

Irgendwann im Frühjahr oder Anfang Sommer 1972 traf ich eines Tages meinen ehemaligen Schulkollegen Ruedi aus der Sekundarschulzeit in Thusis. Er hatte sich zum Primarlehrer weitergebildet und unterrichtete an der Werkschule (heutige Realschule) in der Gemeinde Cazis. Da er noch die Ausbildung für den Werklehrer berufsbegleitend nachholte und diese in Blockkursen stattfand, suchte er für seine Schulabsenz von vier Wochen einen Stellvertreter. Wie bereits erwähnt, war dies aufgrund des akuten Lehrermangels eher schwierig. Nachdem ich ihm meine beruflichen Absichten erzählte, kamen wir überein, abzuklären, ob es nicht möglich wäre, dass ich seine Stellvertretung übernehmen könnte. Wahrlich eine mutige Entscheidung und ein risikofreudiges Abenteuer für einen jungen Mann ohne Lehrerpatent, ohne pädagogische und fachspezifische Ausbildung. Andererseits sicher auch eine einmalige Gelegenheit für einen Menschen mit meinen Berufsplänen. Mein Freund Ruedi erkundigte sich kurzerhand beim Schulrat über unseren Plan. Dieser war grundsätzlich nicht abgeneigt und machte den Entscheid für meine Anstellung als Stellvertreter von der Genehmigung durch den Schulinspektor abhängig. Damit lag der Ball nun wieder bei mir. Der zuständige Schulinspektor nahm aufgrund eines längeren Telefongesprächs mein Anliegen zur Kenntnis und erteilte dem Schulrat der Gemeinde Cazis wenige Tage später grünes Licht. Mir persönlich teilte er mit, dass er mich während eines halben Tages oder je nach Beurteilung meines Unterrichts mehrmals besuchen würde.

Fast unglaublich, aber wahr. So schnell kam ich zum Einsatz als Werklehrer in der Gemeinde Cazis. Die Vorbereitungszeit für meinen Lehrereinsatz betrug nur einige Wochen. Ruedi übergab mir den Lehrplan für meinen Einsatz. Damit war ich in der Unterrichtsgestaltung frei, musste mich also lediglich an den Plan halten. Das Ganze sah relativ einfach aus, für mich als Laie war es aber alles andere. Fest stand für mich, dass ich diese Aufgabe übernommen hatte und gewillt war, diese nach bestem Wissen und Gewissen zu erfüllen. Was ich anfänglich unterschätzt hatte, war, dass ich nicht eine Klasse, sondern drei Klassen der Oberstufe mit pubertierenden Mädchen und Knaben zu unterrichten hatte. Aus den Erfahrungen meiner eigenen Schulzeit wusste ich, dass ein Lehrer anerkannt wird, wenn er sich streng, aber korrekt und unparteiisch verhält. Für mich wichtig war zudem, dass er sich menschlich, kommunikativ und hilfsbereit zeigt. Mit Freude und Respekt nahm ich die Arbeit in Angriff. Ich stellte die Lektionen zusammen und versuchte, den Unterricht möglichst lebensnah zu gestalten. Als nicht ausgebildeter und nie aktiv tätig gewesener Lehrer war mir bewusst, dass ich sehr viel improvisieren musste. Die Schulferien waren vorbei und mein Einsatz begann. Es waren insgesamt fünfzehn Schülerinnen und Schüler, die ich im Schulzimmer begrüßte. Ich stellte mich vor und informierte die Kinder gleichzeitig über meine Krankheit. Ferner teilte ich ihnen mit, dass ich ihnen bei Bedarf täglich die Zeit von sechzehn bis achtzehn Uhr für die Erledigung der Hausaufgaben zur Verfügung stellen würde. Aufgrund meiner Empfindungen war ich überzeugt, dass der Start geglückt war. Eine meiner arbeitsintensivsten Lebensphasen nahm ihren Lauf.

Das gegenseitige Vertrauen war spürbar und der Unterricht verlief in geordneten Bahnen.

Zu dieser Zeit amteten ferner zwei Ordensschwestern des Klosters als Sekundarlehrerinnen. Aus diesem Grunde wurden gewisse Fächer unter der Lehrerschaft der Sekundarschule und der Werkschule abgetauscht. Der Werklehrer übernahm den Turn- und Werkunterricht der Sekundarschüler und der Gesangsunterricht wurde gemeinsam von der Lehrerschaft der Sekundarschulstufe ausgeübt. Damit ergab sich für mich ein weiteres Problem. Als gehbehinderter und sportunfähiger Mensch musste ich den Turnunterricht mit mehr als zwanzig Knaben durchführen. Diesbezüglich hatte ich ursprünglich sehr große Bedenken, ob dies wirklich klappen würde. Auch hier informierte ich die Jungs über mein Leiden und meine eingeschränkten Bewegungsmöglichkeiten. Irgendwie musste der Unterricht geführt werden. Ich fragte deshalb die vor mir in einer Reihe stehenden Jünglinge, wer sich bereit erklären würde, einerseits bei schlechtem Wetter als Vorturner in der Halle und bei schönem Wetter die Leitung der Fußball- oder anderen Ballspiele im Freien unter vorgängiger Absprache mit mir zu leiten. Zwei Knaben meldeten sich und ich ließ darüber abstimmen, ob die anderen damit einverstanden waren. Wie durch ein Wunder wurde mir volles Vertrauen, Respekt und Achtung geschenkt und obwohl ich nur die Gesamtüberwachung, nicht aber die einzelnen Spieleinsätze managte, verlief der Unterricht diszipliniert und problemlos.

Leider verging meine Lehrerzeit zu schnell. Diese kameradschaftliche Begegnung mit der Jugend und die persönlich gemachten Erfahrungen waren für mich wunderbar und einmalig. Ich war überzeugt, dass dieser Beruf meinem Leben den wirklichen Sinn gegeben und ich meine volle Genugtuung gefunden hätte. Dank dieses Einsatzes wurde mir aber auch bewusst, dass ich über persönliche Fähigkeiten verfügte, die mir in dieser Art und Weise gar nicht bekannt waren. Bereichernd für mich war auch, dass ich plötzlich feststellte, dass ich dank meiner Schicksalsschläge über persönliche Begabungen wie extremes Einfühlungsvermögen, gute Kommunikationsfähigkeit und problemlosen Kontaktzugang zu meinen Mitmenschen verfügte.

Dieser für mich äußerst wichtige und positiv verlaufene Lebensabschnitt war vorbei und ich freute mich auf die bevorstehende Ausbildung in Luzern. Einmal mehr fühlte ich mich auf dem richtigen Lebenspfad.

Anfang August, also kurz vor meinem Einsatz in Cazis, verbrachte ich zusammen mit Yvonne meine ersten Tage in den Niederlanden. Sie stellte mich ihrer Familie vor. Meine ersten Eindrücke von den Niederlanden, die prachtvollen Grachten in Amsterdam, die dicht besiedelten Städte, die vielen Wasserkanäle und Windmühlen auf dem Lande, aber auch das Naturereignis von Flut und Ebbe an der Meeresküste faszinierten mich sehr. Ich verstand sofort, dass Menschen aus einer so reizvollen Umgebung auf so wenig Raum wohnend über gute Charaktereigenschaften wie Toleranz, Einfühlungsvermögen und kollektives Verantwortungsbewusstsein verfügen müssen, ansonsten wäre ein geordnetes und friedliches Zusammenleben schlicht und einfach nicht möglich.

Auf einem Rundgang in der Altstadt von Utrecht schlenderten wir an einem Bijouterie Geschäft vorbei. Zufällig fielen unsere Blicke auf ausgestellte Eheringe im Schaufenster. Wir betrachteten diese Ringe und unterhielten uns, welcher für uns allenfalls in Frage käme. Schnell waren wir uns einig. Was dann passierte, war rein rational betrachtet unerklärbar, emotional angeblich realistisch. Wir betraten das Geschäft, kauften zwei Eheringe und begaben uns anschließend zum Dom. Auf einer Bank vor dem prunkvollen Gebäude Platz genommen, übergaben wir uns gegenseitig die Eheringe. Es war ein einmaliger Moment: Wir waren verlobt. Erst nach einiger Zeit wurde uns wirklich bewusst, was wir getan hatten. Es ist ein sonderbares Gefühl, wenn zwei Menschen am Morgen noch nicht wissen, dass sie am Nachmittag verlobt sein werden. Verständlicherweise sorgte unsere spontane Handlung auch bei unseren Eltern und Geschwistern für eine mehr oder weniger große Überraschung. Die Geschichte zeigte uns auf, dass die damalige spontane Entscheidung vernünftig war.

Mitte Oktober nahm ich Wohnsitz in Luzern. Tagsüber arbeitete ich bei einer Firma bestehend aus einem Bestattungsinstitut, einer Handelsauskunftei und einem Inkassobüro und abends besuchte ich den Vorkurs für meine beabsichtigte Umschulung zum Primarlehrer. Die abwechslungsreiche und neue Arbeit und der interessante Unterricht am Abend erfüllten meinen Alltag. Ferner genoss ich die herrliche Stadt Luzern mit ihren alten und malerischen Gebäuden, mit dem beruhigenden See und der Aussicht auf die umliegenden prachtvollen Berge.

Es hatte nicht sein wollen. Nach nur gerade gut einem Monat Aufenthalt in Luzern holte mich meine Bluterkrankheit erneut ein. Es kommt in seltenen Fällen, etwa bei ein bis zwei Prozent der Hämophilen*, vor, dass sich aus Blutungen in dem Gewebe eine nicht mehr heilende, blutgefüllte Zyste bildet, die über Jahrzehnte allmählich wie ein Tumor wächst und deshalb auch Pseudotumor* genannt wird. Man nimmt an, dass durch stetes Einreißen der Kapsel dieser Blutzyste neue Blutungen zustande kommen. Durch den zunehmenden Druck wird das umliegende Gewebe zerstört und das kann zu einer Auflösung der Knochenstruktur führen. Ein solcher Pseudotumor wurde bei mir bereits im Jahre 1970 im linken Mittel- und Unterbauch festgestellt. Dieser wuchs von Jahr zu Jahr und erreichte Ende 1972 Kindskopfgröße. Daneben entwickelte sich ein zweiter elastischer Pseudotumor über der linken Hüfte und dem linken Oberschenkel. Diese Tumore führten dazu, dass die linke Niere nach oben gedrängt und der Magen auf die vordere Bauchwand gedrückt wurde. Ferner traten bei mir immer öfter Gefühlsstörungen am linken Bein auf. Das machte sich so bemerkbar, dass ich mitten in der Nacht aufwachte und das Gefühl hatte, als hätte ich ein Holzbein. Aufgrund dieses Sachverhaltes überwies mich mein damaliger Hausarzt zur Abklärung und allfälligen weiteren Behandlung an die Medizinische Universitätsklinik Zürich. Vom 19. bis 31. Januar 1973 fanden die Untersuchungen und Abklärungen am Unispital Zürich statt. Es wurde festgestellt und entschieden, dass die erforderliche Operation unumgänglich und unaufschiebbar war. Gleichzeitig wurde mir das Prozedere zur Operation mitgeteilt. Es war der 4. Februar 1973. Ich hatte somit gerade noch vier Tage Zeit, um mich auf diese neue Situation einzustellen.

Einerseits war ich schockiert, frustriert und verzweifelt. Andererseits konnte ich froh sein, dass die Operation überhaupt noch durchgeführt wurde und ich möglicherweise weiterleben würde. Im Wissen, dass der damals zuständige Chefarzt der Herz- und Gefäßchirurgie bei der Operation anwesend sein würde, beruhigte ich mich allmählich und versuchte, mit dieser Situation fertig zu werden.

In dieser sehr gemischten Stimmungslage und ohnmächtig kehrte ich nach Hause zurück. Primär galt es nun, die Stellung in Luzern definitiv zu kündigen und die Schule abzumelden. In dieser Stresssituation war mir noch nicht bewusst, was hier in Wirklichkeit alles abging. In meiner Panik und Hilflosigkeit wollte ich sogar die Verlobung auflösen. Ich wollte nicht, dass ich allenfalls je nach Operationsausgang Yvonne zur Last fallen würde. Wie so oft in meinem Leben zählte einmal mehr allein die Vernunft, obwohl das Gefühl in vielen Fällen mehr gebracht hätte. Hier spürte ich zum ersten Mal so richtig, dass ich mit Yvonne eine Lebensgefährtin gefunden hatte, die auch in den schwierigsten Lebenslagen Nerven bewahrte und verstand, mir den nötigen Mut und die Kraft zu geben, damit ich grundsätzlich zuversichtlich für die Operation eingestellt war. Es war für mich sehr erleichternd zu wissen, dass mir eine liebe, verständnisvolle Lebenspartnerin zur Seite stand. Auch die Eltern und unsere „Nana", welche mittlerweile infolge zu hohen Blutdrucks oftmals verwirrt war, konnten Yvonne und mich mutig stimmen und uns durch ihre Ausgeglichenheit beruhigen. Damit waren die äußeren Rahmenbedingungen geschaffen und der Rest war meine persönliche Angelegenheit, mit der ich allein fertig werden musste. Selbstverständlich zählte ich auf das Fachwissen und die chirurgischen Künste meiner Operateure.

Am 4. Februar 1973 reiste ich mit gemischten Gefühlen nach Zürich und trat in die Chirurgische Universitätsklinik ein. Zum ersten Mal in meinem Leben musste ich für eine Operation die schriftliche Zustimmung abgeben. Es gab für mich keine Alternative. Ein Rückzug hätte meine Lebenschancen nur verringert. Keine Operation hätte in absehbarer Zukunft so oder so zum sicheren Tode geführt. Ich unterschrieb in der Hoffnung, dass ich auch diese Hürde überwinden würde.

Es wurde Abend. Die Vorbereitungen waren abgeschlossen und über den Operationsverlauf vom nächsten Morgen und die mit dieser Operation verbundenen möglichen Risiken wurde ich informiert.

Die Nacht brach an. Meine Gedanken verunsicherten mich sehr. Einerseits hatte ich Angst vor dem Sterben. Andererseits wünschte ich mir lieber den Tod als irgendwie weiterzuleben und auf die Unterstützung anderer Mitmenschen angewiesen zu sein. Ferner versetzte ich mich in die Lage von Yvonne und ich musste mir sagen: „Es gibt nur eine Möglichkeit und das ist durchhalten!" In meiner inneren Not und auf der Suche nach Kraft faltete ich die Hände und bat nach langer Zeit wieder einmal Gott um Hilfe und Beistand. Dieses Gebet wirkte wie ein Wunder auf mich. Ich wurde ruhiger und schlief dann allmählich ein.

Am nächsten Morgen um sieben Uhr wurde ich in den Operationssaal gefahren. In einer rund neunstündigen Operation entfernten mir die Chirurgen unter Leitung des Chefarztes die vorhandenen Pseudotumore. In der Tumorkapsel, in der Bauchhöhle befand sich ein halber Liter dunkelflüssiges, angesammeltes Blut. Die Hämatom-Kapsel reichte bis an die Innenseite der Beckenschaufel.

Im Bereich des Psoas* musste ein Teil der Muskulatur mit der Kapsel mitentfernt werden. Ein Kapselstück von fünf mal acht Zentimetern Größe wurde aus Blutungsgründen nicht entfernt. Das zweite Hämatom dehnte sich gegen den linken Oberschenkel hin aus. Aus dieser Zyste wurden etwa zwei Liter dunkelflüssige, schokoladebraune Flüssigkeit abgesaugt. Hier wurde auf einen größeren Eingriff verzichtet und lediglich eine Saugspüldrainage mit einem dicken Thorax-Schlauch und diversen Redon Drains angelegt. Ein Zusammenhang zwischen diesen zwei Hämatomen konnte nicht gefunden werden. Wie aus dem Operationsbericht zu entnehmen ist, nahm allein die Blutstillung mehr als zwei Stunden in Anspruch. Ich überstand den Eingriff gut. Dank der Zuführung des Gerinnungsfaktors war auch direkt nach der Operation keine vermehrte Blutungstendenz festzustellen. Die ersten Tage nach der Operation verliefen zufriedenstellend. Die Blutung war gering. Die Spüldrainage funktionierte gut.

Am 14. Tag nach der Operation wurde es dann aber äußerst ungemütlich. Ich bekam eine starke und anhaltende Magen-Darm-Blutung. Innerhalb von 24 Stunden benötigte ich neun Liter Blut. Es wurden Magen- und Darmuntersuchungen durchgeführt. Die Diagnose lautete Stressulcus-Blutung. Das bedeutete für mich, dass ich ein weiteres Mal operiert werden musste. Es ging dabei um die Entfernung von zwei Dritteln des Magens und anschließender Herstellung einer Magen-Darm-Verbindung. Auch diese Operation überstand ich und erholte mich verhältnismäßig gut.

Am 13. März folgte eine weitere Operation. Die Spüldrainage im linken Oberschenkelbereich war verstopft.

Es entstand ein zunehmendes Hämatom und eine Hämatom-Ausräumung drängte sich auf.

Am 15. März musste ein weiteres Mal eingegriffen werden. Auch zu diesem Zeitpunkt war erneut die Spüldrainage verstopft. Nach der Entfernung der Spüldrainage nach weiteren 14 Tagen bildete sich eine Fistel*, die sich im ganzen linken Operationsbereich des Oberschenkels ausdehnte. Deshalb wurde am 1. April eine Fistelrevision* vorgenommen und gleichzeitig erneut eine Spüldrainage angelegt, die jedoch nach 24 Stunden ebenfalls verstopfte, sodass eine weitere Revision notwendig wurde.

Danach brach die ganze Naht auf und es entstand eine praktisch den ganzen linken Oberschenkeloperationsbereich einnehmende Wunde, die offen behandelt wurde. Die Wunde granulierte* langsam und glücklicherweise trat keine lokale Infektion auf. Ich war von Anfang Februar bis Anfang Juli, insgesamt also fünf Monate lang, hospitalisiert. Danach wurde ich zur weiteren Wundbehandlung und Überwachung des Gerinnungsstatus für rund einen Monat ins Spital Thusis verlegt.

Die Zufuhr der großen Mengen an Gerinnungspräparaten führte ferner dazu, dass ich eines Tages sogar eine Lungenembolie bekam. Bei einem Hämophilen fast unvorstellbar. Wie sich herausstellte, war es aber doch möglich.

Während meines Universitätsspitalaufenthaltes lag ich die ganze Zeit auf der Krönlein Abteilung. Dies war die Abteilung für Herz- und Gefäßchirurgie. Dadurch kam ich mit sehr vielen Herzpatienten in Kontakt. Es war sehr beeindruckend zu sehen, wie die frisch operierten Leute nach nur wenigen Tagen Wachsaalaufenthalt halb tot in die Zimmer gebracht wurden und meistens nach längstens zwei Wochen das Spital verließen. Besonders gut erinnere ich mich heute noch an die damalige Abteilungsleiterin der Pflege. Sie war sehr streng und trat äußerst bestimmt auf. In Extremsituationen, solche gab es oft, verhielt sie sich jedoch sehr einfühlsam und ausgesprochen liebevoll. Sie war eine Person, die enorm viel und lange arbeitete und sich mit voller Hingabe in den Dienst ihrer Patienten stellte.

Es war damals so, dass auch die Kinder vom Kinderspital für Herzeingriffe vor der Operation auf die Krönlein Abteilung gebracht wurden. Manchmal verzögerte sich ein Operationsbeginn und dadurch mussten die Kleinkinder auf der Abteilung gehütet werden. Da die Abteilungsleiterin wusste, dass ich Kinder liebte, wurden während meines Aufenthaltes einige Kleinkinder zu mir auf die Bettdecke gelegt. Ich bewachte die kleinen hilflosen Mädchen oder Knaben. Es kam vor, dass ein Kind durch die Herzbeschwerden bleich und zum Teil bläulich aussah. Der Anblick solcher Kinder stimmte mich jeweils sehr traurig und nachdenklich, aber gleichzeitig auch sehr zufrieden. In solchen Momenten wurde mir so richtig bewusst, dass es viel schlimmere Sachen auf dieser Welt gab als die eigenen Probleme.

Für mich war dieser Spitalaufenthalt während der ersten Hälfte ein Kampf zwischen Leben und Tod. Schlimm war, dass ich echt degenerierte. Durch die vielen und zum Teil langen Narkosen wurde ich vergesslich und sehr passiv. Zudem verlor ich stark an körperlichen und geistigen Kräften. Infolge der Magen-Darm-Operation hatte ich ferner große Mühe, Nahrung zu mir zu nehmen. Je nachdem, was ich aß, bekam ich schreckliche Blähgefühle und heftige Schmerzen. Ich lebte mehr oder weniger wie in einer Scheinwelt. In diesem Zustand ließ ich mich treiben und machte mir auch wenig Gedanken über die Zukunft.

Während meines ganzen Aufenthaltes in Zürich besuchte mich meine liebe Yvonne jede Woche. Ihre ganze Freizeit verbrachte sie damit, mir beizustehen, mich aufzumuntern und zu unterstützen. In solchen Situationen einen Menschen zu haben, der sich deiner vollumfänglich annimmt und sich dir zuwendet, ist das Größte und Schönste, was einem Menschen im Leben passieren kann.

Mit der Zeit kehrten auch meine körperlichen und geistigen Kräfte und der Lebensmut und Lebenswille zurück. Ich spürte zusehends, dass es bergauf ging. Das Interesse für die Tagesgeschehnisse in Politik und Gesellschaft erwachte in mir. Ferner begann ich, mich auch allmählich mit meiner Zukunft auseinanderzusetzen. Meine Genesung machte Fortschritte, wenn auch langsam, so doch positiv. Es wurde mir allmählich erst so richtig bewusst, was die Ärzte an mir vollbrachten, und dass ich nur dank ihrer großen Erfahrung und ihres enormen chirurgischen Fachwissens diese Strapazen überhaupt überlebt hatte. Es war wie eine weitere Wiedergeburt.

Obwohl weit von der Heimat entfernt, besuchten oder erkundigten sich viele Leute aus meinem Bekanntenkreis nach meinem persönlichen Befinden. Es war stets eine große Genugtuung und eine persönliche Befriedigung, zu spüren, dass ich nicht allein war, sondern von lieben Mitmenschen getragen und geschätzt wurde. Eine besonders große Freude war denn auch für mich, als mich eines Tages die ganze Schülerschaft der Werkschule Cazis mit einem Besuch überraschte. Solche Ereignisse gaben mir Kraft, Mut und neuen Auftrieb.

Diese Leidensgeschichte hatte auch positive Auswirkungen für mich. Obwohl Yvonne und ich eine sehr schwierige und teilweise trostlose Zeit erlebten, wurde unsere Beziehung gestärkt und so intensiv, dass wir uns einig waren, nach meiner Spitalentlassung zusammenzuziehen und demnächst zu heiraten. Damit konnte ich mich auch relativ problemlos von meinen bisherigen beruflichen Visionen lösen. Ich wusste auch bereits, dass ich im kommenden Frühjahr mit einem Neueinstieg in der Treuhandbranche meine zukünftige berufliche Karriere in Angriff nehmen würde.

Diese Operationen hatten auch einen positiven Effekt. Ich war nämlich seit meiner Kindheit stets übergewichtig. Durch die Magen-Darm-Operation verlor ich rund 30 Kilo an Körpergewicht. Seither konnte ich mein Idealgewicht halten. Dadurch erlangte ich eine bedeutend bessere Lebensqualität und zudem wirkte sich dieser Zustand sehr positiv auf meine lädierten Gelenke am linken Bein und den gesamten Körper aus.

Den Tag der Entlassung werde ich nie vergessen. Wie ein Gefangener, der erstmals wieder die Freiheit genießen durfte, verließ ich das Universitätsspital und danach das Spital Thusis. Ich war sehr verunsichert und musste mich erst wieder an das tägliche Leben gewöhnen.

1.1.4 *Die Aufbauphase*

Wie jeder junge Mann machte auch ich mir Gedanken über die Gründung und den Aufbau einer eigenen Familie. Auch ich setzte mich sehr intensiv mit der Kinderfrage auseinander. Ich bin ein Mensch, der Kinder liebt und aus meiner Sicht sicher auch über die Voraussetzungen als guter Vater und Erzieher verfügt. Auch die Übernahme der Verantwortung hätte ich nicht gescheut. Als gesunder Mensch wäre mein größter Wunsch eine Familie mit zwei Kindern gewesen. Die Bluterkrankheit mit den doch massiven persönlichen Auswirkungen stimmte mich jedoch um. Oft hatte ich mich während der verflossenen Jahre mit der Ausrottung dieser Krankheit beschäftigt. Ich kam dabei zu dem Standpunkt, dass es doch möglich sein sollte, dass zwei Generationen auf eigene Nachkommen verzichteten und damit vielleicht die Krankheit aussterben würde. Dass dem nicht so ist, erfuhr ich erst viel später. Es war einfach wieder einmal eine meiner persönlichen Theorien. Ich wollte aufgrund meiner gemachten Erfahrungen mit der Bluterkrankheit keine eigenen Nachkommen. Von diesem persönlich gefällten Entscheid war ich überzeugt und nicht bereit, abzurücken. Für mich bedeutete eine andere Grundhaltung schlicht und einfach, dass ich unverantwortlich und rein egoistisch gehandelt hätte. Mit einem solchen Vorwurf wollte und konnte ich mich einfach nicht belasten. Rein persönlich beurteilt war dies zweifelsohne mein mir zustehendes Recht. Dieses Verhalten und diese fixe Idee hätten jedoch in letzter Konsequenz bedeutet, dass ich mich für ein Singleleben hätte entscheiden müssen. Alles andere war letztlich auch nichts anderes als eine höchst problematische und sehr egoistische Haltung. Zu dieser Erkenntnis kam ich aber, wie sich noch herausstellen würde, erst einige Jahre später.

Die ganze Problematik um das Thema „Kinder in der Ehe – ja oder nein?" diskutierte ich denn auch ausgiebig mit meiner zukünftigen Lebenspartnerin Yvonne.

Unkompliziert, verständnisvoll und kompromissbereit unterstützte Yvonne meine Haltung und Entscheidung. Wir lebten mittlerweile seit zwei Monaten zusammen in der Ferienwohnung meiner Eltern und waren glücklich und zufrieden. Yvonne steckte noch mitten in ihrer Weiterbildung zur Operationsfachfrau. Sie fühlte sich in ihrem Berufsfeld sehr wohl und war hell begeistert. Da auch ich überzeugt war, in meinem zukünftigen Beruf als Treuhänder meine volle persönliche Befriedigung zu finden, stellten wir uns darauf ein, dass es auch ein gutes Leben ohne Kinder geben könnte. Wir waren uns aber damals schon einig, dass in diesem Fall auch Yvonne berufstätig bleiben würde.

Mittlerweile war meine Wunde am linken Oberschenkel genesen. Ich hatte schlechte Venen, und jede Blutentnahme oder Zuführung des Gerinnungsmittels bereiteten größte Schwierigkeiten, bis jeweils endlich nach mehreren Versuchen eine Vene gefunden werden konnte. Wegen dieser schlechten Venenverhältnisse entschieden sich die Ärzte am Unispital Zürich für das Anlegen einer AV-Fistel* am Unterarm. Dafür wurde ich vom 22. November bis 7. Dezember 1973 erneut im Unispital in Zürich hospitalisiert.

Aufgrund unserer gemeinsamen Familienplanung ohne Nachkommen entschied ich mich gleichzeitig auch für eine Vasektomie*. Diese Eingriffe verliefen problemlos. Bis Ende des Jahres war ich denn auch so weit erholt und genesen, dass ich mich nach einer neuen beruflichen Anstellung umsehen konnte. In der „Bündner Zeitung" suchte eine Treuhandgesellschaft in Chur einen Sachbearbeiter für die Betreuung von Kundenbuchhaltungen und die Mitarbeit im Steuer- und Revisionswesen. Ich fühlte mich sehr angesprochen und bewarb mich. Das

Glück war auf meiner Seite. Ich erhielt die Arbeitsstelle und damit war auch mein beruflicher Wiedereinstieg per 1. Februar 1974 sichergestellt.

Ferner bezogen Yvonne und ich am 1. Dezember 1973 eine Wohnung in Thusis. Wir hatten uns entschieden, im Wonnemonat Mai des folgenden Jahres zu heiraten. Somit hatte das bewegteste Jahr in meinem Leben doch noch ein gutes Ende genommen.

Das neue Jahr sah sehr rosig aus und begann auch vielversprechend. Am 1. Februar 1974 trat ich meine neue Arbeitsstelle an. Ich fühlte mich bereits nach einer kurzen Einarbeitungsphase sehr wohl und war mir sicher, dass ich mich in dieser Firma verwirklichen konnte. Mein neuer Chef war eine äußerst korrekte und einfühlsame Person. Er war der erste diplomierte Bücherexperte im Kanton Graubünden. Die heutige Berufsbezeichnung „Wirtschaftsprüfer" hieß damals „Bücherexperte". Als ich dies erfuhr, war mir sofort bewusst, dass ich hier aufgrund dieser Sonderstellung meines Chefs sicher auch mit sehr interessanten Arbeiten zu tun haben würde. Eine ähnliche Erfahrung konnte ich ja bereits bei meinem ehemaligen Chef in Zürich machen. Er war ebenfalls diplomierter Bücherexperte.

Bereits Mitte Februar wurde mein Leben erneut von einem tiefgreifenden Ereignis überschattet. Unsere geliebte und sehr geschätzte Großmutter Menga starb. Für mich bedeutete dies einen sehr großen Verlust. Meine unvergessliche „Nana" gab mir so viel Lebenskraft in meinem doch sehr bewegten Leben. Im Wissen, dass ich mit meiner lieben Yvonne eine ähnlich fühlende und denkende und ausgeglichene Person, wie meine „Nana" es war, an meiner Seite hatte, war für mich dieses Abschiednehmen wesentlich leichter zu verkraften. Besonders traurig und unerklärbar für mich war, dass unsere Großmutter, obwohl sie sich so sehr wünschte, nur nie an einer Hirnblutung sterben zu müssen, gerade von diesem Schicksal getroffen wurde und erst nach einer schweren und kurzen Leidenszeit sterben durfte. Sie wird mir stets in bester Erinnerung bleiben.

Da bekanntlich das Leben weitergeht und ich genau wusste, dass meine verständnisvolle und liebe „Nana" nichts anderes gewollt hätte, heirateten Yvonne und ich trotzdem am 25. Mai 1974 in der Kirche in Andeer. Es war für mich einer meiner schönsten Momente, ein einmaliges Gefühl und gleichzeitig eine große Herausforderung, fortan ein Leben zu zweit führen zu dürfen.

Im Sommer des gleichen Jahres schloss Yvonne ihre Ausbildung als Operationsfachfrau am Kantonsspital in Chur ab und trat am 1. September in den Dienst des Krankenhauses Thusis ein. Unser Leben nahm seinen gewohnten Lauf. Wir beide fühlten uns persönlich und beruflich sehr wohl und erfüllt. Mein Gesundheitszustand stabilisierte sich. Dank der Gerinnungspräparate konnten fortan auftretende Blutungen im Anfangsstadium gestillt werden, sodass ich in rund 14 Jahren praktisch nie am Arbeitsort fehlte und mehr oder weniger ein normales Leben führen konnte. Ich besuchte berufsbegleitend Weiterbildungskurse. Strebsam, wie ich war, setzte ich mich für meinen neuen Arbeitgeber ein, als wäre es mein eigenes Unternehmen. Nur zwei Jahre nach meinem Eintritt in die Firma, erst 66 Jahre alt, starb plötzlich unser geschätzter und beliebter Chef.

Ich wurde zum Prokuristen ernannt und setzte mich entsprechend noch mehr ein. Da mein Beruf immer mehr auch zu meinem Hobby wurde, war mir nichts zu viel. Der Geschäftsleitung des Unternehmens gehörten nach dem Ableben des Firmengründers noch zwei weitere Geschäftspartner an. Einer schied im Jahre 1980 ebenfalls aus der Firma aus. Ich wurde als neuer Partner in die Firma aufgenommen und gehörte gleichzeitig der Geschäftsleitung an. Meine Berufskarriere verlief infolge der doch unerwarteten Ereignisse sehr rasch und steil. Ich setzte meine volle Kraft und Energie in den Dienst der Firma. Im Jahre 1982 erlangte ich nach rund zweijähriger berufsbegleitender Weiterbildung den Fachausweis als „Treuhänder mit eidgenössischem Fachausweis" und im Jahre 1984 das Diplom als „Diplomierter Steuerexperte". Damit hatte ich die Voraussetzungen für eine erfolgreiche Karriere in der Treuhandbranche grundsätzlich geschaffen. Ich war denn auch überzeugt, dass ich aufgrund meiner beruflichen Ausbildung, der Anstellung und der finanziellen Beteiligung in der Firma somit den Rest meiner beruflichen Tätigkeit bis zur Pensionierung hier verbringen würde.

Die meisten Menschen auf dieser Erde arbeiten, um zu leben. Eine Minderheit lebt, um zu arbeiten. Welche Menschen richtig handeln, kann nicht verallgemeinert gesagt werden. Jeder Mensch hat seine eigenen Gene und sein spezielles Ego. Was für die eine Person stimmt, belastet eine andere möglicherweise vollends. Wichtig ist letztlich nicht, was ein Mensch tut, sondern ob das, was er macht, ihm Spaß bereitet. Fest steht auch, dass ein Beruf, in dem sich ein Mensch wohlfühlt, sich sehr positiv auswirkt. Arbeit kann durchaus heilend und erfüllend wirken und braucht weder Plage noch Muss sein. Vor allem bei körperlich eingeschränkten Personen kann

Arbeit das Selbstwertgefühl und das Selbstvertrauen fördern. Arbeit kompensiert oftmals Probleme und trägt zur Selbstverwirklichung einer Person bei. Zu viel Arbeit kann sich aber auch negativ auf einen Menschen auswirken. Dadurch lässt die Leistungsfähigkeit nach und führt bei einem Dauerzustand meistens zu einer Streßsituation. Schlimm wird es für einen Menschen aber sicher, wenn Arbeit als Flucht vor sich selbst gewertet werden muss. Probleme zu verdrängen, statt sie zu lösen, hat immer negative Folgen für einen Menschen.

Da mir mein Beruf schon immer sehr gut gefiel und mir große Freude und Genugtuung verschaffte, vereinten sich Beruf und Hobby. Dass das so weit kam, ist aber sicher auf meine persönliche Situation zurückzuführen. Hätte ich Sport treiben oder wandern können, dann hätte ich andere Prioritäten in meinem Leben gesetzt. Dessen bin ich mir sicher. Dies ist aber alles absolut unwichtig. Was am Schluss zählt, ist, dass jeder Mensch mit sich und seinem Umfeld zufrieden ist.

Wir hatten uns entschieden. Bereits vor unserer Heirat waren Yvonne und ich übereingekommen, infolge meiner Erbkrankheit auf Kinder zu verzichten. Als frisch Verliebte waren wir überzeugt, dass allein die große Liebe, die tiefe Verbundenheit und das ewige Zusammensein zählen. Nicht umsonst heißt es in einem Sprichwort: „Liebe macht blind." Diese paradiesischen Gefühle erlebt jedes frisch verliebte Paar. Erst später, wenn der Alltag zurückkehrt und die Träume und Fantasien sich langsam verflüchtigen, werden wir Menschen auch wieder wir selbst. In der Zeit der unendlichen Gefühle glauben wir dann auch, dass wir für die Liebe alles tun und lassen könnten. Wir fühlen uns übermenschlich und zu allem fähig.

Obwohl Yvonne in ihrer beruflichen Arbeit vollumfänglich aufging, erwachte in ihr der Kinderwunsch und
wurde immer stärker. Viele ihrer Freundinnen und ehemaligen Bekannten bekamen Kinder. Alle schwärmten
von ihrem Glück. Ich persönlich hatte dieses Thema
mit meiner vorgenommenen Unterbindung abgehakt.
Für mich war das Problem zudem erledigt, da ich sonst
nicht geheiratet hätte. Aufgrund meiner mit der Bluterkrankheit gemachten Erfahrungen habe ich mich mit
dem Problem eigener Kinder während vieler Jahre aus-
einandergesetzt. Es war also ein Grundsatzentscheid,
der sich durch einen zeitlich gewachsenen Prozess so
entwickelt hatte. Yvonne ihrerseits musste sich damals
spontan entscheiden. Das Bedenkliche für mich war,
dass Yvonne auf etwas verzichten musste, ohne wirklich etwas dafür zu können. Zudem machte ich mir immer mehr Vorwürfe, dass ich Yvonne möglicherweise
mit meinem Verhalten und meiner Einstellung vor der
Hochzeit zu ihrem damaligen Entschluss nötigte. Ich
musste zur Kenntnis nehmen, dass eine Frau, wenn es
um einen Kinderwunsch geht, eine ganz andere emotionale Empfindung und biologische Wahrnehmung hat
als ein Mann. Es wurde mir auch bewusst, dass Yvonne
sich aufgrund unserer großen Liebe, die sie nicht verlieren wollte, so entschieden hatte. Damals wusste ich
es noch nicht so genau. Mittlerweile habe ich aufgrund
vieler Diskussionen jedoch erkannt, dass jede Frau irgendwann, und glaubt sie noch so sehr, auf Kinder verzichten zu können, von dem Wunsch und dem Gefühl,
Mutter werden zu wollen, eingeholt wird. Anscheinend
ist dies ein biologisches Phänomen, das nicht rational
unterdrückt werden kann.

Wie weiter? Dies war die große Frage. Eigene Kinder zu zeugen, war bei mir nicht mehr möglich. Als Alternativen gab es nur noch die künstliche Befruchtung oder die Adoption eines Kindes. Eine Adoption lehnte ich ab. Es war mir bekannt, dass zum damaligen Zeitpunkt eine Adoption mit sehr vielen Schwierigkeiten verbunden war. Alter der Adoptiveltern, der Altersunterschied zwischen dem Adoptivkind und den Adoptiveltern, der Nachweis einer sicheren Existenz der Adoptiveltern, aber auch das Risiko, dass das gewünschte Adoptivkind im Zeitpunkt der Übernahme möglicherweise noch nicht zur Adoption freigegeben wurde und somit noch unliebsame Diskussionen mit der leiblichen Mutter stattfinden könnten, all dies waren Gründe, die mich ablehnend stimmten. Da es damals noch keine obligatorischen Pensionskassen gab, ich im Invaliditätsfall nicht zusätzlich versichert war und somit lediglich mit einer Invalidenrente hätte leben müssen, waren für mich auch das finanzielle Risiko und die zu übernehmende persönliche Verantwortung zu groß und untragbar. Trotz all dieser bekannten Faktoren erklärte ich mich bereit, mit Yvonne zusammen den zuständigen Arzt einer Samenbank am Kantonsspital in St. Gallen aufzusuchen, um uns über die ganze Problematik einer eventuellen künstlichen Befruchtung informieren zu lassen. Diesen Tag vergesse ich nie mehr. Mit dieser reinen Alibiübung habe ich mir eine große Last auferlegt. Obwohl sich letztlich Yvonne persönlich gegen eine künstliche Befruchtung entschied, musste ich mit dem Gedanken fertig werden, dass ich auch bei einem anderen Ausgang keiner künstlichen Befruchtung zugestimmt hätte. Wie ich mich letztlich doch noch entschieden hätte, kann ich nicht sagen. Glücklicherweise blieb ich von dieser Herausforderung verschont.

Aus meinen persönlichen Erfahrungen bin ich der Ansicht, dass in einem Fall wie bei mir eine Frau das Recht haben sollte, sich von ihrem Ehemann zu trennen. Ein auftretender unerfüllter Kinderwunsch verfolgt eine Frau nämlich das ganze Leben. Von diesem sehnlichsten Wunsch Abstand zu nehmen, kann bei einer Frau zu massiven psychischen Verstimmungen führen.

Die gleichen Fragen und Probleme bezüglich eigener Kinder wie bei einem Hämophilen stellen sich auch für die Schwestern von Blutern. Als Konduktorinnen* sind sie normalerweise nicht persönlich betroffen. Sie vererben die Krankheit jedoch möglicherweise an ihre Söhne oder ihre Töchter als weitere Überträgerinnen. Diese Verantwortung zu übernehmen und je nach subjektiver Belastbarkeit die richtige Entscheidung zu treffen, ist sicher nicht einfacher. Auch hier kann letztlich nur die betroffene Person aufgrund ihrer persönlichen Empfindung und Grundhaltung den für sie richtigen Entscheid fällen. Da kein Mensch dieser Erde gleich dem anderen ist, ist auch niemand berechtigt, sich in die Intimsphäre eines anderen Menschen einzumischen.

Die seit Mitte der 60er Jahre des letzten Jahrhunderts vorhandenen Gerinnungspräparate haben sich sicher auch in diesem Bereich positiv ausgewirkt. Dank dieser Substitutionstherapien* können Hämophile heute nämlich ein mehr oder weniger normales Leben führen. Als Vertreter der alten Generation von Blutern waren meine persönlichen Ansichten möglicherweise sehr konservativ. Infolge verschiedener Pseudotumore profitierte ich jedoch nur beschränkt von dem großen Befreiungsschlag durch die Gerinnungspräparate. Deshalb hat sich mein Leben auch nicht so stark wie dasjenige der meisten übrigen Hämophilen geändert.

Jeder Mensch kann aber nur aus seiner eigenen Wahrnehmung und aufgrund seiner persönlichen Lebenserfahrungen Analysen anstellen und zu entsprechenden subjektiven Erkenntnissen gelangen. Für Konduktorinnen hat sich auch aus medizinischer Sicht viel verändert. Verschiedene medizinische Untersuchungen tragen heute dazu bei, dass das Geschlecht eines Kindes bereits im Frühstadium bestimmt werden kann. Auch die Wahrscheinlichkeit des Auftretens einer Hämophilie kann aufgrund spezifischer Untersuchungen bei Konduktorinnen prognostiziert werden. Dies bietet die Möglichkeit, je nach Wunsch der Mutter das Kind auszutragen oder eben abzutreiben. Allein zu wissen, dass es heute die Substitutionstherapie und die Möglichkeit einer allfälligen Abtreibung gibt, wirken sich sicher positiv und erleichternd für einen so schwierigen Entscheid aus. Auch hier wird kein Mensch im Voraus genau wissen, was das Richtige für ihn ist. Je nach Lebensverlauf oder Persönlichkeitsentwicklung sieht das Innere eines Menschen eventuell doch anders aus, als ursprünglich geglaubt. Diese Unbekannten gehören nun einmal zu unserem Leben und prägen es entsprechend interessant und abwechslungsreich. Hat eine Mutter eine Abtreibung vorgenommen und entstehen bei ihr nachträglich psychische Probleme, so gibt es aus meiner Sicht nur eines, nämlich fachmännische Hilfe in Anspruch zu nehmen. In solchen Phasen des Lebens ist es meistens nicht möglich oder sonst nur mit sehr großem, unnötigem Verbrauch von menschlichen Ressourcen, allein aus eigener Kraft herauszufinden. Wenn ich heute aufgrund der heutigen Behandlungsmöglichkeiten und vorausgesetzt, ich litte an einer normalen Hämophilie B, den Entscheid fällen müsste, meiner Frau den sehnlichsten Wunsch nach einem leiblichen Kind zu erfüllen oder zu verwehren, so würde ich alles daransetzen, dass dieser in Erfüllung geht.

Ein kinderloses Ehepaar muss sich neben dem Verzicht auf das Kinderglück und die sicher vielen schönen Momente während der Kinder- und Jugendjahre eines leiblichen Kindes auch mit gesellschaftlichen Auswirkungen abfinden. Sehr viele persönliche Kontakte unter Mitmenschen in einer Gesellschaft entstehen durch die Kinder. Elternabende, gemeinsame Freizeitgestaltung, sportliche Anlässe, politische Projekte im Zusammenhang mit der Schule und Erziehung und vieles mehr schaffen Verbindungen und Freundschaften unter den Eltern. Infolge unterschiedlicher Interessen zwischen kinderlosen und Ehepaaren mit Kindern wirkt sich dies auch auf bestehende Freundschaften aus. Bei den Ehepaaren mit Kindern stehen die Kinder im Mittelpunkt des täglichen Lebens. Einem kinderlosen Ehepaar fehlt dieser Lebensmittelpunkt. Es kann nicht mitreden und wird dadurch sehr oft, wenn auch ungewollt, von seinem persönlichen Beziehungsumfeld ausgegrenzt. Dieser Zustand kann sich negativ auf die Familienpolitik auswirken, in der kinderlosen Ehepaaren die Identität fehlt und es ihnen am Verständnis für die Jugend mangelt.

1.1.5 *Die Ausbauphase*

Im Jahre 1981 trat HIV* und Aids* zum ersten Mal auf. Dies wurde zuerst ausschließlich bei homosexuellen Männern festgestellt. Schnell einmal zeichnete sich ab, dass auch Neugeborene und Bluter betroffen waren. Die Krankheit verbreitete sich rasch. In Fachkreisen war man sich zunehmend darüber einig, dass der Erreger ein Virus sein müsste, das über Spermien (Geschlechtsverkehr) und Blut übertragen werde. Endlich im Jahre 1985 wurde ein Testverfahren entwickelt und der Öffentlichkeit vorgestellt.

Durch unsere behandelnden Ärztinnen und Ärzte der Hämophilie-Zentren wurden wir Bluter auf das Problem einer möglichen HIV-Infektion angesprochen. Da ich zur fraglichen Zeit mehrmals mit Gerinnungspräparaten versorgt wurde, bestand eine akute Gefahr, dass ich durch HIV infiziert worden war. Meine zuständige Ärztin empfahl mir deshalb dringend, den HIV-Test machen zu lassen. Letztlich ging es ja nicht nur um mich, sondern auch um die Feststellung einer allfälligen HIV-Infektion bei meiner lieben Yvonne. Nach anfänglichem Zögern entschied ich mich im November 1985 für den Test. Nach bangem Warten wurde mir Ende November das Resultat mitgeteilt.

Ein richtiger Novembertag, nass, neblig und unfreundlich. Irgendwann im Laufe des Morgens klingelte das Telefon in meinem Büro in Chur. Ich hob den Hörer ab und auf der anderen Seite meldete sich meine Vertrauensärztin in Sachen Hämophilie. Sie bat mich um einen Besprechungstermin. Nachdem ich nun 14 Tage auf mein HIV-Testresultat wartete, wusste ich genau, worum es ging. Ich hoffte sehr stark auf ein negatives Testresultat. Nach diesen bangen Tagen des Wartens wollte ich es sofort wissen. Ich forderte die Ärztin auf, mir das Resultat jetzt mitzuteilen. Sie zögerte kurz und teilte mir mit: „Ihr Befund ist HIV-positiv." Wir vereinbarten einen gemeinsamen Termin für den Nachmittag. Ich war geschockt und fassungslos. Es war, als bräche der Himmel über mir ein und ich verlöre gleichzeitig den Boden unter den Füßen. Ich konnte und wollte es einfach nicht glauben. Angst, Ohnmacht, Unverständnis, Wut, Einsamkeit, Traurigkeit, Hilflosigkeit, Verzweiflung! Ein Wechselbad dieser Gefühle übermannte mich. Ich sah nur noch einen Tunneleingang und die Dunkelheit, die Perspektiven und der Glaube an das Licht auf der anderen Seite des Tunnels fehlten mir. Immer wieder fragte ich mich: „Was nun? Wie weiter?" Obwohl mir während der Zeit vom Tag der Testdurchführung bis zu diesem Telefonanruf viele Gedanken durch den Kopf gingen und ich auch eingehende Gespräche mit Yvonne führte, konnte ich es einfach nicht fassen. In meinem Innersten hoffte und glaubte ich trotz aller Risiko- und Chancenabwägungen fest daran, dass ich von einem solchen Schicksalsschlag verschont bliebe. Dass gerade dieses lebensrettende und lebensverlängernde Medikament, das größte Glück für alle Bluter, dereinst unsere mögliche Todesursache sein könnte, das war für mich bis zum Zeitpunkt des alles verändernden Telefonanrufs schlicht und einfach unvorstellbar. Erst nach einigen Stunden begann ich zu verstehen, dass ein Wunsch ein Wunsch bleibt und von der Realität dennoch ausgelöscht werden kann. Tatsache war, dass ich mich nun mit Yvonne auf einen ganz neuen Lebensabschnitt einstellen musste. Wie und wohin dieser Weg führen würde, blieb vorderhand unbekannt.

Am Nachmittag traf ich mich mit meiner Vertrauensärztin im Kantonsspital in Chur. Sie versuchte, mich zu
beruhigen und aufzumuntern. Gleichzeitig stellte ich aber
fest, dass eine HIV-Infektion ganz andere Auswirkungen als
eine andere Krankheit hat. Im Gespräch informierte mich
meine Ärztin ausführlich und unmissverständlich bezüglich möglicher Folgen in meinem Beruf und gegenüber der
Gesellschaft. Ich musste zur Kenntnis nehmen, dass HIV
weder eine salon- noch gesellschaftsfähige Krankheit war.
Über diese Krankheit sprach man nicht, und wer von ihr
befallen war, schwieg sich vernünftigerweise besser darüber aus. Somit musste ich mich gleichzeitig damit abfinden, dass ich plötzlich infolge dieser HIV-Infektion einer
Randgruppe angehörte, die von der Gesellschaft geächtet,
ausgegrenzt, diskriminiert und am liebsten ausgerottet
worden wäre. Bekanntlich zählen zu den HIV-Infizierten
vorwiegend Homosexuelle, Prostituierte, Drogenabhän-
gige und nur wenige Personen, die durch Bluttransfusionen, oder eben Bluter, die durch Bluttransfusionen oder
Blutpräparate infiziert wurden. Die Krankheit wurde deshalb von der Gesellschaft als Strafe für die Betroffenen
angesehen. Es geschieht ihnen ganz recht, wenn sie sich
nicht normal verhalten können. So sprach und dachte die
Gesellschaft über die Betroffenen dieser Randgruppe. Sie
gehörten einfach nicht zu unserer Gemeinschaft. Im Wissen der Problematik einer möglichen persönlichen Ausgrenzung, eines Verlustes meiner lieben Yvonne und in
der Ungewissheit über meine weitere berufliche Karriere verließ ich das Kantonsspital. Nie fühlte ich mich bis
anhin in meinem Leben so unsicher, hilflos und einsam.

Im Zustand dieser völligen Hoffnungslosigkeit und
Verzweiflung stieg ich in mein Auto, fuhr nach Zürich

und tauchte für zwei Tage unter. Ich brauchte Distanz. Dieser psychische Druck und die Ungewissheit über meine Zukunft brachten mich an meine Belastungsgrenze. Alles zusammen war im Moment einfach zu viel für mich.

Am Sonntagabend kehrte ich nach Hause zurück. Verzweifelt teilte ich Yvonne das Testresultat mit und versuchte, ihr auch mein Verhalten der vergangenen zwei Tage zu erklären. Ich war darauf gefasst, dass sie sich möglicherweise für einen Alleingang und eine eigene Zukunft entscheiden würde. Wir unterhielten uns stundenlang und kamen dann überein, dass unsere Zukunft trotz all dieser anstehenden Probleme gemeinsam weitergehen sollte. Ferner beschlossen wir, dass wir weder die Eltern noch irgendwelche weitere Personen über meine HIV-Infektion informieren würden. Wir waren überzeugt, dass es sinnlos wäre, weitere Personen damit zu belasten. Schließlich war uns ja bewusst, dass allein die Zukunft Licht ins Dunkel bringen wird. Die Solidarität, die mir Yvonne entgegenbrachte, gab mir einmal mehr Kraft und Mut, mich auch den neuen Herausforderungen zu stellen. Ob ich dies alles auch allein geschafft hätte, bezweifle ich sehr.

Bekanntlich war ich Teilhaber, Verwaltungsrat und Mitglied der Geschäftsleitung unserer Treuhand- und Revisionsgesellschaft in Chur. Die Namensänderung in die neue Firma war nur rund ein Jahr zuvor vorgenommen worden. Jetzt, in dieser Situation, stellte sich für mich die Frage, ob ich meinen Geschäftspartner über meine HIV-Erkrankung informieren sollte oder nicht. Da er zur selben Zeit in Florida in den Ferien weilte, hatte ich noch rund zwei Wochen Zeit, mich zu entscheiden. Es war keine einfache Zeit und der Entscheid erforderte eine große Überwindung. Aufgrund seiner akademischen Ausbildung ging ich davon aus, dass mein damaliger Geschäftspartner grundsätzlich über die erforderlichen menschlichen und intellektuellen Fähigkeiten verfügen sollte, sich ein realistisches Bild über die möglichen Risiken einer HIV-Infektion zu verschaffen und danach auch sachlich darüber entscheiden zu können.

Mitte Dezember kehrte er aus den Ferien zurück. In meiner Naivität, im Glauben an das Gute im Menschen und aufgrund meines persönlichen Verantwortungsbewusstseins informierte ich ihn über meine HIV-Infektion. Er nahm meine Mitteilung erstaunt und schockiert entgegen.

Das Resultat war, dass ich zwei Tage später erfahren musste, dass er nicht bereit war, weiterhin mit mir zusammenzuarbeiten. Er bat mich, zu kündigen und die Firma bis zum 1. März 1986 zu verlassen. Als Gründe führte er Befürchtungen einer möglichen Ansteckungsgefahr und persönlichen Infektion an. Er ging dabei so weit, dass er mir zu verstehen gab, dass allein eine von mir benützte Kaffeetasse für ihn eine Gefahr darstellte. Von einem akademisch gebildeten Menschen solche Worte zu hören, war für mich unerklärbar, ja, glimpflich gesagt, absurd. Es machte mich wütend und ich fühlte mich diskriminiert und ausgegrenzt. Ich wünschte diesem Unmenschen damals insgeheim alles, nur nichts Gutes. Es war beängstigend, was für Gedanken in mir aufkamen. Für mich war damit das Chaos jedenfalls perfekt.

Neben den körperlichen und psychischen Problemen galt es nun auch noch mit Existenzängsten fertig zu werden. Zudem stellte ich bereits nach den ersten Besprechungen fest, dass mein Geschäftspartner bereit war, aus meiner Notlage auch noch Kapital zu schlagen. Bedenkt man, dass ich während zwölf Jahren all meine Kräfte in dieses Unternehmen investierte, teilweise auf Ferien verzichtete, unzählige Überstunden leistete, alles gab, als wäre es meine eigene Firma und bis zu meiner Aufnahme als Teilhaber und Mitglied in die Geschäftsleitung zu einem wohl angemessenen, aber keinesfalls hohen Lohn arbeitete, so ist es sicher verständlich, dass ich mich ausgenützt fühlte. Entsprechend entstanden bei mir massive Aggressionen.

Die Zeit drängte. Was sollte ich tun? Ich konnte von drei sich mir bietenden Möglichkeiten eine auswählen:

1. Will ich mich persönlich aufgeben, resignieren und mich auf ein Rentnerleben einstellen?
2. Will ich mich nach einer neuen, unselbständigen Arbeitsstelle umsehen? Und zwar unter dem persönlichen Druck, meinem zukünftigen Arbeitgeber meine HIV-Infektion zu verschweigen?
3. Will ich mich selbständig machen?

Aufgrund meiner Erfahrungen und meiner persönlichen Grundhaltung gab es nur eine Möglichkeit: Ich musste mich selbständig machen, dies trotz meiner wirtschaftlich düsteren und gesundheitlich doch sehr unsicheren Zukunftsaussichten. Diese Entscheidung teilte ich meinem damaligen Geschäftspartner auch mit.

Nach genauer Abklärung der Vor- und Nachteile über den Standort meiner neuen Firma entschied ich mich für Thusis. Da ich in Masein wohnte, hatte ich fortan auch einen kürzeren Arbeitsweg. Ferner kannte ich die wirtschaftlichen Marktverhältnisse in Mittelbünden bestens und war überzeugt, dass ich, vorausgesetzt die Gesundheit machte mit, in der Lage sein würde, mir hier eine neue Existenz aufbauen konnte. Ich sah mich in Thusis nach Büroräumlichkeiten um. Bereits im Dezember 1985 konnte ich einen Mietvertrag abschließen. Es war eine sehr hektische Zeit. Zwischen Weihnachten und Neujahr besprach ich mich auch mit unserer Mitarbeiterin Irene über eine allfällige Zusammenarbeit. Ihr vertraute ich als einer der wenig eingeweihten Personen mein Schicksal an. Auch diese Entscheidung war für mich alles andere als leicht. Neben meiner normalen Arbeitszeit in Chur war ich gezwungen, alle Vorkehrungen für die Firmengründung der Gredig Treuhand- und Revisions AG mit Sitz in Thusis einzuleiten, die Betriebseinrichtungen, das Büromobiliar, die geeignete EDV-Anlage und das Firmenpapier zu beschaffen und alle sonst mit einer Gründung anfallenden Arbeiten zu erledigen. Wie ich das alles in so kurzer Zeit unter einen Hut brachte, ist mir heute noch rätselhaft. Bekanntlich macht Not erfinderisch und weckt ganz besondere Kräfte in einem Menschen.

Was zum damaligen Zeitpunkt zählte, war: Ich musste mich unbedingt auf das Wesentliche konzentrieren und mich nicht von belanglosen Begleiterscheinungen irritieren lassen.

Ich war deshalb auch sehr gespannt auf das Resultat der mir noch bevorstehenden geschäftlichen Auseinandersetzung betreffend Kundenzuteilung und Kauf meiner Firmenbeteiligung durch meinen Geschäftspartner. Damals war ich immerhin mit 30 Prozent an der Firma beteiligt, umsatzmäßig verantwortlich war ich für rund 70 Prozent. Das Personal unterstand ebenfalls vorwiegend mir. Summa summarum betrachtet standen die Aussichten für mich grundsätzlich gut. Visionen und Realitäten sind nicht dasselbe. Dies musste ich einmal mehr erfahren. Das Angebot meines Geschäftspartners entsprach keinesfalls meiner Vorstellung. Kurz zusammengefasst: Ich wurde mit rund einem Drittel des Umsatzes, welcher mir zugestanden hätte, und einer Beteiligungsabfindung zum Nominalwert bewertet, abgefunden und damit in die Wüste geschickt. Damit waren für mich wenigstens die zukünftigen Fixkosten meines Geschäftes und rund ein Drittel meiner persönlichen Existenz gesichert. Aufgrund von zähen Verhandlungen wurde mir letztlich dennoch überraschend erlaubt, dass ich Irene als langjährige Sachbearbeiterin ohne Einhaltung einer Kündigungsfrist bei mir anstellen durfte.

Mein Handicap war, dass ich in dieser Situation auf Gedeih und Verderb allein auf meinen Geschäftspartner angewiesen war. Er hatte das Sagen, ich musste parieren. Diese Abhängigkeit machte mich schier wahnsinnig. Immer, wenn sich die Lage zuspitzte, drohte er mir damit, das gegenseitig vereinbarte Schweigen über meine HIV-Infektion zu brechen. Die Angst davor und die Gefahr einer persönlichen Ausgrenzung zwangen mich buchstäblich, sein Angebot zu akzeptieren. Ich betrachtete mich aus der Perspektive meines Gegenübers als einen pflegeleichten Verhandlungspartner. Das war äußerst hart für mich. Es gab aber keine andere Möglichkeit.

Dank der großen Unterstützung meiner lieben Yvonne und der Bereitschaft meiner mir bis zu ihrer Pensionierung erhalten gebliebenen, hervorragenden Mitarbeiterin Irene konnte ich am 1. März 1986 meine neue Firma in Thusis eröffnen.

Zusammen mit meiner Mitarbeiterin, einer kleinen Anzahl von Kunden, einem Berg von Kundenakten, einem neu eingerichteten Büro und vor allem mit dem Willen und der inneren Überzeugung, den Beweis anzutreten, dass das Leben weitergeht, begann ich meinen Neustart.

Die wachsende Kundschaft und vor allem auch die persönlichen und geschäftlichen Beziehungen mit Leuten aus Wirtschaft und Politik, die mit meiner Betriebsaufnahme in Thusis entstanden, gaben mir Mut und Zuversicht und bewiesen mir, dass ich richtig entschieden hatte.

Obwohl eigentlich irrelevant, beschäftigte mich dennoch ein Vorfall vehement über längere Zeit. Nach meinem Ausscheiden im Jahre 1986 aus der Firma in Chur wollte ich unbedingt, dass mein Familienname nicht mehr im Firmennamen erscheinen würde. Mein ehemaliger Geschäftspartner weigerte sich, dies vorzunehmen. Daraufhin reichte mein Anwalt beim zuständigen Gericht eine entsprechende Klage ein. Meine Forderung bestand darin, dass der Name Gredig zu streichen sei. Da ein Familienname in einem Firmennamen einer juristischen Person nicht gesetzlich geschützt ist, musste ich mich mit dem negativen Gerichtsentscheid abfinden. Zu meinem Erstaunen blieb dieser Zustand rund 20 Jahre bestehen. Mich wundert noch heute, wie mich mein damaliger Geschäftspartner innert weniger Tage loswerden wollte, daneben aber doch während 20 Jahren meinen Namen im Geschäft weitertrug, um davon zu profitieren.

Eine neue Gefahr lauerte mir auf. Es war die Flucht vor mir selbst. Himmelhochjauchzend und gleichzeitig zu Tode betrübt. So war mein Gefühlszustand am 1. März 1986, als ich meine Firma in Thusis eröffnete.

Einerseits wirkte die nun erlangte Freiheit wie ein Befreiungsschlag für mich. Endlich musste ich meinem ehemaligen Geschäftspartner nicht mehr in die Augen schauen. Es war für mich unvorstellbar und ab und zu sogar beängstigend, welche Wut in den letzten acht Wochen vor meinem Geschäftsaustritt in mir entbrannte. Diese fast unerträgliche Belastung war ich nun los. Andererseits begann für mich eine Zukunft voll von Unbekanntem. Diese psychische Belastung kostete mich viel Kraft. Wie bereits erwähnt, durfte ich sehr rasch meinen beruflichen Erfolg erleben. Ich spürte, dass in Thusis eine Nachfrage nach Treuhanddienstleistungen bestand. Ferner kam das durch mich während Jahren aufgebaute Beziehungsnetz voll zum Tragen. Eigentlich hätte ich glücklich und zufrieden sein sollen. In meinem Innersten war ich es auch. Ich war vor allem stolz auf mich, da ich es beruflich schaffen würde und dies auch ohne Almosen meines früheren egoistischen Geschäftspartners. Dadurch entwickelte ich ganz enorme Kräfte. Zudem begann mein Beruf mich immer mehr zu erobern. Meine persönlichen Ängste und körperlichen Probleme verdrängte ich. Was mich besonders beschäftigte war: „Wie soll es weitergehen, sollte bei mir Aids ausbrechen? Wird es mir meine Kundschaft verzeihen, dass ich sie nicht informierte?" Ich machte mir aber auch Gedanken über die Zukunft meiner Mitarbeiterinnen. Kurz, ich befand mich in einer Verantwortungskonfliktsituation. Hier allein dem Schicksal ausgeliefert zu sein und nichts persönlich beitragen zu können, bereitete mir immer mehr Sorgen. Anstatt professionelle Hilfe in Anspruch zu nehmen, stürzte ich mich mehr und mehr in die Arbeit. Die Arbeit wurde für mich zur Sucht. Die

Flucht vor mir selbst begann. Die Verdrängungsprozesse meiner persönlichen Probleme einerseits und meiner Persönlichkeit andererseits nahmen ihren Lauf.

Im September 1987 wurde ich vom amtierenden Gemeindepräsidenten unserer Wohngemeinde angefragt, ob ich mich für dieses Amt zur Verfügung stellen würde. Er hatte demissioniert. Ich räumte mir eine Bedenkzeit ein. Nach längerem Nachdenken und genauen Abklärungen der Vor- und Nachteile, aber vor allem auch bezüglich meiner Zeitressourcen entschied ich mich dennoch für eine Kandidatur. Yvonne war nicht begeistert und machte zur Bedingung, dass sie einen Hund halten dürfte. Sie befürchtete zu Recht, dass dadurch unsere gemeinsame Freizeit noch mehr eingeschränkt würde. Ich ließ mich auf diesen Kuhhandel ein. Maita, unsere erste langjährige Hündin, wurde von uns übernommen, Vorbesitzerin war meine mittlerweile zweite Mitarbeiterin. So weit so gut. Der Wahltag nahte. Im November fand die Wahlveranstaltung statt. Anlässlich der Gemeindeversammlung bat ein Versammlungsteilnehmer den noch amtierenden Gemeindepräsidenten, sich doch noch einmal für eine weitere Amtsperiode zur Verfügung zu stellen. Dieser knickte ein und die Wahlabstimmung führte dazu, dass ich nicht gewählt wurde. Damit war mein Traum, Gemeindepräsident zu werden, ausgeträumt und meine Karriere als Exekutivpolitiker abgeschlossen. Das Resultat war, dass wir fortan und bis heute Hundebesitzer sind. Wir wohnten im gleichen Haus wie meine Eltern und dank dieser Konstellation war es für uns auch möglich, problemlos einen Hund zu halten, obwohl wir beide berufstätig waren. Rückblickend war meine Niederlage auch ein Glücksfall für mich. Eine Übernahme

dieses Amtes hätte nämlich bei mir zu einer unvorstell-
baren Arbeitsüberlastung mit möglicherweise fatalen
Folgen geführt.

Im Jahre 1987 meldete sich auch noch meine Bluterkrankheit zurück. Ein großes, schmerzhaftes Hämatom
in der linken Hüfte und nur 14 Tage später eine spontane Blutung am linken Unterschenkel zwangen mich zu
einem Spitalaufenthalt. Nähere Abklärungen und ra-
diologische* Untersuchungen im Kantonsspital in Chur
zeigten auf, dass sich im linken Hüft- und Beckenbereich sowie im linken Ober- und Unterschenkelbereich
massive Pseudotumore entwickelten. Einige Stellen an
der Hautoberfläche drohten durchzubrechen. Es bestand Handlungsbedarf. In naher Zukunft musste ich
mit mehreren Operationen rechnen. Aufgrund meiner
Situation stellte ich mir die Frage, ob es nicht sinnvol-
ler wäre, das ganze Problem mit einer Amputation des
linken Unterschenkels zu lösen. Da ich immer stärke-
re Beschwerden bekam, entschieden sich die Chirurgen
am Kantonsspital für eine solche Amputation. Sie kamen überein, dass diese Operation vernünftigerweise in
der Uniklinik „Balgrist"* in Zürich durchgeführt werden
sollte. Als Uniklinik für Orthopädie verfügte diese auch
gleichzeitig über eine optimale orthopädische Werkstät-
te. Damit begründeten die Ärzte meine Überweisung an
die Uniklinik Balgrist.

Im Frühjahr 1988 wurde ich alsdann zu einer Bespre-
chung in die Klinik eingeladen. Ein spanischer Oberarzt
empfing mich. Er war der Arzt, der während vieler Jahre Hämophile operierte und dadurch über große Erfahrung verfügte. Er untersuchte mich und starrte einige
Zeit nachdenklich vor sich hin. Die Spannung in mir

stieg von Sekunde zu Sekunde. Dann wandte er sich zu mir und eröffnete mir folgende Botschaft:

- Ich werde Sie operieren und Ihnen diese Hämatome im Unterschenkel ausräumen.
- Eine Amputation des Unterschenkels steht zum jetzigen Zeitpunkt nicht zur Diskussion.
- Nach der Operation werden Sie zudem den Gehapparat vergessen können.

Unvorstellbar, was in mir vorging. In dem Moment glaubte ich, ich sei verrückt. Dank seines ruhigen Auftretens, seines überzeugenden Vorgehens und seiner direkten und offenen Art, fasste ich sofort volles Vertrauen in ihn. Die Operation wurde im September 1988 durchgeführt. Dieser Eingriff war ein voller Erfolg. Zusammen mit der leitenden Ärztin des Hämophilie-Zentrums am Unispital Zürich und medizinische Begleitperson bei dieser Operation, wurden Wunder vollbracht. Seither laufe ich ohne Gehapparat.

Es war auch für mich wie in einem Krimi. Neben all meinen stetigen Problemen musste ich auch zur Kenntnis nehmen, dass ich in den letzten 15 Jahren möglicherweise problemlos ohne Gehapparat ausgekommen wäre. Ist so etwas überhaupt möglich? Das Einzige, was ich mir noch sagen konnte, war: „Es gibt wirklich nichts, was es nicht gibt." Einmal mehr hatte ich Glück, im richtigen Moment am richtigen Ort zu sein. Wenn ich mir aber vorstelle, dass mir mein Unterschenkel amputiert worden wäre, mit all den möglichen und unmöglichen Folgen, so war ich trotz meines großen Glücks frustriert und sprachlos.

Selbstverständlich ging dies alles auch an Yvonne nicht spurlos vorbei. Sie kämpfte und litt an meiner Seite mit. Obwohl ich wusste, dass Yvonne sich große Sorgen und Nöte meinetwegen machte und obwohl sie nie jammerte und stets für mich da war, wendete ich mich immer mehr von ihr ab. Ich wollte sie einfach nicht belasten. Wir beide fingen an, uns gegenseitig zu schonen. Die Realität war, dass wir uns dadurch effektiv mehr belasteten. Indem wir nicht darüber sprachen, glaubten wir dem anderen zu dienen. Es war ein beidseitiger Bärendienst.

Bei einer HIV-Infektion entstehen auch im Sexualleben sehr große Probleme. Die sicher größten Auswirkungen bei Eheleuten und Partnerschaften hat eine HIV-Infektion aber auch auf das gemeinsame Leben und auf das Liebesleben. Hier entstehen Berührungs-, Gefühls- und Sexualängste, die auf die HIV-Infektion zurückzuführen sind. Aus meiner Sicht als Mann war dies für mich fast das Schlimmste. Ich getraute mich nicht mehr auf Yvonne zuzugehen. Die Angst, sie anzustecken, blockierte mich vollständig. Diese Angst schafft zwangsläufig eine Barriere zwischen den Partnern. Die immer größer werdende Unsicherheit führt, wenn die Betroffenen nichts unternehmen, zur Impotenz beim Mann.

Tatsache ist gleichzeitig, dass, wenn eine HIV-infizierte Person ohne geschützten Geschlechtsverkehr eine andere Person ansteckt und diese eine Klage einreicht, die verursachende Person auf grobfahrlässige Körperverletzung verurteilt und bestraft werden kann. Das bedeutet im Klartext, dass auch ein Ehegatte bei geschütztem Geschlechtsverkehr mit seiner Ehegattin und aufgrund eines Betriebsunfalles während des Liebesaktes und gleichzeitiger Ansteckung seiner Geliebten mit dem Virus sich der Gefahr einer Landung im Gefängnis aussetzt. Hier können je nach Neigungen und Bedürfnissen der Partner praktisch unüberwindbare Schwierigkeiten entstehen.

In einer Situation mit großen Problemen in einer Ehe oder Partnerschaft, sei dies nun in Verbindung mit HIV oder sonst wie, gibt es eigentlich nur ein Fehlverhalten, das sicher ins Leere führt. Ob schuldig oder unschuldig, krank oder gesund, wichtig ist, dass die betroffenen Personen miteinander reden. Kommunikation löst Probleme. Sehr oft wird das Gespräch aber nicht geführt, weil der Partner sein Gegenüber oder umgekehrt schonen will. Durch Schonung entsteht jedoch Abkehr, die letztlich zu Abneigung führen kann. Konflikte, Spannungen und Probleme müssen verarbeitet werden. Nur so können sie gelöst werden. Wenn es nicht anders geht, allenfalls auch mit Zuzug und Unterstützung von Fachpersonen.

Zudem erfuhr ich im Jahre 1988 auch noch von meiner Hepatitis-C-Erkrankung*. Dies war ebenfalls alles andere als eine gute Neuigkeit. Fortan lauerte aufgrund des damaligen Wissenstands eine weitere chronische, unheilbare Krankheit mit möglichem tödlichen Ausgang in meinem Körper. Auch mit diesem Zustand mussten Yvonne und ich uns abfinden. Damals ahnten wir noch nicht, dass auch Yvonne von dieser Krankheit befallen war. Erst rund zwei Jahre später wurden wir mit dieser Tatsache konfrontiert.

Die vielen Ereignisse veränderten mich immer mehr. Mein berufliches Engagement nahm zu, meine körperlichen Kräfte ließen allmählich nach. Der Teufelskreis begann: Mehr Arbeit und weniger Schlaf, Nachlassen der persönlichen Kräfte, wachsende Aggressivität und Nervosität. All dies führte mich immer mehr an den Rand der Belastbarkeit. Ich suchte nach einem Weg aus meiner Aussichtslosigkeit. Unter solchen Verhältnissen zu leben, ohne darüber sprechen zu dürfen oder zu wollen, versetzt Menschen in Einsamkeit und Hoffnungslosigkeit. Mein Leben spielte sich immer mehr im wahrsten Sinne auf zwei entgegengesetzten Ebenen ab. Einerseits beruflich erfolgreich, andererseits privat und emotional abgekapselt und isoliert. Ich verlor meinen persönlichen Halt immer stärker und stürzte schließlich ab.

Mein Absturz in den Alkoholismus war auch aus heutiger Sicht beurteilt mein größtes menschliches, emotionales und gesellschaftliches Versagen. Damit schaffte ich unzählige unnötige Probleme, die vermeidbar gewesen wären.

Während meiner Jugendzeit und bis zu meiner HIV-Infektion glaubte ich, größtenteils mit meinen persönlichen und körperlichen Problemen fertig geworden zu sein. Ich war ein positiv denkender Mensch und überzeugt, meine Probleme verarbeitet zu haben und mit beiden Füßen auf dem Boden zu stehen. Sicher investierte ich sehr viel Zeit in die Arbeit. Beruf und Hobby waren für mich nun einmal ein und dasselbe. Es ist auch möglich, dass ich in der Arbeit persönliche Defizite kompensierte. Dies war mir jedoch nicht bewusst. Sollte dies trotzdem der Fall gewesen sein, so war Arbeit für mich höchstens Therapie, aber sicher keine Sucht. Dafür liebte und liebe ich meinen Beruf zu sehr, als dass ich persönlichen Schaden davongetragen hätte. Arbeit bedeutete für mich nie ein Muss, sondern vielmehr ein Dürfen.

Ich war auch von Jugend auf eine gesellschaftsverbundene Person. Der Umgang mit meinen Mitmenschen bedeutete mir sehr viel. Bei politischen, wirtschaftlichen und gesellschaftlichen Anlässen nahm ich wann immer möglich teil. Auch Festivitäten waren mir willkommen. Ich war einfach ein Lebemensch mit verschiedenen Interessen, der das Leben, wenn auch mit Einschränkungen, in vollen Zügen genoss. Den Genussmitteln wie Alkohol und Nikotin war ich nicht abgeneigt. Es war aber nicht so, dass ich diese Drogen unbedingt brauchte oder gar süchtig war. Der Genuss von Alkohol stimmte mich zudem lustig, ich war nie aggressiv.

Bekanntlich führen Ängste und Angstzustände uns Menschen schnell einmal in die Sucht. Dies passierte auch bei mir. Durch die latenten Todes-, Sicherheits- und sexuellen Ansteckungsängste infolge meiner HIV-Infektion suchte ich immer öfter meinen Trost im Alkohol. Neben den stofflichen Süchten wie Alkohol, Nikotin, Cannabis, Kokain und Heroin gibt es auch versteckte Süchte wie beispielsweise Arbeitsabhängigkeit. Infolge meiner HIV-Infektion litt ich sicher auch an dieser versteckten Sucht. In der Arbeit versuchte ich nämlich, alles andere zu vergessen. Die Arbeit absorbierte mich buchstäblich. All die erwähnten Ängste wurden dabei aber nicht beseitigt, sondern lediglich verdrängt. Damit ich diese unliebsamen Gefühle schneller beseitigen konnte, griff ich nebenbei zunehmend zur Flasche, sprich Alkohol, und glaubte, sie damit besser vergessen zu können.

Mein Tagesablauf präsentierte sich so, dass ich von morgens von acht Uhr bis spätabends im Büro oder bei meiner Kundschaft weilte und danach meiner Alkoholsucht frönte. Ich besuchte die Restaurants in der Umgebung, trank zu Hause oder begab mich, wenn ich total ausartete, auf meine nächtlichen Streifzüge nach Chur. Wichtig war mir einzig, mich zu betäuben und von dieser unerträglichen Last Abstand zu nehmen. Wie ein gejagtes Wild irrte ich umher, persönlich überzeugt, das Richtige zu tun. Für alle Menschen, die von solchem Verhalten verschont bleiben, sicher unvorstellbar. Ein Glück für sie.

Im Jahre 1983 kauften Yvonne und ich ferner ein Ferienhäuschen am Comer See. Wir beabsichtigten, damit für uns eine Ruhe-Oase zu schaffen. Da wir beide berufstätig waren, leisteten wir uns diesen Luxus. Ein Häuschen an einem See, unweit vom Wasser und ringsum umgeben von Bergen ist und bleibt ein Paradies für mich. Hier verbrachten wir wann immer möglich unsere gemeinsamen freien Wochenenden vom Frühjahr bis Herbst und unsere Ferien. Während meiner kritischen Suchtphase war diese Anonymität weg von zu Hause eine zusätzliche, willkommene Gelegenheit, mich noch mehr dem Alkohol hinzugeben. Stundenlang schaute ich praktisch zu jeder Tages- und Nachtzeit von der Terrasse oder durch das Stubenfenster auf den See, versuchte, meine innere Ruhe zu finden und betrank mich gleichzeitig sinnlos mit köstlichen, italienischen Weinen. Damit fand ich langsam, langsam zu meiner „künstlichen" inneren Ruhe. In einer solchen Phase zählt für einen Süchtigen nur die Gegenwart. Weder die negativen Erfahrungen der Vergangenheit noch die alles andere als angenehmen Begleiterscheinungen am nächsten Morgen können einen Süchtigen von seiner Sucht abhalten. Wichtig ist einzig und allein das momentan spürbare Wohlgefühl der Droge. Diese eigentliche Selbstvernichtungsaktion dauerte bei mir rund vier Jahre. Unverständlich für jeden normalen Menschen, sicher nachvollziehbar für jeden Süchtigen oder Ex-Süchtigen.

Das Schlimmste an einer Sucht ist, dass die betroffene Person anfänglich nicht spürt, wie sie sich verändert. Irgendwann fällt ihr die Veränderung ihrer Persönlichkeit auf. Oft passiert dies aber erst in einem relativ fortgeschrittenen Stadium. Bei mir war es so, dass meine Kräfte nachließen. Die Konzentration nahm ab, die Aggressivität und Nervosität zu und nicht selten litt ich unter heftigen Schlafstörungen und Schweißausbrüchen. Zudem zitterte ich am Morgen mit meinen Händen. Ich fühlte mich immer unsicherer und fing an, mich so richtig zu hassen. Unglaublich war, dass ich mir einredete, ich sei kein Alkoholiker, sondern im Moment einfach überlastet. Eines Tages ging ich zu Mittag in ein Restaurant. Ich bestellte mir das Tagesmenu. Als mir die Kellnerin die Suppe hinstellte, wurde ich plötzlich total unsicher. Ich schaute auf meine Hände. Meine Hände begannen zu zittern. Eine sonderbare Angst stieg in mir auf. Werden meine Tischnachbarn wohl merken, wie ich zittere? Meine persönliche Unsicherheit war so groß, dass ich mich nicht getraute, meine Suppe zu löffeln. Sofort bestellte ich eine Stange Bier. Nachdem ich die halbe Stange ausgetrunken hatte, fühlte ich mich wieder irgendwie erleichtert und sicherer. Nun aß ich meine Suppe. Dieses Ereignis gab mir zu denken. Es wurde mir bewusst, dass diese Selbstverleugnung und Gefühlsunterdrückung nicht weitergehen durfte. Ich entschloss mich, spezialärztliche Hilfe in Anspruch zu nehmen. Auf Rat eines ehemaligen Chefarztes am Krankenhaus Thusis begab ich mich in Behandlung bei einem Psychiater. Bereits nach einigen Konsultationen spürte ich, dass dieser mir helfen konnte. Ich willigte gleichzeitig einer ambulanten Antabus-Kur* zu. Einen Monat später fühlte ich mich wesentlich besser. Dies alles passierte im Spätherbst 1989. Nach ungefähr einem halben Jahr brach ich die Antabus-Kur ab. Ich war überzeugt, mich nun wieder in Griff zu haben. Es sah auch so aus. Meine Lebensfreude kehrte zurück und meine Lebensqualität verbesserte sich. Dies traf aber nur bezüglich meiner Alkoholsucht zu. Auf der anderen Seite begann ich immer mehr, mich meiner Tabakpfeife zu widmen. Auch bezüglich meiner Arbeitswut änderte sich nichts. Ich war also alles andere als persönlich geheilt. Geändert hatte sich allein mein Suchtverhalten. Ich beurteilte mich persönlich als geheilt, letztlich war es aber nichts anderes als eine Selbsttäuschung.

Geschäftlich expandierte meine gegründete Firma im Laufe der Jahre. Im Jahre 1990 schloss ich mich mit einem Berufskollegen aus Chur zusammen. Natal Andri kannte ich schon von unserer gemeinsamen Kantonsschulzeit her, obwohl wir nicht die gleiche Klasse besuchten. Wir verstanden uns aber damals schon sehr gut. Er gründete ein Jahr vor mir seine Einzelfirma in Chur. Im Jahre 1991 entschieden wir uns, unsere zwei Firmen zu fusionieren. Seine Einzelfirma und meine Aktiengesellschaft wurden zusammengelegt und wir traten gemeinsam unter dem Namen Gredig + Andri Treuhand- und Revisions AG mit Sitz in Thusis und einem Zweigbüro in Chur am Markt auf. Damit waren auch unsere Stellvertretungen sichergestellt. Als weiterer Geschäftspartner beteiligte sich Dr. iur. et lic. oec. Marco Toller an der Firma. Er amtete während vieler Jahre als Verwaltungsratspräsident, war aber nie operativ im Unternehmen tätig.

Anfang 1991 wurde ich zudem von einer Lungenentzündung überrascht. Ferner machte mir ein Lymphknoteninfekt* im linken Oberschenkel zu schaffen. Auch an

Körpergewicht verlor ich innerhalb von rund drei Monaten etwa dreizehn Kilogramm. Mittlerweile gab es auch eine HIV-Therapie. Aufgrund der niedrigen Zahl der CD4-Zellen* von unter 200 wäre eine antiretrovirale Therapie* indiziert gewesen. In Anbetracht meines nicht besonders guten aktuellen Wohlbefindens lehnte ich eine Therapie mit Retrovir* ab und dies, obschon mich die Ärzte ausführlich über die Vor- und Nachteile einer solchen Therapie informierten und mich dazu aufmunterten. Ich war einfach noch nicht so weit. Zu einer solchen Therapie willigte ich erst im Jahre 1992 ein.

Diese Umstände trugen dazu bei, dass ich nach einer Alkoholabstinenz von rund einem Jahr und anfänglichem kontrolliertem Alkoholgenuss im Jahre 1992 wieder allmählich auf die schiefe Ebene geriet und schließlich erneut abstürzte. Die Tragödie begann von Neuem. Rückblickend von Vorteil war, dass ich viel schneller und viel intensiver von den negativen Einflüssen und Folgen meiner Süchte gezeichnet wurde. Glücklicherweise waren meine körperlichen Ressourcen nur noch spärlich vorhanden, sodass die Vernunft relativ rasch einkehrte. Die stofflichen Süchte Alkohol und Nikotin wirken sich körperlich und psychisch schneller aus. Dies im Gegensatz zu den versteckten Süchten, die vorwiegend auf die körperliche Befindlichkeit Einfluss nehmen. Durch zu viel Arbeit gelangt der Mensch an seine Grenzen, indem seine Leistungsfähigkeit abnimmt und er an die körperliche Auslastung gelangt. Die Alkoholsucht bewirkte bei mir gravierende Veränderungen im Nervensystem und in der Leber. Ich war oft müde, einsam, verängstigt, depressiv und zeitweise lebensmüde. Obwohl mir voll bewusst war, dass all diese negativen Auswirkungen größtenteils durch mein Suchtverhalten verursacht wurden, konnte ich einfach nicht davon ablassen. Ich rechtfertigte mich damit, dass ich mir immer wieder einredete, dass ich kein Alkoholiker wäre und auch jederzeit in der Lage wäre, nicht mehr zu trinken. Schließlich hatte ich dies ja bereits bewiesen. Dasselbe galt für mich fürs Rauchen. Solcher Ausreden bedient sich jeder Süchtige. Kein Mensch gibt gerne und freiwillig persönliche Schwächen zu. Anfängliche Notlügen führen aber dazu, dass sich Süchtige zusehends persönlich zu verleugnen beginnen. Spätestens ab diesem Stadium bestimmt die Sucht das Leben des Betroffenen und nicht mehr er den Umgang mit seiner Sucht. In dieser aussichtslosen Situation war ich nicht mehr der Gejagte, sondern der Gefangene meiner Süchte. Normalerweise ist in diesem Moment auch der Tiefpunkt erreicht. Hier entscheidet sich das Schicksal für einen gestrandeten Menschen. Entweder gelangt der Mensch zur Einsicht, dass etwas mit ihm passieren muss oder er verharrt in der Sucht und endet in dieser Gefangenenspirale.

Mein Rückfall verdeutlichte mir aber auch, dass eine stoffliche Sucht nur durch vollständige Abstinenz besiegt werden kann. Jeder süchtige Mensch muss sich bewusstwerden, dass seine Sucht eine Krankheit ist und diese bei erneutem Konsum in den meisten Fällen wieder ausbricht. Für einen süchtigen Menschen gibt es keinen kontrollierten Konsum. Nur wer zu dieser Erkenntnis kommt, wird seine persönliche Freiheit zurückgewinnen und sich persönlich helfen können, was der Grundstein und die Voraussetzung für eine Suchtheilung war.

Von 1993 bis 1995 machte mir auch meine Bluterkrankheit erneut zu schaffen. Im linken Ober- und

Unterschenkel entwickelten sich erneut massive, zystische Pseudotumore*. Im November 1995 wurde ich in der Uniklinik Balgrist ein weiteres Mal operiert. Auf einer Länge von 25 Zentimetern im Oberschenkel und von 20 Zentimetern im Unterschenkel wurden mir mehrere Zysten mit flüssigdichten, schokoladeartigen Koagula* ausgeräumt. Medizinisch und chirurgisch betreut wurde ich durch dieselbe Ärztin und denselben Chirurgen wie im Jahre 1988.

Endlich konnte ich im Jahre 1996 meine Selbstfindung wiedererlangen. Mitte Mai saß ich, wieder einmal „die Lampe voll", das heißt massiv angetrunken, in unserem Gasthaus. Ich war auf der Suche nach meiner „künstlichen" inneren Ruhe. Das Restaurant war gut besetzt. Wir am Stammtisch unterhielten uns über das Tagesgeschehen, genossen unsere alkoholischen Getränke und qualmten mit unseren Rauchwaren. Irgendwann am späten Abend traten zwei Männer aus einem Nachbardorf ins Restaurant und setzten sich zu uns an den Stammtisch. Der eine begrüßte mich und sprach mich mit dem Namen eines Berufskonkurrenten an. In diesem Moment drehte ich buchstäblich durch. Ich beschimpfte meinen Ansprecher dermaßen primitiv und ausgefallen, dass ich über mich selbst erschrak. Es war, als träfe mich ein Blitzschlag. Durch diesen Schock wurde mir bewusst, dass das so nicht mehr weitergehen durfte und konnte, und ich zu mir zurückfinden musste. Gleichzeitig wusste ich, dass ich keinen Schluck Alkohol mehr trinken würde. Ein solches Verhalten passte nun einfach nicht zu mir. So primitiv und unmenschlich war ich doch von Natur aus nicht. Der Schock saß so tief in mir drin, dass er Wunder bewirkte.

In den darauffolgenden Tagen setzte ich mich sehr intensiv mit mir auseinander. Ich spürte sehr schnell, dass ich einen neuen Halt brauchte. Es wurde mir bewusst, dass ich meine Probleme verarbeiten musste und nicht vor ihnen davonlaufen durfte. Ferner stand für mich fest, dass ich professioneller Hilfe bedurfte.

Mein Motto musste lauten: „Akzeptieren und nicht verdrängen". Wir Menschen können unsere persönlichen Probleme nur lösen, wenn wir bereit sind, so lange an uns zu schaffen, bis wir in der Lage sind, unser Schicksal zu akzeptieren. Probleme zu verdrängen führt nie zu einer Problemlösung, in den meisten Fällen aber zu einer Problemausweitung. Das Resultat ist, dass die Last und mit ihr die Ausweglosigkeit zunimmt.

Wollen wir Menschen uns wohlfühlen und unseren inneren Frieden finden und bewahren, so gilt es, unseren Körper, den Geist und die Seele aufeinander abzustimmen. Nur ein Einklang dieser drei Bereiche lässt uns unsere Lebensbalance finden. Ein gestrandeter und auf dem Tiefpunkt seiner Sucht angelangter Betroffener muss aus diesem Tief herausfinden. Aus meinen persönlich erlebten Erfahrungen wusste ich, dass eine Suchtheilung nicht mit einer weiteren Antabus-Kur bewerkstelligt werden konnte. Es trifft sicher zu, dass eine solche Kur bei gewissen Personen bei der Überwindung der körperlichen Entzugserscheinungen hilfreich sein kann. Von einer Sucht geheilt werden, kann aber nur, wer bereit ist, sich einer ganzheitlichen Veränderung zu unterziehen. Dieser Veränderungsprozess muss auf allen drei Ebenen, nämlich der körperlichen, geistigen und seelischen vollzogen werden. Nur so ist Gewähr gegeben, dass ein Mensch zu sich selbst findet.

Bereits das Wort Prozess weist darauf hin, dass es sich hier um eine zeitraumbezogene Angelegenheit handelt. Ein Süchtiger ist gefordert, all seine Kräfte in diesen Prozess zu investieren. Genau diese Ausgangslage macht es aber besonders schwer, aus einer Sucht herauszufinden. Die für einen Persönlichkeitsaufbau erforderlichen Voraussetzungen wie Selbstvertrauen, Selbstsicherheit, Leistungswille und Lebensenergie fehlen gerade jedem Süchtigen, der auf seinem Tiefpunkt angelangt ist. Seine persönlichen Befindlichkeiten sind vielmehr Traurigkeit, Hilflosigkeit, Ohnmacht, Ausweglosigkeit und meistens Selbstmitleid. Besonders Selbstmitleid wirkt sich negativ auf einen Menschen aus und verzögert jeden persönlichen Veränderungsprozess. Selbstmitleid blockiert unsere Gedanken und Sinne. Der Mensch kreist in einem Schwebezustand ohne Perspektiven. In einer solchen Situation helfen keine Medikamente, sondern lediglich professionelle Hilfe in Form von Gesprächen.

Ich stellte mir damals die Frage, ob ich mich von einer Frau oder einem Mann behandeln lassen soll. Aufgrund meiner persönlichen Empfindungen und in der Annahme, dass ich einem Mann möglicherweise nicht gleichviel über mein intimstes Gefühlsleben anvertrauen würde, entschloss ich mich für eine Psychiaterin. Für mich stimmte dieser Entscheid.

Damit diese Gespräche zur Suchtheilung führen, braucht es ein absolutes Vertrauensverhältnis zwischen dem Süchtigen und dem Psychiater oder dem Psychologen. Stimmt die Chemie unter den Beteiligten nicht, bleibt der Erfolg aus. Das Wichtigste für eine erfolgreiche Suchtheilung ist, dass der Süchtige von sich aus und aus völliger Überzeugung sauber werden will. Solange ein Süchtiger sich bereit erklärt, irgendeiner Drittperson zuliebe ohne persönliche Überzeugung professionelle Hilfe in Anspruch zu nehmen, ist jede Aktion fruchtlos. Leider passieren solche Alibiübungen aufgrund von Drohungen sehr oft und führen dann zu noch größerem Frust für alle Beteiligten.

Während der akute körperliche Suchtentzug für mich relativ leicht zu bewältigen war, erforderte der geistige Aufbau von mir eine absolute Selbstdisziplin und eine Rückgewinnung meines inneren Halts. Auf der Suche nach diesem Licht setzte ich mich sehr intensiv mit der Esoterik, dem LOLA-Prinzip*, der Literatur von Hermann Hesse, aber auch mit der christlichen Lehre und dem Glauben auseinander. Schließlich wurde ich ja ursprünglich von meinen Eltern und meiner Großmutter nach heutiger Weltanschauung sehr streng und religiös erzogen. Plötzlich fand ich auch wieder zu meiner einst so sehr geliebten klassischen Musik zurück. Der Veränderungsprozess in mir begann zu greifen. Interessant war, dass ich nur wenige Monate nach meinem Neubeginn dem Tod gegenüber ganz anders eingestellt war und mich diesbezüglich offen fühlte. Die Todesängste nahmen sukzessive ab und ich fühlte mich merklich leichter und befreiter. An dieser Stelle musste ich mir eingestehen, dass meine bislang während mehrerer Jahre eingebildeten Todesangstgefühle nicht die Gründe für meine Missstimmungen waren, sondern vielmehr die Sucht als solche mich im Griff hatte. Schließlich musste ich mir gegenüber mein früheres, unverständliches Suchtverhalten begründen. Mit meiner Selbsterkenntnis begann mein eigentlicher Weg zur Besserung. Anstelle meiner Schuldgefühle, meines krankhaften Strebertums, meiner mir meisterhaft vorgespielten Selbstverleugnung und meines komplett zerstörten Innenlebens bereicherten Gefühle der Freude, der Liebe und der Freiheit mein Leben. Ich wurde glücklich, zufrieden und frei und ehrlich mir gegenüber. Endlich habe ich den Fluchtweg verlassen und auf meinen ursprünglichen Lebensweg zurückgefunden. Leider erst viele Jahre später bekam ich den Beweis meiner Erkenntnisse beim Lesen des Buches von Doktor Joseph Murphy „Die Macht Ihres Unterbewusstseins" bestätigt.

1.1.6 *Die Stabilisierungsphase*

Bereits nach wenigen Monaten Abstinenz fühlte ich mich super. Meine Lebensfreude kehrte zurück und meine Lebensqualität verbesserte sich täglich. Die beklemmenden Suchtgefühle und der Drang nach Alkohol waren weg. Ich war ein freier Mensch. Mein Selbstvertrauen war intakt und meine Selbstsicherheit entwickelte sich positiv. Ich war wieder Mensch und nicht bloß ein wandelnder, durstiger Geist. Auch meine Leberwerte normalisierten sich zusehends und Körper und Geist sandten positive Signale aus. Die lange Krise war überwunden und das Lebensglück kehrte zurück.

Dieser Neubeginn wirkte sich auch harmonisch auf unsere Ehe aus. Yvonne und ich kamen uns wieder näher und unsere Beziehung wurde durch diese Krise gefestigt und gestärkt.

Wie ein Wunder überlebte ich all diese Tiefs auch beruflich unbeschadet. Mein Kampfgeist hatte mich nie verlassen. Allein meine körperlichen und geistigen Kräfte

hätten diese Strapazen aber sicher nicht mehr lange mit-
gemacht.

Das Geschäft entwickelte sich ständig positiv weiter.
Unsere Firma wuchs. Im Jahre 1996 betrug der Perso-
nalbestand neben uns Partnern in Thusis fünf Mitarbeiterinnen und Mitarbeiter und in Chur drei Mitarbeiterinnen und Mitarbeiter. Im Jahre 1997 stieß mit Dr.
oec. Rudolf E. Trepp ein weiterer Partner dazu. Damit
war die Stabilisierungsphase aufgegleist. Nach einer nur
zehnjährigen Geschäftspartnerschaft verstarb unser geschätzter und allseits beliebter Partner Natal Andri an
seinem Krebsleiden. Einmal mehr musste ich zur Kenntnis nehmen, dass das Leben einfach nicht kalkulierbar
ist. Das Zweigbüro in Chur konnten wir dank unseres
qualifizierten Mitarbeiters Curdin Mayer und heutigen
Geschäftsführers und Partners der Firma weiterführen.
Als gut funktionierendes Team und unter dem Namen
Gredig + Partner AG mit Hauptsitz in Thusis und einer
Zweigniederlassung in Chur hatten wir uns einen guten
Namen bei unserer Kundschaft und den Behörden vorwiegend in der Region Mittelbünden wie auch im Müns-
tertal geschaffen.

Politik interessierte mich seit meiner Jugendzeit. Schon
im Alter von 20 Jahren trat ich in die Demokratische
Partei des Kantons Graubünden ein. Bei dieser Partei
handelte es sich um ein Pendant zur Bauern-, Gewerbe-
und Bürgerpartei im Kanton Bern. Eine jungfreisinni-
ge Opposition gründete 1919 diese Partei. 1971 wurde
sie in die Schweizerische Volkspartei überführt. Der Stil
der Zürcher SVP wurde immer stärker zum Vorbild der
gesamten SVP Schweiz. Deshalb trat ich aus dieser Partei aus und wurde neu Mitglied der FDP. Am politischen

und gesellschaftlichen Leben nahm ich stets teil. Meinem Grundsatz folgend eine Aufgabe nur dann zu übernehmen, wenn ich überzeugt bin, über genügend Zeit und Wissen zu verfügen, blieb mir neben meinem enormen Leistungseinsatz in der Firma nur wenig Zeit übrig, mich für öffentliche Aufgaben zur Verfügung zu stellen. Während mehrerer Jahre führte ich dennoch das Präsidium der Kreispartei FDP Thusis und amtete als Mitglied der Geschäftsprüfungskommission des Kreises Thusis und meiner Wohngemeinde Masein. Ferner war ich Präsident der Sektion Mittelbünden des Schweizerischen Hauseigentümerverbandes und nebenbei nahm ich auch noch Einsitz im Vorstand der Schweizerischen Hämophilie Gesellschaft und im Verwaltungsrat und Organisationskomitee der Regi Genossenschaft mit Sitz in Thusis. Diese Genossenschaft war ausschließlich zuständig für die Durchführung von Gewerbe- und Handelsausstellungen für das einheimische Gewerbe. Es fanden Ausstellungen in Zeitabständen von drei Jahren statt. Würde ich heute einer politischen Partei beitreten, so wäre dies die GLP. Ihre Gründer haben im Jahre 2007 die Zeichen der Zeit erkannt. Sie haben uns bewusst gemacht, dass Politik nicht als Vergangenheitsbewältigung, sondern als Zukunftsgestaltung zu verstehen ist. Die Erkenntnisse aus der Vergangenheit sind sicher wichtig und hilfreich, können die Probleme der Zukunft aber nicht lösen. Dazu braucht es Mut und Bereitschaft für Neues. Dank ihres zielführenden und den aktuellen Ereignissen angepassten Gedankengutes hat sie die Basis für trag- und umsetzbare politische Veränderungen geschaffen.

Seit dem Jahre 1998 traten bei mir auch wieder vermehrt Blutungen im linken Beckenbereich auf. Aufgrund dieses Sachverhaltes bin ich seit 1999 dauersubstituiert*. Ursprünglich dreimal wöchentlich musste mir Yvonne den Gerinnungsfaktor IX intravenös zuführen. Dank eines Langzeitpräparates muss der Faktor seit Oktober 2019 nur noch alle 14 Tage zugeführt werden. Dies ist ein weiterer Verdienst unseres in der Schweiz erstklassigen und bestens ausgebauten Gesundheitswesens. Lebte ich beispielsweise in einem Entwicklungsland, so hätte meine letzte Stunde längst geschlagen.

Da mir meine Arthrose* im rechten Knie immer mehr zu schaffen machte, wurde mir im Frühjahr 2004 eine Knietotalprothese eingesetzt. Vergleiche ich meinen Gesundheitszustand vor der Operation, so darf ich dank dieser Operation von einer ganz neuen Lebensqualität profitieren. Schmerzfrei zu leben ist eine unbezahlbare Wohltat. Diese Operation wurde ebenfalls in der Uniklinik Balgrist in Zürich durchgeführt. Eine besonders erfreuliche Nebenwirkung dieser Operation war, dass ich seit dem 19. Dezember 2004 Nichtraucher bin. Infolge dieses vierwöchigen Spitalaufenthalts konnte ich auch diesen Suchtentzug bewerkstelligen.

Als medizinische Betreuerin riet mir die zuständige Ärztin vom Universitätsspital damals auch zu einer Therapie mit Interferon* und dem Ribavirin* gegen meine Hepatitis-C-Erkrankung. Diese Therapie sollte während eines Jahres durchgeführt werden. Aufgrund von klinischen Erfolgsstatistiken entschied ich mich für diese Therapie. Über allfällige Nebenwirkungen wurde ich genau informiert und die Ärzte empfahlen mir auch, mich beruflich entsprechend einzurichten. Im August begann ich mit dieser Therapie. Neben Müdigkeit und Haarausfall hatte ich anfänglich praktisch keine Schwierigkeiten.

Ich arbeitete auch mehr oder weniger zu hundert Prozent. Nach rund drei Monaten wurde ich immer nervöser. Verheerend waren die Schlafstörungen und mein verkrampfter körperlicher Gesamtzustand. Ich fürchtete immer mehr, durchzudrehen. Nach einem halben Jahr entschied ich mich, die Therapie abzubrechen. Ich war einfach nicht bereit, um alles in der Welt diese Therapie zu Ende zu führen und möglicherweise in einer psychiatrischen Klinik zu landen. Einmal mehr hatte ich großes Glück. Bis heute sind die Viren nicht mehr nachweisbar.

Im Dezember 2005 war ich plötzlich von einer Minute auf die andere nicht mehr in der Lage, mein linkes Bein zu heben. Es war, als wäre ich von einer Lähmung befallen. Genaue medizinische Abklärungen förderten zutage, dass meine linke Beckenschaufel nur noch eine hauchdünne Knochensubstanz aufwies und ein Knochenzusammenbruch jederzeit erfolgen könnte. Der längst bekannte und stets wachsende Pseudotumor im linken Beckenbereich vernichtete den Beckenschaufelknochen. Es bestand die Gefahr, dass ich von einem Rollstuhl abhängig werden könnte. Ein Professor vom Insel-Universitätsspital Bern und der leitene Arzt für Hüft- und Beckenchirurgie von der Uniklinik „Der Balgrist", waren bereit, mich zu operieren. Am 1. März 2006 wurde mir der Pseudotumor im linken Beckenbereich ausgeräumt, ungefähr die Hälfte der rechten Beckenschaufel abgetrennt und diese links mit einer Platte eingesetzt. Medizinisch betreute mich die Nachfolgerin unserer langjährigen Vertrauensärztin vom Hämophiliezentrum am Universitätsspital Zürich. Auch diese Operation habe ich erfolgreich überstanden. Obwohl mir die Stabilität im linken Beckenbereich spürbar fehlte und ich beim

Gehen einen Stock benötigte, fühlte ich mich wohl. Allein die Vorstellung, an einen Rollstuhl gefesselt zu sein, war Grund genug, glücklich und zufrieden mit dem damaligen Zustand zu sein.

Nach dem Motto „Ein Unglück kommt nie allein" spielte zeitweise auch das Leben von Yvonne verrückt. Wie bereits erwähnt, wurde auch sie von der Hepatitis-C-Erkrankung erfasst. Es muss davon ausgegangen werden, dass sie sich das Virus im Jahre 1991 im Spital Thusis eingefangen hat. Im Jahre 2004 wurde auch bei Yvonne eine Interferontherapie durchgeführt. Leider musste bei ihr die Therapie bereits nach kurzer Zeit aufgrund der eingetretenen Nebenwirkungen abgebrochen werden. Da sich ihr Gesundheitszustand zunehmend verschlechterte, musste sie ferner ab dem Jahre 2004 halbjährlich zur Kontrolle ins Universitätsspital nach Zürich. Im Jahre 2006 wurde sie vom Universitätsspital Zürich zur Abklärung einer Lebertransplantation behandelt. Wegen der Sichtweise der Fachärzte am Universitätsspital Zürich und aufgrund des Wohlergehens von Yvonne wurde vorderhand auf einen Soforteingriff verzichtet. Es wurde zugewartet und weiterhin jährliche Kontrollen durchgeführt. Ein weiterer Druck für uns beide musste somit wohl oder übel zusätzlich hingenommen werden. Auch dieser Druck belastete uns beide latent.

Im Mai 2008 starb mein lieber und treubesorgter Vater nach einem reicherfüllten Leben im Alter von 88 Jahren. Dies war für uns alle ein sehr großer Verlust. Ganz speziell auch für Yvonne, denn zwischen ihr und meinem Vater bestand eine enge Verbindung. Diese große Verbundenheit gründete in der Ausübung ihres gemeinsamen Hobbys, der Schafzucht.

Für meinen Vater war die Belastung meiner Bluterkrankheit stets hoch. Er konnte jedoch nie mit mir darüber sprechen. Er war ein sehr einfühlsamer und sensibler Mensch. Nie werde ich die Bilder vergessen, die mich an all meine Spitalaufenthalte erinnern. Wenn mein Vater mich besuchen kam und er sich danach von mir verabschieden musste, war das für ihn immer eine Horrorsituation. Stets war er dem Weinen nahe. Meine angeborene Frohnatur und mein mir notgedrungen angeeignetes Denkmuster positiven Denkens befähigten mich wiederrum, meinen Vater aufzumuntern. Damals konnte ich sein Verhalten nicht verstehen. Dies umso weniger, als uns Knaben eingetrichtert wurde: Knaben weinen nicht. Erst viel später spürte ich, dass er sich stetig seit meiner Geburt mit Vorwürfen eindeckte und mit Schuldgefühlen kämpfte. Diese Last begleitete ihn bis zu seinem Ableben. Nur eine Stunde vor seinem Tod verabschiedeten sich meine Mutter und ich von ihm und begaben uns nach Hause. Zurück bei ihm im Pflegeheim in Fürstenau blieb allein Yvonne. Es war, als wollte mein Vater möglichst unbelastet und allein in Begleitung seiner von ihm sehr geschätzten Schwiegertochter das Zeitliche segnen.

Neben meiner lieben Yvonne war ich auch mit meinem Beruf „verheiratet". Dies forderte von Yvonne viel Verständnis. Sie war dadurch persönlich gezwungen, ihre Freizeitgestaltung selbst in die Hand zu nehmen. Dies hat sie über all die Jahre mit Bravour gemeistert.

Mein größtes Berufsziel seit meiner Anstellung in der zweiten Treuhandfirma in Zürich war, irgendwann in meinem Leben Mitglied im VSB Verband Schweizerischer Bücherexperten, der späteren Treuhand-Kammer und der heutigen EXPERTSUISSE, zu werden. Nach nicht bestandener Vorprüfung als Bücherexperte war ich vorerst enttäuscht und frustriert. Doch mein höchster Berufswunsch ist in Erfüllung gegangen: Teilnehmer der ersten Stunde beim Ausbildungslehrgang zur Vorprüfung als Steuerexperte, erfolgreicher Kandidat dieser Prüfung, später Teilnehmer beim ersten Ausbildungslehrgang zum diplomierten Steuerexperten und erfolgreicher Kandidat bei der ersten Diplomprüfung als diplomierter Steuerexperte.

Mein stetiges Interesse an der Weiterentwicklung im Treuhandwesen und im Finanzsektor trieb mich immer wieder an, mich neuen Herausforderungen zu stellen. Ich absolvierte von 1999 bis 2001 den zum ersten oder zweiten Mal möglichen Ausbildungslehrgang zum „Finanzplaner mit eidg. Fachausweis" bei der Akademikergemeinschaft in Zürich und von 2008 bis 2010 den erstmals durchgeführten Lehrgang zum „Eidg. dipl. KMU-Finanzexperten" beim Institut für Finanzplanung, anfänglich in Wettingen und danach in Zürich. Neben diesen Weiterbildungen nahm ich jährlich während acht bis zehn Tagen an Weiterbildungskursen über Treuhand, Steuern und Recht teil. Als Generalist war ich einerseits darauf angewiesen, mein Wissen möglichst auf dem aktuellen Stand der Gesetzgebung und Lehre zu halten und anzupassen. Andererseits dienten mir diese Weiterbildungstage dazu, mein persönliches Bedürfnis, den ständigen Drang nach Neuem, abzudecken. Sicher nicht ganz ohne negative Folgen, denn dadurch reduzierte sich die Anzahl unserer gemeinsamen Ferientage in unserem Ferienhaus am Comer See.

1.1.7 *Die Ausstiegsphase*

Im Frühjahr 2009 musste ich mich einmal mehr ins Universitätsspital Balgrist begeben. Eine weitere Ausräumung eines Pseudotumors im linken Unterschenkel drängte sich auf. Die Operation verlief problemlos. Seither hat sich das Problem bezüglich der Sickerblutungen* scheinbar stabilisiert. Ich genieße diesen Zustand sehr und hoffe, dass alles so bleibt.

Die Frage um die Nachfolge meines ursprünglich gegründeten Unternehmens und der daraus entstandenen Gredig + Partner AG mit vier Partnern musste gelöst werden. Während einiger Jahre haben wir uns bemüht, den Fortbestand der Firma sicherzustellen. Mehrere Bemühungen und Verhandlungen fruchteten nicht. Plötzlich tat sich eine Tür auf. Im Jahre 2009 kam mir zu Ohren, dass Frau Karin Iseppi als Treuhänderin in der Region das Diplom zur Treuhandexpertin erworben hatte. Wie durch einen Stromstoß angetrieben, nahm ich sofort mit ihr Kontakt auf. Nach kurzer Zeit konnte die Nachfolge geregelt werden. Karin Iseppi war sehr interessiert an unserem Angebot und erklärte sich schnell bereit, per 1. Jänner 2010 als Partnerin, Mitglied der Geschäftsleitung und des Verwaltungsrates bei der Gredig + Partner AG einzusteigen. Für mich und auch meine Geschäftspartner war das ein Glücksfall. Ich kannte Karin Iseppi bereits von ihrer früheren Tätigkeit als Kanzlistin bei einer Gemeinde, die ich damals revidierte. Sie erfüllte unsere Wunschvorstellungen vollumfänglich und verfügte zweifelsohne über das erforderliche Anforderungsprofil. Fast zur selben Zeit erkundigte sich auch ein junger Bankfachmann und Finanzplaner bei uns über eine

Anstellung als Sachbearbeiter Treuhand. Fabio Giovanoli wollte von der Bankbranche in die Treuhandbranche wechseln. Vorerst war mein Gefühl nicht sehr euphorisch, denn ich zweifelte an seinen Fähigkeiten für seinen neuen Job. Nach dem erfolgten Anstellungsgespräch stellte sich aber sofort heraus, dass es sich hier um einen interessierten, motivierten und sozialkompetenten jungen Mann handelte. Ich war sofort überzeugt, dass Fabio Giovanoli zu unserem Arbeitsteam passen würde.

Der Zufall wollte es, dass gleichzeitig auch ein Mieterwechsel im Wohn- und Geschäftshaus, in dem unsere Firma eingemietet war und es auch heute noch ist, anstand. Kurz entschlossen mieteten wir auch einen Teil des zweiten Obergeschosses und verfügten dadurch über die zusätzlich erforderlichen Büroräumlichkeiten. Fast unglaublich aber wahr: Die Gredig + Partner AG konnte ihren Neustart in Angriff nehmen.

Aufgrund der neuen Firmenkonstellation trat ich im Jahre 2013, das Rentenalter erreicht, aus der Geschäftsleitung aus, übernahm das Verwaltungsratspräsidium und betätigte mich weiterhin im operativen Bereich als freier Mitarbeiter.

Im März 2015 verstarb auch noch meine liebe, vorbildliche und stets mit voller Hingabe uns zur Verfügung gestandene Mutter Erika nach einem reicherfüllten Leben im Alter von 91 Jahren. Bis zu ihrem 89. Lebensjahr lebte sie in ihrem trauten Heim in Masein und die Zeit danach verbrachte sie auf eigenen Wunsch im Alters- und Pflegeheim in Thusis. Meine Bluterkrankheit beschäftigte auch sie massiv und sie litt sehr stark darunter. Auch sie lebt in dankbarer Erinnerung in unseren Herzen weiter.

Am 5. August 2015 ging ich mit unserem damaligen Hund Theo spazieren, weil Yvonne als Sängerin im Kirchenchor von Thusis an einem Konzert teilnahm. Das Pech wollte es, dass ich einen kurzen Augenblick nach hinten schaute, Theo eine Katze erblickte und dieser folgen wollte, mich dabei zu Fall brachte und ich mir einen Handgelenk- und einen Schenkelhalsbruch zuzog. Anschließend wurde ich ins Kantonsspital in Chur eingeliefert. Im Wissen, dass mein linkes Hüftgelenk von Arthrose befallen war und die Operation eines künstlichen Hüftgelenkes sich abzeichnete, verlangte ich von den Ärzten in Chur, dass sie sich mit meiner Fachärztin Hämatologie am Unispital in Zürich und mit dem Leiter der Abteilung Hüft- und Beckenchirurgie am Unispital Balgrist, in Verbindung setzen sollen. Damit wollte ich bewirken, dass zwei Probleme auf einen Schlag gelöst werden können. Am nächsten Tag wurde ich in den Balgrist überführt und von den leitenden Professoren an der Hüfte und am Handgelenk operiert. Die Hüftprothese machte keine Probleme und auch das Handgelenk spielte mit. Nach 14 Tagen wurde ich zur Rehabilitation in die Klinik Clavadel nach Davos verlegt. Der Heilungsprozess nahm einen guten Verlauf. Nach rund acht Wochen konnte ich nach Hause zurückkehren und bis Ende des Jahres war ich mehr oder weniger wieder „auf den Beinen".

Einige Monate später, im November 2015, folgte erneut ein Tiefschlag. Max, einer meiner besten Freunde, verstarb an seinem Krebsleiden. Mit ihm stand ich in einer sehr engen Beziehung. Wir lernten uns während des Ausbildungslehrganges zum Steuerexperten kennen. Während vieler Jahre trafen wir uns einmal pro Monat in Chur oder in Thusis und tauschten uns aus. Er war ein echter Freund und einzigartiger Mensch, der mir viel Kraft und Mut verschaffte.

Eines Tages im März 2016 verspürte ich plötzlich einen unglaublichen Schmerz in der Lungengegend. Ich wurde ins Spital Thusis gebracht und die Ärzte diagnostizierten eine Lungenembolie. Nach einer Woche wurde ich entlassen. Kurz darauf bekam ich Schmerzen in der operierten Hüfte. Die Haut entzündete sich immer stärker. Daraufhin nahm ich Kontakt mit der Universitätsklinik „Der Balgrist" auf. Ich wurde aufgefordert, unverzüglich ins Universitätsspital Balgrist einzutreten. Kurz nach Ankunft in Zürich untersuchte mich mein damaliger Chrirurg Er teilte mir mit, dass es sich hier um eine Infektion handle und die Hüftprothese entfernt werden müsse. Die Operation wurde eingeleitet und umgesetzt. Das Problem war, dass ich nicht auf die mir zugeführten Antibiotika reagierte. Ein neuer Todeskampf zeichnete sich ab. Während der nächsten vier Wochen blieb mein medizinischer Zustand unverändert und meine Angst und Panik erhöhten sich von Tag zu Tag. Auffallend geschwächt und äußerst frustriert glaubte ich nicht mehr daran, ein weiteres Mal dem Tode entrinnen zu können. Mir war eigentlich klar, dass demnächst nun die Stunde der Wahrheit eintreten dürfte. Rund eine Woche nach Verabreichung eines weiteren Medikamentes kam die Wende. Ich erholte mich zusehends und wurde ein zweites Mal zur Rehabilitation in die Klinik Clavadel nach Davos verlegt. Nach etwa zweieinhalb Wochen Klinikaufenthalt in Davos verschlechterte sich mein Gesundheitszustand erneut. Daraufhin wurde ich von Davos ins Unispital Zürich verlegt und einen Tag später für einen weiteren chirurgischen Eingriff vom Unispital Zürich in die Uniklinik „Der Balgrist" überführt. Dort angekommen empfing mich der für mich zuständige leitende Arzt. Er teilte mir mit, dass sich die aktuellen Laborwerte verbessert hätten. Die Frage, die sich stellte, war: Doch operieren oder zuwarten? Meine Entscheidung war, zuzuwarten. Dies passierte am 10. August. Am 11. August hatte ich Geburtstag. Mein Vertrauenschirurg unterstützte meinen Entscheid und entschied, dass ich am nächsten Tag nach Hause gehen könne. Ich verpflichtete mich, ihm eine Verschlechterung meines Gesundheitszustandes sofort zu melden. Mit gemischten Gefühlen verließ ich den Balgrist. Ich hatte einmal mehr Glück und mein Zustand verbesserte sich laufend von Tag zu Tag.

Einige Monate später stellte sich die Frage: „Wie weiter?" Zur Diskussion stand: Einsetzen eines neuen Hüftgelenkes oder den IST-Zustand beibehalten. Ich stellte meinem Chirurgen die Frage: „Wie würden Sie an meiner Stelle entscheiden?" Seine Ausführungen über die möglichen Risiken einer weiteren Operation wie Infektionsgefahr, Lockerung der Prothese und damit verbundenen Auftreten von Schmerzen waren ausreichend für meine Entscheidungsfindung. Da ich schmerzfrei war, entschied ich mich kurzerhand für eine Beibehaltung des IST-Zustands. Das bedeutete für mich, dass ich mit einem Spezialschuh mit einer Erhöhung von acht Zentimetern ausgerüstet wurde und fortan auf zwei Krücken angewiesen war. Im Jahre 2016 passierte bei der Herstellung des Spezialschuhes ein vermeidbarer Fehler. Anstatt einen Maßschuh anzufertigen, begnügte sich die beauftragte Orthopädie-Schuhmacherei damit, an einem normalen Schuh einfach eine Erhöhung von acht Zentimetern anzubringen. Wie sich fünf Jahre später herausstellte, stimmten Höhe, Fußbett und Stabilität des Schuhes nicht. Das Fazit ist, dass ich über Jahre eine falsche Körperhaltung eingenommen, meinen Spitzfuß unnötig und falsch belastet hatte und bei jedem Schritt meine Gehqualität eingeschränkt war. Infolge meiner fortschreitenden Arthrose in den Händen war ich im Jahre 2021 gezwungen, für Spaziergänge einen Polyarthritis-Rollator anzuschaffen. In diesem Zusammenhang stellte ich fest, dass irgendetwas bei meinem Schuhwerk nicht stimmen kann. Einmal mehr war „Der Balgrist" in Zürich mein Retter. In der „Balgrist-Tec" wurde mir ein Maßschuh angefertigt, der mir eine komplett neue Lebensqualität verschaffte. Dieser Vorfall zeigt einmal mehr auf, wie wichtig Spezialisierung sein kann und wie wichtig es wäre, wenn Dienstleister ihre Grenzen und Fähigkeiten richtig einschätzen würden.

Im November 2017 mussten wir uns auch noch von unserem Hund Theo, Yvonnes Liebling, verabschieden. Eines Tages bekam er plötzlich Erstickungsanfälle. Wir suchten am nächsten Tag die Tierklinik in Chur auf. Die behandelnde Tierärztin teilte uns mit, dass Theo von einer unheilbaren Krankheit befallen sei. Sie riet uns Theo einzuschläfern. Yvonne konnte sich nicht sofort von ihrem Liebling trennen. Wir nahmen Theo mit nach Hause. In der Nacht bekam er erneut einen massiven Anfall und wir glaubten, dass er nun erbarmungslos ersticken müsste. Dieser Anblick ging uns derart unter die Haut, dass wir uns am nächsten Morgen entschieden, Theo von seinem Leiden zu erlösen. Wir brachten ihn in die Tierklinik. Traurig nahmen wir Abschied von unserem geliebten und treuen Begleiter.

Das Kapitel Hundehaltung war damit für mich definitiv vom Tisch. Ich bekam jedoch von Monat zu Monat vermehrt zu spüren, dass Yvonne meine Meinung nicht teilte. An einem Samstagabend gegen Ende März 2018 teilte sie mir einmal mehr ihren Wunsch nach einem neuen Hund mit. Ich entschied mich kurzerhand, so lange zu „googeln", bis ich ein für uns passendes Tier finden würde. Etwa nach zwei Stunden fand ich ein Kleininserat mit Bild. Zu sehen war eine weiße, süße Hündin mit teilweise braunen Flecken, etwa sechs Monate alt. Dieses Tierlein faszinierte mich. Die Smartphone-Nummer war ebenfalls aufgeführt. Mittlerweile war es gegen 21.00 Uhr. Aufgrund der fortgeschrittenen Zeit wollten wir erst am nächsten Tag anrufen. Obwohl das Inserat am nächsten Morgen bereits gelöscht war, riefen wir an. Es meldete sich eine freundliche Frauenstimme. Sie informierte mich kurz über Borah, so lautet der Name der Hündin, und wir vereinbarten einen Termin auf 14.00 Uhr in Regensdorf im Kanton Zürich. Von Masein bis Regensdorf beträgt die Distanz rund 150 Kilometer. Eingetroffen bei der Kirche in Regensdorf, unserem vereinbarten Treffpunkt, warteten wir gespannt auf Borah und ihre Besitzerin. Kurz darauf trafen sie ein. Borah eroberte unsere Herzen sofort. Für Yvonne und mich war es Liebe auf den ersten Blick. Ich versuchte denn auch mit allen Mitteln der Überredungskunst die Besitzerin zu überzeugen, dass sie uns doch Borah übergeben möge. Sie war scheinbar anfänglich aufgrund unseres Alters nicht ganz überzeugt, dass wir die richtigen Besitzer für Borah seien. Auf alle Fälle vertröstete sie uns dahin, dass am Nachmittag noch eine Familie mit Kindern Borah anschauen käme und sie sich danach entscheiden werde. Mit gemischten

Gefühlen verabschiedeten wir uns und dachten, dass wir wohl leer ausgehen würden. Wir bestiegen das Auto und fuhren nach Hause. Nach rund einer Viertelstunde läutete das Smartphone. Auf der anderen Seite meldete sich die Hundehalterin und teilte uns mit, dass wir Borah bekämen. Wir waren sehr glücklich und wollten direkt nochmals zurückkehren und Borah mitnehmen. Doch sie teilte uns mit, dass sie und ihr Freund zusammen Borah am nächsten Wochenende bei uns vorbeibringen würden. Wir waren hocherfreut. Am folgenden Wochenende brachten Manuela und ihr Freund Borah zu uns.

Mittlerweile wurde die Gredig + Partner AG durch Karin Iseppi dipl. Treuhandexpertin, Curdin Mayer, dipl. Treuhandexperte und Fabio Giovanoli, dipl. Treuhandexperte, übernommen.

Im Spätherbst 2018 entschied ich mich definitiv für meinen Ausstieg aus der Gredig + Partner AG. Meine operative Tätigkeit beendete ich mit Wirkung per Ende Dezember 2018 und als Präsident des Verwaltungsrates demissionierte ich auf die nächste Generalversammlung im März 2019. Ich spürte in meinem Inneren, dass der Zeitpunkt für mich gekommen war und ich für meine Geschäftspartnerin und meine Geschäftspartner zunehmend zur Belastung anstatt zur Entlastung wurde. Für mich von Jahr zu Jahr schwieriger und belastender war die Tatsache, dass ich aus strategischer Sicht aufgrund meiner subjektiven Wahrnehmung Prozesse anstoßen wollte, ohne jedoch die finanziellen Konsequenzen mittragen zu müssen. Ich kam mir jeweils vor wie ein Prediger, der über Wasser spricht, aber Wein trinkt. Es war mir stets völlig bewusst, dass es sinnlos wäre, einerseits eine Nachfolge umzusetzen und sie gleichzeitig durch eigenes

Fehlverhalten zu blockieren. Ich hoffe deshalb sehr, dass ich meinen Entscheid noch zum richtigen Zeitpunkt gefällt hatte. Die sukzessive Abnabelung von meinem Lieblingskind, erstens mit dem Austritt aus der Geschäftsleitung, später mit der Versetzung meines Arbeitsplatzes von der Firma nach Hause und letztlich mit der Demission als Verwaltungsratspräsident hat dazu beigetragen, dass dieser ganze persönliche Prozess aus meiner Sicht wunschgemäß ablief.

Was mein Lebenswerk angeht, kann ich nur noch hinzufügen:

- Es war für mich eine wunderbare Zeit.
- Es war eine hektische und sehr interessante Zeit.
- Es war eine äußerst lehrreiche Zeit.
- Es war eine teilweise sehr belastende und gleichzeitig sehr bereichernde Zeit.
- Es war eine Zeit, die ich nie vergessen werde, aber auch nie missen möchte.
- Es war eine Zeit, in der die Vorteile überwogen und die Nachteile mich forderten und förderten.

Summarisch betrachtet war dies für mich eine paradiesische Zeit.

Übrig bleibt mir somit nur noch, mich bei allen Beteiligten für all das mir Geschenkte zu bedanken:

- Die persönliche Unterstützung, der ständige Verzicht auf ihre persönlichen Bedürfnisse, das überwältigende Einfühlungsvermögen und ihre unermüdliche Hingabe und Liebe. All das, was Yvonne mir entgegengebracht hat, lässt sich nicht in Worte fassen. Dazu kann ich nur hoffen, dass dieser Leistungseinsatz sich in unseren Herzen manifestiert und uns allen als Vorbild dient. Liebste Yvonne, ganz, ganz herzlichen Dank für alles.

- Anna Marie als ältestes Kind in unserer Familie musste zwangsweise am meisten auf Liebe und Zuneigung der Familie zu meinen Gunsten verzichten. Daraus entstand aber gleichzeitig auch eine tiefe, zwischenmenschliche Verbundenheit unter uns. Diese innige Zuneigung führte sogar dazu, dass sie mir in jungen Jahren einen goldenen Sigel-Ring als Talisman schenkte. Liebe Schwester Anna Marie, dir ein herzliches Dankeschön für alles.

- Liebe Schwester Ursina, auch dir einen ganz herzlichen Dank für deine Unterstützung. Es ist mir wohl bewusst, dass auch du riesige Opfer erbringen musstest.

- Bestens bedanken möchte ich mich an dieser Stelle auch bei allen Fachärzten und dem übrigen medizinischen Fachpersonal, also bei allen, die mir zeitlebens ihre Unterstützung, ihr Können und ihren Leistungseinsatz spendeten.

- Ein herzliches Dankeschön verdienen ferner meine Freunde und die Kundschaft der Gredig + Partner AG. Ohne ihre Unterstützung und Kundentreue hätte das Unternehmen sich nie zu dem entwickeln können, was es heute ist.

- Ganz herzlich bedanken möchte ich mich vor allem auch bei allen Mitarbeiterinnen und Mitarbeitern, die durch ihren persönlichen und enormen Leistungseinsatz und ihren Teamgeist zum erfolgreichen Geschäftsgelingen und zur heutigen Markpositionierung der Firma beigetragen haben. Einen herzlichen und ganz speziellen Dank an dieser Stelle geht an Irene Riederer, stets zuverlässige Mitarbeiterin der ersten Stunde bei der Gredig Treuhand und Revisions AG, die der Firma bis zu ihrer Pensionierung treu blieb.

- Einen herzlichen und besonderen Dank verdienen zudem meine einstige Geschäftspartnerin Karin Iseppi, meine Geschäftspartner Curdin Mayer und Fabio Giovanoli, Nachfolger der Gredig + Partner AG, ferner Marco Toller, ehemaliger langjähriger Verwaltungsratspräsident und Geschäftspartner sowie Ruedi Trepp, ehemaliger langjähriger Geschäftspartner.

- Die mir entgegengebrachte Toleranz und den Anstand und Respekt und letztlich das Verständnis für mein nicht immer geduldiges und einfaches Verhalten weiß ich sehr zu schätzen und werde ich nie vergessen.

Mein Lebenswunsch, der Fortbestand der Gredig + Partner AG, ist Realität geworden.

Ich bin stolz und dankbar und gleichzeitig vollumfänglich glücklich und zufrieden und genieße nun meine letzten Jahre etwas entspannter, ausgeglichener und gelassener.

Da ich mich weder in Luft auflösen noch tatenlos herumsitzen kann, habe ich Anfang Januar 2019 ein kleines Beratungsunternehmen ins Leben gerufen. Unter der Firma „MKU Beratung + Coaching GmbH" mit Sitz in Masein biete ich Dienstleistungen in den Bereichen „Private Finanzplanung", „Unternehmensführung" sowie „Nachfolgeregelung" an. Mein zweites Buch „Die Steuerung der 3 Lebensbereiche für Ihren Erfolg" illustriert diese Tätigkeit.

Arbeiten ohne Leistungsdruck, allein als Teil einer sinnvollen Tagesstruktur zeit- und umfangmäßig frei ist einfach ein paradiesischer Zustand.

1.1.8 *Exkurs in die Wunderwelt*

Im Spätherst 2018 musste Yvonne aufgrund ihres Leberleidens zu einer weiteren medizinischen Kontrolle ins Universitätsspital Zürich. Nach Durchführung der üblichen Untersuchungen folgte ein weiterer Schock in unserem Leben. Der zuständige Oberarzt teilte uns mit, dass Yvonnes Leberzirrhose* massiv zugenommen hatte und sich eine Lebertransplantation aufdrängte. Geschockt und wie „von einem Bombenhagel überrollt" saßen wir da, sahen einander an und verstanden für kurze Zeit die ganze Welt schlicht und einfach nicht mehr. Aufgrund der anschließenden Ausführungen des Oberarztes mussten wir nicht lange darüber nachdenken, was zu tun war. Die Situation war, entweder nicht operieren und sterben oder operieren, und zwar in der Hoffnung, die neue Leber werde vom Körper angenommen. Es war also eine Entscheidung über Leben und Tod. Yvonne stand einige Monate vor ihrem 71. Geburtstag. Für mich war sofort klar, dass nur eine Operation die richtige Wahl war. Auch Yvonne hing am Leben und sie erkannte sofort, dass es für sie nur eine Chance gab, die es zu nutzen galt. Wir entschieden uns also bereits vor Ort und stimmten einer Lebertransplantation zu. Gleichzeitig informierte uns der Oberarzt, dass zuerst eine Abklärung für die Operation einer Lebertransplantation im Universitätsspital Zürich durchgeführt werden müsste.

Danach kam die betroffene Person, sofern die Voraussetzungen stimmten, auf die Transplantationsliste. Das größte Problem sei dann aber, überhaupt ein Organ zu finden. Normalerweise dauere die Wartezeit bei einer Leber zwischen drei bis sieben Monaten.

Ein kleiner Vorteil war, dass Yvonne diese Vorabklärungen bereits einmal über sich ergehen lassen musste und somit über persönliche Erfahrungen über die bevorstehenden Untersuchungen, die persönlichen Emotionen und die erforderliche Einstellung für die Operation verfügte.

Mir persönlich ging dieses Ereignis sehr tief unter die Haut, weil es um meine liebe Yvonne ging. Die Angst, die absolute Ohnmacht und Hilflosigkeit blockierten mich buchstäblich. Ich spürte sofort, dass in einer solchen Situation die persönlichen Kräfte und die subjektive Einstellung eines Menschen versagen können. Erstmals fühlte ich mich komplett fremdbestimmt. Das war für mich etwas Neues und damit umzugehen enorm belastend. Das von mir während Jahren aufgebaute persönliche Steuerungssystem funktionierte plötzlich nicht mehr.

Am 3. Dezember 2018 fand die Schlussbesprechung über die Transplantationsabklärungen statt. Diese fielen positiv aus und Yvonne kam auf die Transplantationsliste.

Die sehr belastende Zeit des Wartens auf den Anruf vom USZ* begann. Denn bei jeder Entscheidung im täglichen Leben musste einkalkuliert werden, was zu unternehmen wäre, falls ein Telefonanruf vom USZ kommt und Yvonne kurzfristig dem Aufgebot zur Operation folgen muss. Diese ständige Ungewissheit war sehr gewöhnungsbedürftig und belastend. Auch hier wie bei allen unangenehmen Lebensabschnitten zählte vor allem der

Faktor Zeit. Kurzdauernd sich auf etwas einzustellen und Einschränkungen hinzunehmen ist verkraftbar, dauert dieser Zustand jedoch über längere Zeit an, nimmt die persönliche Anspannung zu und die Geduld ab. Der ganze Prozess wird zunehmend belastender.

Am 8. Januar 2019 begab sich Yvonne um 22.30 Uhr zu Bett. Ich schaute noch die Fernsehsendung zu Ende und ging danach um circa 23.30 Uhr ebenfalls schlafen. Eine Viertelstunde nach Mitternacht läutete das Telefon. Ich nahm ab und am anderen Ende der Leitung meldete sich eine Mitarbeiterin vom USZ. Sie teilte mir mit, dass Yvonne um 05.00 Uhr von einem Krankenwagen abgeholt und die Operation für die Lebertransplantation noch am gleichen Tag durchgeführt werde. Nähere Angaben würde sie dann nach Ankunft im USZ erhalten.

Durch den Telefonanruf wurde auch Yvonne aufgeweckt. Sie konnte sich das eingetroffene Wunder nicht vorstellen und wollte mir vorerst nicht glauben. Im Moment komplett blockiert und überfordert fanden wir langsam zu uns und versuchten uns, auf das uns nun Bevorstehende einzustellen. Rückblickend beurteilt ist es wirklich sehr interessant festzustellen, wie wir Menschen in gewissen Situationen für kurze Zeit aufgrund unserer Emotionen entscheidungsunfähig werden und trotzdem funktionieren.

Zuerst telefonierte Yvonne mit ihrer Freundin Ursi, mit der sie zusammen täglich mit den Hunden spazieren ging. Ursi erklärte sich bereit, wie bereits vorher abgesprochen, unsere Hündin Borah zu sich zu nehmen. Eine halbe Stunde später war es so weit und der erste große Abschied in der Hoffnung eines Wiedersehens fand statt.

Yvonne und ich versuchten uns gegenseitig zu beruhigen und aufzumuntern. Nach rund einer Stunde packte

Yvonne ihre persönlichen Sachen, die für einen Spitalaufenthalt nötig waren. Minuten wurden zu Stunden,
bis dann endlich um 05.00 Uhr der Krankenwagen vor-
fuhr und die Reise ins Ungewisse begann.

Wir entschieden uns, dass ich ebenfalls mit dem Krankenwagen mitfuhr. Um 07.00 Uhr erreichten wir das
USZ. Yvonne wurde im Notfall eingecheckt und danach
auf ein Zimmer verlegt. Etwa um 09.00 Uhr erschien
ein Arzt und stellte sich uns als zuständiger und ver-
antwortlicher Chirurg für die Lebertransplantation vor.
Die Operation war für 13.00 Uhr geplant. Um 12.00 Uhr
wurden wir informiert, dass die Operation auf einen späteren Zeitpunkt verschoben worden war. Zu diesem Zeitpunkt ahnten wir noch nichts Schlimmes. Unsere einzige Hoffnung war, dass die Operation nun möglichst bald
erfolgen und erfolgreich ablaufen würde.

Ich hatte mich entschlossen, für kurze Zeit in die Stadt
zu gehen und mich wegen einem Hotelzimmer umzuse-
hen. Yvonne und ich hatten vereinbart, dass ich in Zürich übernachten und erst am Tag nach der Operation
heimkehren würden. Nach rund zwei Stunden begab ich
mich zu Yvonne ins USZ.

Das ewige Warten wurde immer unerträglicher. Mittlerweile war es 18.00 Uhr geworden. Unsere Nerven waren allmählich am Anschlag und unsere Belastungsgren-
zen erreicht. Um 21.00 Uhr ging ich auf die Toilette. Als
ich ins Zimmer zurückkehrte, standen ein Arzt und eine
Pflegfachfrau an Yvonnes Bett. Sie teilten uns mit, dass
die Operation nicht stattfinden würde. Die vorhande-
ne Leber war unbrauchbar. In diesem Moment waren
wir beide einem Kollaps nahe. Gleichzeitig wurde uns
bewusst, dass das Ganze auch als Glücksfall angesehen

werden musste. Hätte die Operation stattgefunden und eine angeschlagene Leber wäre eingesetzt worden, so hätte dies für Yvonne nichts anderes als ihren sicheren Tod bedeutet. Zusammen mit dem Arzt entschieden wir, dass Yvonne über Nacht im USZ bleiben und wir erst am nächsten Tag heimkehren würden.

Außer mir und emotional durcheinander begab ich mich ins Hotel. Dieses Wechselbad der Gefühle werde ich nie in meinem Leben vergessen. Ich befand mich in einem Zustand völliger Hilflosigkeit: Einerseits am Boden zerstört und anderseits hochbeglückt. Dank keiner Operation wurde nämlich nichts vergeben, aber auch nichts gewonnen. Am nächsten Morgen holte ich Yvonne im Unispital Zürich ab und wir fuhren zusammen mit dem öffentlichen Verkehr nach Hause. Das Einzige, was wir damals wussten, war, dass das ganze Prozedere irgendwann von Neuem beginnen würde.

Notgedrungen stellten wir uns abermals auf ein monatelanges Warten für eine neue Leber ein. Diese Ungewissheit fühlte sich nach dem Vorgefallenen noch belastender an. Die Todesängste nahmen zu und der Zweifel an einer erfolgreichen Lebertransplantation ebenfalls. Gebrannte Kinder fürchten bekanntlich das Feuer. Da die Hoffnung stets zuletzt stirbt und wir uns mittlerweile von unserem erlebten Schockereignis einigermaßen gut erholt hatten, blickten wir verhältnismäßig zuversichtlich in die Zukunft.

Der erneute Anruf vom USZ am 30. Januar 2019 frühmorgens um 04.45 Uhr war sehr erfreulich und wirkte befreiend. Erneut wurde uns mitgeteilt, dass nun eine neue Leber gefunden worden wäre und die Operation stattfinden würde. Gleichzeitig teilte uns die Anruferin mit, dass der Krankenwagen um 05.00 Uhr in Masein vorfahren und Yvonne abholen würde. Wir hatten also genau eine Viertelstunde Zeit, um uns auf das neue Abenteuer einzustellen und uns rüsten zu können. Für mich war dies eine zu kurze Zeit, um mich bereitstellen zu können. Yvonne und ich entschieden spontan, dass ich nicht mit dem Krankenwagen mitfahren, sondern nachher mit meinem Privatwagen folgen würde. Das Ganze verlief Schlag auf Schlag. Yvonne wurde wie vereinbart mit dem Krankenwagen abgeholt. Ich begab mich eine Stunde später mit meinem Auto auf die Reise nach Zürich und traf gegen 08.00 Uhr ebenfalls im USZ ein. Yvonne lag bereits in einem Vorbereitungszimmer. Kurz darauf wurden wir von dem gleichen Arzt wie rund drei Wochen zuvor begrüßt und er teilte uns mit, dass die Operation gegen 13.00 Uhr stattfinden würde. Er riet mir zudem, nach Hause zu gehen. Er würde mich um 19.00 Uhr über den Verlauf der Operation und den Zustand von Yvonne informieren.

Dank dieses „Überrumpelungs-Einsatzes" fehlte uns die Zeit, uns große Sorgen zu machen und wir stellten uns somit relativ gefasst der neuen Herausforderung. Ich entschied mich um 11.00 Uhr, da ich bis zu diesem Zeitpunkt weder Flüssigkeit noch Nahrung zu mir genommen hatte, mich kurz in der Cafeteria zu verpflegen. Gegen 11.30 Uhr begab ich mich zum Lift, um zu Yvonne zurückzukehren. Als ich aus dem Lift ausstieg, sah ich, dass Yvonne soeben in ihrem Bett in den anderen Lift gestoßen wurde, da man die Operation vorgezogen hatte. Wir konnten uns noch kurz verabschieden und eine weitere Phase der Ungewissheit nahm ihren Verlauf.

Ich fuhr danach mit meinem Auto nach Hause. Mein Gefühlszustand war sehr angespannt und diese Anspannung nahm von Stunde zu Stunde nur noch weiter zu. Um 19.00 Uhr rief mich rief mich der für die Operation von Yvonne verantwortliche Chirurg an und teilte mir mit, dass die mehrstündige Operation erfolgreich verlaufen war und sich Yvonne nun auf der Intensivstation befand. Wir kamen ferner überein, dass ich Yvonne erst einen Tag nach der Operation besuchen würde, ich mich aber jederzeit beim zuständigen Team der Intensivstation über den Gesundheitszustand von Yvonne informieren konnte. Ich spürte eine enorme Erleichterung in mir. Die große Sorge war nun, ob das neue Organ von Yvonnes Körper angenommen würde. Ich blieb in Telefonkontakt mit dem USZ und fuhr am übernächsten Tag nach Zürich, um Yvonne zu besuchen. Auf der Intensivstation im USZ angekommen wurde mir mitgeteilt, dass Yvonne demnächst in ein normales Krankenzimmer verlegt würde. Ich konnte den Umzug gleich miterleben. Wir waren überglücklich, einander wie derzusehen und hocherfreut über den positiven Operationsverlauf. Das Ganze war für uns schlicht und einfach ein Wunder. Nach einigen Stunden fuhr ich wieder nach Hause mit der Absicht, Yvonne am nächsten Tag zu besuchen.

Wie vereinbart begab ich mich am nächsten Tag mittags nach Zürich. Bei Yvonne angekommen erschrak ich. Der Anblick von Yvonne war schockierend. Sie lag in ihrem Bett und drohte zu platzen. Da die Nieren versagten, staute sich Wasser in Yvonnes Körper und ihr Gewicht erhöhte sich innerhalb von 24 Stunden um rund 20 Kilogramm. In diesem Moment glaubte ich nicht mehr an Wunder. Ich spürte vielmehr, Yvonne nun trotz erfolgreichen Operationsverlaufs verlieren zu müssen. Dieses Gefühl war sehr bedrückend für mich und machte mich perspektivlos und ohnmächtig.

Während der nächsten zwei Tage wurde Yvonne täglich für einige Zeit an die Dialyse* angeschlossen und die Funktionalität der Nieren kehrte zurück. Von da an schritt die Genesung laufend voran. Yvonne konnte bereits nach zweieinhalb Wochen das USZ verlassen. Nach weiteren zweieinhalb Wochen Rehabilitation in der Klinik Clavadel durfte sie sich nach Hause begeben.

Danach und bis heute verliefen die Genesung und der Gesundheitszustand von Yvonne gemäß den vor der Operation prophezeiten Prognosen der Spezialisten vom Transplantationsteam des USZ. Das bedeutete für Yvonne letztlich, dass sie im Monat Januar 2019 zweimal Geburtstrag feiern konnte, nämlich am 23. Januar ihren jährlichen und am 30. Januar ihre Wiedergeburt. Tatsache ist zudem, dass Yvonne ohne Durchführung der Operation nicht mehr lange gelebt hätte. Aus rein persönlicher Sicht durfte sie zudem sicher mit großer Genugtuung und Dankbarkeit am eigenen Leibe erfahren, wie wichtig Medizin und Chirurgie für uns Menschen ist. Dies umso mehr, wenn man bedenkt, dass Yvonne sich mehr als 40 Jahre in der Pflege oder im Operationssaal für ihre Mitmenschen eingesetzt hatte.

Mir persönlich hat diese Geschichte aufgezeigt, dass es wirklich eine Gerechtigkeit gibt. Zudem wirkten diese Ereignisse tiefgreifend auf mich ein. Erst mit diesem Lebensabschnitt wurde mir so richtig bewusst, mit welchen persönlichen Belastungen, Ängsten und Hoffnungen meine Großmutter, meine Eltern und Geschwister, aber vor allem auch meine liebe Yvonne aufgrund meiner Lebensgeschichte zu kämpfen hatten und womit sie fertig werden mussten.

Anfangs September 2019 wurde mein Leben ein weiteres Mal erschüttert. Ganz plötzlich verstarb mein lieber

Freund Titus, mit dem ich seit der Sekundarschulzeit eine enge Freundschaft pflegte. Einmal mehr verstand ich die Welt nicht mehr.

Unglaublich aber wahr. Drei Jahre und zwei Monaten nach der Lebertransplantation musste Yvonne am 30. März 2022 erneut im Universitätsspital Zürich operiert werden. Denn sie wurde von Thrombosen an verschiedenen Venen in den Leisten und im Bereich der Vene Cava befallen. Massive Schwellungen in den Beinen und im Bauch führten kurzfristig zu starken Schmerzen und Kraftverlust. Dank notfallmäßigen Maßnahmen konnte eine Lungenembolie abgewendet und Yvonne schlimmstenfalls vor dem Tod bewahrt werden. Einmal mehr ein Lebensereignis, das tiefe Spuren hinterließ. Einmal mehr aber auch ein Wunder und Glücksfall.

Bemerkenswert ist, wie wir Menschen mit geplanten oder spontanen Operationen unterschiedlich umgehen. Im ersten Fall funktionieren wir rational, im zweiten rein instinktiv und emotional.

Der einzige Wunschtraum von Yvonne und mir wäre nun nach dem Überleben der vielen Tiefen, einen möglichst problemlosen, gemeinsamen Lebensabend, beschert von Glück, Zufriedenheit und innerer Ruhe und umgeben von lieben Nachbarn und Freunden genießen zu dürfen.

1.2 Die Entwicklungen betreffend Hämophilie, HIV und Aids aus medizinischer und sozialer Sicht

Bei den nun folgenden Ausführungen handelt es sich um eigene und Textausschnitte aus dem Buch: „Ich bin der Martin" eine Hämophiie-Fibel für Kinder und Eltern, Autor Kurme Mau und von den Websites;
https://www.klinikum.uni-münchen.de/
https://de.wikipedia.org/
https://www.forschungsfrankfurt.uni.frankfurt.de/
https://www.dw.com/
https://www.fernarzt.com/
https://www.lgl.bayern.de/
https://www.hepatitis-schweiz.ch und weiteren.

1.2.1 *Die Bluterkrankheit*

Der medizinische Begriff für Bluterkrankheit ist Hämophilie. Die Hämophilie ist eine angeborene, vererbbare Blutgerinnungsstörung. Der Hämophile leidet zeitlebens an einer verminderten Gerinnungsfähigkeit seines Blutes. Die Blutgerinnung ist Bestandteil der Blutstillung. Sie bewahrt den Organismus vor langen Blutungen und Nachblutungen und stellt die Grundlage für eine normale Wundheilung her. Die Blutstillung ist lebensnotwendig. Sie schützt vor dem Verbluten nach äußeren oder inneren Verletzungen. Der Hämophile blutet häufig, aber nicht ständig. Hämophile gehören gleichermaßen allen gesellschaftlichen und sozialen Schichten der Bevölkerung an.

Außer durch den Blutgerinnungsdefekt unterscheiden sie sich nicht von der übrigen Bevölkerung.

Die Häufigkeit der Hämophilie kann mit 2:10 000 angegeben werden. Das heißt, auf 10 000 Personen entfallen zwei Hämophile.

Die Bluterkrankheit beruht auf dem lebenslang nachweisbaren Mangel an einem oder mehreren gerinnungsfördernden Bluteiweißbestandteilen, die als Gerinnungsfaktoren bezeichnet werden. Das Blut besteht aus Zellen – roten Blutkörperchen (Erythrozyten), weißen Blutkörperchen (Leukozyten), Blutplättchen (Thrombozyten) und Flüssigkeit (Plasma). In ihr sind unter anderem verschiedene Eiweiße gelöst, zu denen auch die Gerinnungsfaktoren gehören. Nach Verletzung von Körpergewebe setzt bei Hämophilen die Blutstillung zwar sofort ein, die zur Wundheilung erforderliche Gerinnungsbildung verläuft dagegen erheblich verzögert und bleibt mangelhaft.

Die Blutstillung ist ein in verschiedenen ineinandergreifenden Phasen ablaufender Prozess, an dem Blutgefäße, verletzte Gewebezellen, Blutplättchen und Gerinnungsfaktoren beteiligt sind:

1. Zusammenziehen verletzter Blutgefäße.
2. Bildung eines korkenähnlichen Pfropfens aus Blutplättchen, die sich an verletztem Blutgefäßgewebe anlagern, miteinander verkleben und kurzzeitig einen vorläufigen Gefäßverschluss bewirken.
3. Konsolidierung des Plättchen-Pfropfens durch Fertigung eines Eiweißnetzwerkes aus dem Blutplasma gelösten Gerinnungsfaktor zu einem Fibringerinnsel. Dieser Vorgang läuft in Form einer Kettenreaktion ab und ist unabdingbar für einen widerstandsfähigen Wundverschluss.

4. Stabilisierung des Gerinnsels durch Verknüpfung und Festigung des Fibrinnetzes, das sich zusammenzieht und die Wundränder endgültig und undurchdringlich miteinander verbindet. Damit ist die Blutgerinnung abgeschlossen.

5. Blockierung überschießender Fibrinbildung durch auflösende Gegenregulationsmechanismen (Fibrinolyse)* und Beschränkung blutgerinnungsaktiver Vorgänge auf den Verletzungsort.

Blutgefäßkontraktion* und Plättchen-Pfropfen-Bildung (1 und 2) sind auch bei Hämophilen nicht beeinträchtigt. Infolge des Mangels an einem Gerinnungsfaktor zeichnet sich die Hämophilie (Blutgerinnungsstörung) durch eine unzureichende Fibrinbildung (3 und 4) aus. Das instabile Gerinnsel bleibt durchlässig und setzt den Auslösungseinflüssen der Fibrinolyse nur geringen Widerstand entgegen. Ein dauerhaft blutstillender Wundverschluss wird nicht oder nur sehr verzögert erreicht (5).

Der Hämophilie liegt kein einheitlicher Blutgerinnungsdefekt zugrunde. Mangel an Gerinnungsfaktor VIII (acht) bedeutet Hämophilie A, an Gerinnungsfaktor IX (neun) Hämophilie B. Bei etwa 85 Prozent aller Hämophilen lässt sich ein Mangel an Faktor VIII = Hämophilie A und bei 15 Prozent an Faktor IX = Hämophilie B feststellen.

Der Defekt ist nicht austauschbar und lässt sich nur vorübergehend oder dauerhaft durch Gabe des jeweils fehlenden Gerinnungsfaktors ergänzend kompensieren.

Beide Hämophilie-Formen weisen denselben Erbgang und gleiche Krankheitserscheinungen auf. Sie kommen in verschiedenen Schweregraden vor. Man unterscheidet zwischen schwerer, mittelschwerer, leichter und milder

Hämophilie. Das für die Krankheit typische Erscheinungsbild mit spontanen oder infolge nur geringfügiger Verletzungen auftretenden Blutungen in die Haut, in Muskulatur und Gelenke und in innere Organe ist fast ausschließlich bei der schweren und einem Teil der mittelschweren Ausprägung der Erkrankung festzustellen.

A Die Vererbung

Hämophilie ist eine Erbkrankheit. Sie wird durch phänotypisch* gesunde Frauen übertragen, die man Überträgerinnen oder Konduktorinnen nennt. Auf einem X-Chromosom* liegt der Defekt, der für die Hämophilie verantwortlich ist. Da Frauen zwei X-Chromosomen besitzen, werden sie in aller Regel nicht von der Krankheit befallen, da die zweite gesunde Erbanlage ausgleicht. In seltenen Fällen kann auch eine Überträgerin einen verminderten Faktorspiegel aufweisen und im Zusammenhang mit Verletzungen oder Operationen verstärkt bluten. Der Erbgang der Hämophilie ist geschlechtsgebunden rezessiv*. Die Nachkommen erben jeweils ein Gen der Mutter und eines des Vaters. Das kranke Gen der Mutter wird mit einer Wahrscheinlichkeit von 50 Prozent an die Söhne oder an die Töchter weitergegeben.

Ist der Vater Bluter, sind die Söhne gesund, jedoch die Töchter obligatorisch Konduktorinnen. Wenn die Mutter Überträgerin und der Vater Bluter ist, könnten die Töchter theoretisch zwei kranke Gene erben. Dies ist jedoch äußerst selten der Fall und in der Schweiz bisher nicht aufgetreten.

B Die Behandlung

Es dauerte bis zum Jahr 1935, bis Plasma statt Vollblut zur Therapie eingesetzt wurde. Der Faktor VIII selbst, dessen Fehlen ursächlich für die Hämophilie A ist, wurde zwar schon 1938 entdeckt, eine Aufreinigung des Plasmas gelang aber erst 1945 durch Cohn und Quick. 1955 wurden die ersten Faktor-VIII-Präparate hergestellt, die jedoch noch ein sehr großes Volumen hatten. Dennoch wurde mit diesem unpraktischen Medikament schon 1958 durch Inga Marie Nilsson mit der Heimdauertherapie begonnen. Heute wissen wir, dass dies der entscheidende Schritt zu mehr Lebenserwartung und Lebensqualität war – ein für den Notfall verfügbares Präparat und die rasche Behandlung von Blutungen, die Folgeschäden an den Gelenken reduzierte. 1964 wurden Kryopräzipitate* entwickelt, deren Volumen deutlich geringer war. Seit 1968 sind Faktorenkonzentrate käuflich zu erwerben. Leider sind die Präparate immer noch sehr teuer, die konsequente Therapie mit Faktorenkonzentraten ist damit Patienten in Industriestaaten vorbehalten. Über 80 Prozent der Hämophilen weltweit werden nicht oder nicht ausreichend behandelt, so dass die Situation für diese Patienten medizinisch gesehen nicht wesentlich anders ist als die des Zarewitsch Alexej, einziger Sohn des letzten russischen Zaren.

Bis ungefähr zum Jahre 1966 gab es in der Schweiz keine Blutgerinnungspräparate. Das hatte zur Folge, dass bis Mitte des 20. Jahrhunderts 90 Prozent der Bluter vor Erreichen des 25. Lebensjahres starben.

Aufgrund einer intensiven Forschung wurde es möglich, Gerinnungspräparate mit Faktor VIII und IX zu entwickeln und auf den Markt zu bringen. Dank diesen

Substitutionstherapien können seither Blutungen kurzfristig zum Stillstand gebracht werden. Diese Entwicklung ermöglicht es den Betroffenen, heute ein nahezu normales Leben zu führen. Die Faktoren wurden längere Zeit aus vielen Blutspenden extrahiert. Da Spenderblut Krankheitsviren enthalten können, ist die Substitutionstherapie mit Ansteckungsrisiken verbunden. Vor allem die Ansteckungsgefahr mit Hepatitis-Viren und dem HI-Virus war bis 1986 das Schicksal vieler Bluter. Seither stehen Tests zur Verfügung, sodass keine neuen Übertragungen mehr auftreten sollten und auch seit 1990 nicht mehr beobachtet wurden. Viele der lebenden Hämophilen wurden aber bedauerlicherweise bereits angesteckt.

Seit dem Jahre 1993 stehen zudem gentechnisch hergestellte, sogenannte rekombinante* Faktor VIII- und IX Produkte zur Verfügung, die dieselben Gerinnungswirkungen haben.

Die Entwicklung der künftigen Behandlungsmöglichkeiten zielt auf Bioimplantate ab.

Die noch vor zehn Jahren erhoffte Behandlungsmöglichkeit von Präparaten mit verbesserten Eigenschaften (Wirkungsdauer) ist bereits Realität geworden.

Heute gibt es Faktorenkonzentrate mit verlängerter Halbwertzeit. Die biologische Halbwertzeit ist die Zeit, die der Körper braucht, um die zugeführte Menge eines Stoffes wieder auf die Hälfte abzubauen. Dieser Abbau ist ein natürlicher Vorgang. Die Faktor-VIII-Halbwertzeit braucht acht bis zwölf Stunden und ist vom Alter und der Blutgruppe abhängig. Die Faktor-IX-Halbwertzeit beträgt circa 18 Stunden. Es gibt aktuell fünf zugelassene Faktorenkonzentrate, bei denen durch verschiedene Technologien eine Verlängerung der Halbwertzeit auf das 1,2 bis 1,9fache erzielt wird. Für mich persönlich bedeutet dies, dass ich heute das Gerinnungspräparat nur noch alle zwölf Tage intravenös zuführen muss, anstatt wie früher drei Mal pro Woche.

Wenn der Behandlungsansatz mit Bioimplantaten Realität wird, können die Hämophilen ein völlig normales Leben führen.

C Die historische Betrachtung

Aus historischer Sicht ist die Hämophilie seit Jahrhunderten bekannt. Die Krankheit und die Beschreibung ihres besonderen Erbgangs wurden erstmalig im Babylonischen Talmud* im Zusammenhang mit dem Verzicht auf eine rituelle Beschneidung erwähnt. Außerhalb des jüdischen Kulturkreises beschrieb der islamische Arzt Albucasis erstmals um 1100 n. Chr. in seinem medizinischen Handbuch „Al-Tasrif" eine erste Therapie. Bei familiär gehäufter Blutungsneigung erzielte er durch Kauterisation (Verglühen) der Wunden Erfolge, vielleicht eine der ersten Überlegungen zur heute in der Chirurgie so oft eingesetzten Elektrokoagulation*.

D Die Hämophilie heute

Diagnose: In vielen Fällen ist das Auftreten einer Hämophilie in einer Familie bekannt. Neugeborenen Jungen wird daher nach der Geburt Blut abgenommen, um die bei einer Hämophilie stets massiv verlängerte PTT* und die Restaktivität der Faktoren VIII und IX zu bestimmen. Gleichzeitig wird durch eine genetische Untersuchung die Diagnose gesichert.

Krankheitsverlauf: Im Allgemeinen erleiden Neugeborene keine relevanten Blutungen. Inwieweit die Erkrankung das zukünftige Leben bestimmen wird, hängt von der Schwere der Erkrankung ab.

Schwere Hämophilie: Die Restaktivität des betroffenen Faktors liegt unter einem Prozent. Diese Kinder erleiden spontane Blutungen ohne äußere Einwirkungen. Mit Beginn der Krabbelphase kommt es häufig zur ersten Gelenkblutung. Diese muss zunächst durch die mehrfache Gabe eines Faktorenkonzentrates behandelt werden. Im Anschluss wird dann in der Regel mit einer Dauertherapie, also der zwei- bis dreimal wöchentlichen Gabe des Medikamentes begonnen. Bei konsequent durchgeführter Dauersubstitution kann die Anzahl der relevanten Blutungen dramatisch verringert werden und den Jungen ein fast normales Aufwachsen mit Fußball und ähnlichen Aktivitäten ermöglicht werden. Operationen müssen jedoch unter stationären Bedingungen und ausreichender Substitution in einem gewissen Zeitraum durchgeführt werden. Die Dauertherapie wird zumeist im Zentrum begonnen und in den nächsten Monaten vom Kinderarzt vor Ort durchgeführt. So bald wie möglich werden die Eltern eingelernt, um die intravenöse Injektion des Faktors selbst zu übernehmen. Durch diese ärztlich kontrollierte Heimtherapie können die Familien eine große Unabhängigkeit gewinnen. Urlaube und Ähnliches stellen dann kein großes Problem mehr dar. Mit etwa zehn Jahren lernen die Jungs sich dann selbst zu spritzen, zum Beispiel im Rahmen diverser Freizeitaktivitäten mit anderen hämophilen Jugendlichen. Dieser Schritt vor der Pubertät ist wichtig, um unseren Patienten eine Unabhängigkeit von der Familie und eine normale Entwicklung gewährleisten zu können.

Mittelschwere Hämophilie: Die Restaktivität des betroffenen Faktors liegt zwischen zwei und fünf Prozent. Im Allgemeinen erleiden diese Kinder keine spontanen Blutungen. Soweit sich die Zahl der Blutungen im Rahmen hält, kann bei diesen Kindern auf eine Dauersubstitution verzichtet werden. Im Falle von Blutungen oder Operationen müssen die Kinder aber über einen längeren Zeitraum konsequent therapiert werden.

Leichte Hämophilie: Bei Restaktivitäten über fünf Prozent ist eine Dauertherapie nur in Einzelfällen notwendig. Operationen und größere Blutungen müssen jedoch auch konsequent behandelt werden, um gefährlichen Blutverlust und dessen Folgeschäden zu vermeiden.

1.2.2 Die königliche Krankheit

Besondere Aufmerksamkeit in breiten Kreisen erlangte die Hämophilie dadurch, dass sie in europäischen Herrschaftshäusern gehäuft auftrat. Der Ursprung dafür lag in England. Dort wurde dem Herzog von Kent und seiner Ehefrau Prinzessin Maria Luise von Sachsen-Coburg am 24. Mai 1819 eine Tochter – die spätere Queen Victoria – geboren, die bei der Geburt völlig gesund erschien. Wie sich jedoch Jahre später herausstellte, war sie eine Überträgerin der Bluterkrankheit, welche die krankhafte Erbanlage durch ihre weitverzweigte Verwandtschaft an mehrere europäische Fürstenhäuser weitergab.

Von mancher Seite wird angenommen, dass es beim Vater oder der Mutter zu einer Mutation in einem X-Chromosom gekommen ist. Andere Autoren verweisen auf Zeichen einer Hämophilie bei Vorfahren der Eltern. Für eine definitive Beurteilung fehlen die Unterlagen.

In jüngster Zeit versuchten die englischen Genetiker D.M. und W.T.W. Potts (1995) in ihrem Buch „Queen Victoria", ihre Gene zu erklären, wie die Mutter Victorias zu dieser Krankheit gekommen sein könnte. Nach ihrer Auffassung ist die Ursache in außerehelichen Beziehungen zu suchen. Prinzessin Maria Luise Victoria soll zur Sicherung gesunder Nachkommen solche Beziehungen eingegangen sein. Angeblich hat ihr Ehemann infolge jahrhundertelanger Degeneration seinerseits Genschäden aufgewiesen. Die erwähnten Genetiker untermauerten ihre Theorie nicht nur durch zeitgenössische Dokumente, sondern auch durch eine breite Schilderung des sittlichen Verfalls in jener Zeit.

Am 10. Februar 1840 wurde Victoria mit Albert Prinz von Sachsen-Coburg und Gotha verehelicht. Aus der Ehe gingen neun Kinder (vier Söhne und fünf Töchter) hervor. Als achtes Kind wurde am 7. April 1853 Prinz Leopold geboren. Er war der einzige Bluter in der Familie. Im Jahr 1882 heiratete der 29 Jahre alte Prinz Leopold die deutsche Prinzessin Helene von Waldeck. 1883 wurde die Tochter Alice geboren, die als Konduktorin die Erbanlage weitergab. Prinz Leopold erlitt während eines Kuraufenthalts in Cannes einen Schlag auf den Kopf. Dieser führte zu einer massiven Hirnblutung, der er am 18. März 1884 erlag. Der gemeinsame Sohn, der keine Zeichen der Hämophilie aufwies, kam erst nach dem Tod des Vaters zur Welt. Von den fünf Töchtern übertrugen mindestens zwei – Alice und Beatrice – die Bluterkrankheit auf ihre Nachkommen.

Die jüngere Tochter von Alice und gleichzeitig Enkelin von Victoria wurde im Jahre 1872 geboren. Sie wurde

Alix genannt. Am 26. November 1894 ging sie in St. Petersburg die Ehe mit Nikolaus II. ein, der am 15. Mai 1896 zum letzten russischen Zaren gekrönt wurde. Dem Zarenpaar wurden zunächst die Töchter Olga, Tatjana, Maria und Anastasia geboren. Der erhoffte männliche Thronfolger kam am 12. August 1904 in St. Petersburg zur Welt und wurde am folgenden Tag unter großen Festlichkeiten auf den Namen Alexej Nikolajewitsch getauft. Bereits im September des gleichen Jahres stellte sich heraus, dass er Bluter war. Zarewitsch Alexej wurde 14 Jahre alt, jedoch erlag er nicht der Hämophilie. Unter dem Druck der Revolution dankte Zar Nikolaus II. am 15. März 1917 zugunsten seines Bruders ab. In Wirklichkeit begann in dieser Minute die Sowjetherrschaft. Die Zarenfamilie wurde nach Sibirien verbannt und am 17. Juli 1918 in Jekaterinburg ermordet.

1.2.3 Die Tenna-Sippe

Analog den Familien an den europäischen Höfen findet man die Bluterkrankheit auch bei verschiedenen Familien in abgelegenen Gegenden in der Schweiz, so beispielsweise im Bergdorf Tenna im bündnerischen Safiental. In der Kirche von Tenna wurde Geschichte geschrieben. Wir wissen aus Kirchenbüchern (1958 erforscht unter der Mitarbeit des Talarztes Doktor Truog von Versam), dass um 1650 das Ehepaar Albrecht Walther und Ursula Buchli in Tenna lebte. Sie gelten als das Stammelternpaar der großen Tenna-Sippe, hatten vier Kinder, zwei Söhne und zwei Töchter. Der Sohn Samuel gilt als der erste Bluter, die Tochter Ursula als erste sichere Überträgerin.

Ihnen entstammten bis 1958 55 Bluter in 13 Generationen. Wie aus dem Jubiläumsbericht „25 Jahre Hämophilie-Behandlung in Graubünden" von Frau Doktor Hartmann, ehemalige Fach- und Vertrauensärztin der Hämophilen im Kantonsspital in Chur, ferner entnommen werden kann, sind seither noch zwei Generationen mit acht weiteren Blutern dazugekommen. Sie kannte 13 Betroffene persönlich. Bis in die 50er Jahre blieben diese Bluter überwiegend oben im Safiental sesshaft. Später gelangten auch sie in die Täler von Graubünden. Nach 1980 verteilten sie sich in der ganzen Schweiz und im neuen Jahrtausend wohl in der ganzen Welt.

Interessant ist zudem, dass es sich bei der Tenna-Sippe um den sonst seltenen Typ B der Hämophilie (Fehlen des Faktors IX) handelt. Ungefähr zwei Drittel aller Bluter im Kanton Graubünden im Jahr 1974 gehörten der sogenannten Tenna-Sippe an.

Wie uns die Geschichte aufzeigt, sind Erbkrankheiten vorwiegend durch Inzucht entstanden. Die daraus entstehenden Folgen sind denn auch für die Betroffenen nur sehr schwer nachvollziehbar und persönlich alles andere als einfach zu akzeptieren. Obwohl das Verständnis für das Fehlverhalten früherer Generationen rein historisch beurteilt vorhanden ist, führt es trotzdem zu Schuldzuweisungen und Verurteilungen. Wir Menschen werden ja nicht aufgrund unseres eigenen Willens und Handelns geboren. Unverständlich ist jedoch, wenn gleichzeitig Kirchenvertreter und religiöse Institutionen von Bestrafungen Gottes aufgrund von Fehlverhalten der Betroffenen und deren Familien sprechen. Der Grund von Inzucht ist und war fehlende Population, also ein gesellschaftliches und kein rein menschliches

Problem. Aus der Not eine Tugend zu schaffen und zudem Machtansprüche ableiten, ist wirklich unverständlich und schlicht und einfach absurd.

Mit welchem Druck und menschlicher Verachtung die Konduktorinnen der Bluterkrankheit zu kämpfen hatten, beschrieb Ernst Zahn sehr eindrücklich in seinem Buch „Die Frauen von Tanno".

Die ständigen Befürchtungen und beklemmenden Ängste, vom Teufel besessen zu sein und die damit drohende gesellschaftliche Ausgrenzung mussten sich fatal auf diese Frauen ausgewirkt haben.

1.2.4 Das Soziale bei Behinderungen und mit Behinderten

Von einer Behinderung wird gesprochen, wenn Menschen in ihrer körperlichen Funktion, geistigen Fähigkeit oder seelischen Gesundheit während längerer Zeit oder dauernd von dem für das Lebensalter typischen Zustand abweichen und daher ihre Teilhabe am Leben in der Gesellschaft beeinträchtigt ist.

Hinsichtlich der Ursachen lässt sich zwischen erworbenen und angeborenen Behinderungen unterscheiden. Sie können während der Geburt, durch Krankheit, durch körperliche Schädigungen, durch Alterungsprozesse, durch Vererbung und durch vor der Geburt eingetretene Schädigungen entstehen. Behinderungen können auch als Kombination aus mehreren Ursachen und Folgen auftreten oder weitere Behinderungen zur Folge haben.

Die Eidgenössische Invalidenversicherung (IV) richtete 2021 an rund 460 000 Personen Leistungen aus. Sie schloss 2021 bei Ausgaben von 9,8 Milliarden mit einem Defizit von 0,4 Milliarden Franken (Umlageergebnis) ab. Den größten Ausgabenanteil bildeten die Renten mit 5,5 Milliarden Franken. Von 248 200 Invalidenrenten wurden 219 900 in der Schweiz und 28 300 im Ausland ausgerichtet. Die Eingliederungsmaßnahmen kosteten rund zwei Milliarden Franken und kamen 217 200 Versicherten zugute. 11 600 Leistungen wurden für medizinische Maßnahmen erbracht (vor allem bei Kindern mit Geburtsgebrechen), gefolgt von den Ausgaben von Hilfsmitteln an 67 500 Personen. Für 54 000 Personen vergütete die IV Maßnahmen zur beruflichen Eingliederung im Umfang von 849 Millionen Franken.

Sie werden sich fragen, was ich mit diesen Aussagen bezwecke. Diese Anmerkungen sollen lediglich verdeutlichen, dass das Problem Behinderung einerseits mehr Personen betrifft, als allgemein angenommen wird und zudem jeden treffen kann. Somit dürfte dies auch von allgemeinem Interesse sein.

Durch die sukzessive Auflösung der Großfamilie, wie sie früher vor allem in ländlichen Gegenden bestand, hat sich auch der Umgang mit Behinderten stark verändert. Kirchen und andere karitative Einrichtungen betrachteten es als ihre Aufgabe, Kinder und Erwachsene mit einer Behinderung zu fördern und zu pflegen. Seit dem 20. Jahrhundert wurde Pflege und schulische Förderung von Invaliden sukzessiv auch zur staatlichen Aufgabe.

Im Laufe der vergangenen 60 Jahre haben der Staat, die Behindertenorganisationen und Selbsthilfegruppen sehr viel zum Nutzen und Wohle der Behinderten beigetragen.

Wichtige Leitgedanken sind dabei:

- Behinderte Menschen brauchen soziale Teilhabe in der Gesellschaft anstatt Einzelpflege.
- Behinderte Menschen brauchen in öffentlichen und privaten Bauten überlegte Planung statt Barrieren-Einrichtung.
- Behinderte Menschen brauchen Respekt statt Diskriminierung.
- Behinderte Menschen brauchen integrierte Teilhabe statt vorgeburtlicher Selektion und gesellschaftlich institutionelle Ausgrenzung.

Auch in der Religion spielte die Behinderung von Menschen stets eine Rolle. Eine Erbkrankheit wurde vielfach auch als Strafe und Fluch für eine Familie gedeutet. Je nach Auftritt und Begleiterscheinungen von Erbkrankheiten sprach man auch von von Geistern besessenen Menschen. Durch solche Deutungen wurden Betroffene wie auch ihre Familien während gewissen Zeitepochen buchstäblich von der Gesellschaft gemieden und ausgegrenzt. Dies führte in den eigenen Familien dazu, dass Behinderte besonders behutsam und gut betreut wurden. Damit versuchten viele Eltern und übrige Familienmitglieder, sich von der ihnen zu Unrecht angelasteten Schuld zu befreien.

Solches Verhalten der Gesellschaft gegenüber den Betroffenen und ihren Familien ließ aber auch große Wut und Aggression entstehen. Wenn heute grundsätzlich solche Verhaltensweisen auch nicht mehr bestehen, so verhalten sich Mitmenschen trotzdem häufig ablehnend und distanziert gegenüber behinderten Mitmenschen.

Nicht umsonst leben behinderte Menschen deshalb oft isoliert und zurückgezogen. Die Folgen sind, dass Behinderte sich nicht verstanden fühlen und eigensinnig, frustriert, oft aggressiv und einsam werden können.

Bei der Hämophilie handelt es sich bekanntlich um eine angeborene und vererbbare Behinderung. Das Seltsame und Belastende zugleich ist, dass es sich bei dieser Behinderung nicht um einen eigentlichen Dauerzustand, sondern um stetige Veränderungen, ausgelöst durch allfällige Blutungen, handelt. Diese unkalkulierbare Ungewissheit führt zu erhöhter Unsicherheit und zusätzlichem Angstverhalten. Das führte bei mir so weit, dass ich mir in jungen Jahren, sofern dies sein musste, einfach eine ständige Behinderung in einem gegebenen, aber stetigen Zustand wünschte. Dadurch hätte ich mich auf einen vorhandenen IST-Zustand einstellen können.

Die Folgen meiner Erstbehinderung bewirkten, dass ich aufgrund von Blutungen am Fuß- und Kniegelenk links massive Versteifungen hatte und damit verbunden an Bewegungsfreiheit einbüßte, infolge von Operationen in der Beckengegend links an Stabilität verlor und mir letztlich seit der Infektion in der Hüfte und Entfernung der künstlichen Prothese die Hebelwirkung in der Hüfte fehlt und ich nun auf Krücken angewiesen bin. Die ursprünglich vererbte Behinderung hat sich bei mir damit größtenteils zu einer erworbenen gewandelt.

Von solchen Mehrfachbehinderungen bleiben heute dank der vorhandenen Gerinnungspräparate Bluter mit einer mittelschweren Hämophilie, wie ich sie habe, glücklicherweise verschont.

Meine nachfolgenden Ausführungen zum Thema Behinderung sind rein persönliche Erfahrungen und

Wahrnehmungen. Sie sind weder wissenschaftlich belegt noch aufgrund spezifischer Betrachtungen oder Aufzeichnungen nachweisbar. Es handelt sich um rein persönliche Feststellungen und Deutungen.

Eine Behinderung kann sichtbar oder eben visuell nicht wahrnehmbar sein. Körperliche Behinderungen sind weitgehend sichtbar. Geistige Behinderungen sind relativ schnell feststellbar. Psychische Behinderungen oder eben genetisch bedingte Störungen wie die Hämophilie sind von außen her nicht wahrnehmbar und lösen in der Gesellschaft, sofern sie bekannt werden, Berührungsängste und teilweise Blockierung aus. Die Mitmenschen begegnen den betroffenen Personen dann oft mit Mitleid oder Abwendung. Mitleid oder Selbstmitleid ist für jede behinderte Person jedoch Gift. Was ihr nützt, ist, wenn Mitmenschen möglichst natürlich und normal auf sie zukommen und sich mit ihnen unterhalten wie mit gesunden Mitmenschen. Wenn dies passiert, fühlt sich die behinderte Person von der Gesellschaft akzeptiert und getragen. Damit wird ihr Selbstvertrauen gestärkt und ihr Selbstwertgefühl gefördert.

Setzen wir uns als Gesellschaft das Ziel, dass auch behinderte Mitmenschen am sozialen und beruflichen Leben als vollwertige Mitglieder der Gesellschaft teilhaben sollen, so genügt es nicht, dass gesunde Menschen sich mittels Spenden und anderer materieller Unterstützung praktisch aus der Verantwortung stehlen und sich von dem persönlichen Engagement gegenüber Behinderten loskaufen. Wichtiger denn Geld sind für behinderte Menschen nämlich persönliche Kontakte und Anerkennung. Unverständlich, ungerecht, ja verwerflich ist besonders, wenn gewisse politische Gruppierungen sich heutzutage sogar dazu hinreißen lassen, mit menschenunwürdiger Respektlosigkeit und völliger Selbstverständlichkeit behinderte Personen zu diskriminieren, um aus deren Lage politisches Kapital zu schlagen. Hier wäre unsere Gesellschaft, aber besonders auch die Medienwelt gefordert, durch ihr Verhalten solchen Ungerechtigkeiten Grenzen zu setzen, anstatt sie wie heute vielfach zu unterstützen und damit Ausweitungen zu fördern.

Bedenklich aus heutiger Sicht ist vor allem auch, dass wir Menschen immer mehr isoliert, jeder für sich allein oder höchstens in einem kleinen Bekanntenkreis und möglichst unbeschwert unser Dasein auf dieser Erde fristen. Dadurch gehen einst wichtige gesellschaftliche Grundwerte wie Verantwortung, Zusammengehörigkeitsgefühl und echtes Heimatgefühl verloren. In einer solchen Welt hat sich auch der Spielraum für behinderte Mitmenschen im negativen Sinne verändert. Obwohl durch bessere persönliche Betreuung, finanzielle Unterstützung bei Anschaffungen von technischen Einrichtungen und Hilfsmitteln und durch behindertentaugliche bauliche Maßnahmen das Leben vieler behinderter Menschen erleichtert wurde, fand gleichzeitig eine vermehrte Ausgrenzung für Menschen mit Behinderungen statt. Diesen Trend zu stoppen, muss das Ziel von uns allen und somit der Gesellschaft sein. Durch die Corona-Pandemie, die mittlerweile bereits mehr als zwei Jahre anhält, hat sich die Negativspirale im sozialen Gesellschaftsbereich noch massiv verschärft und droht uns Menschen allmählich an die Belastungsgrenze zu führen. Damit dieser Zustand in Grenzen gehalten werden kann, sind wir als Gemeinschaft aufgerufen und ferner jede und jeder für sich die persönlichen Ressourcen zu bündeln und sie solidarisch einzusetzen. Nur so werden wir uns aus dieser misslichen Lage befreien können.

Aus meiner Sicht beurteilt spielt es auch eine große Rolle, ob jemand von Geburt an behindert ist oder erst später durch eine körperliche Schädigung behindert wird. Während Ersterer kein normales Leben kennt, muss ein Mensch mit einer später eintretenden Behinderung sich erst noch an diesen Zustand gewöhnen. Aus meinen persönlichen Erfahrungen konnte ich feststellen, dass auch bei einer ständigen Verschlechterung der körperlichen Verfassung nach meiner vererbten Behinderung die jeweiligen Anpassungen an die neuen Situationen verhältnismäßig glimpflich verliefen. Eine Rehabilitation und die Akzeptanz in der Gesellschaft sind für eine behinderte Person mit einer späteren Behinderung jedoch sicher einfacher. Hier sind nämlich die Rahmenbedingungen in persönlicher, beruflicher und materieller Hinsicht, welche für eine Eingliederung enorm wichtig sind, weitgehend bekannt. Allein durch den Sachverhalt, dass bei diesen Personen die Fähigkeiten und der bisherige Leistungseinsatz und somit die Stellung der Person in der Gesellschaft bekannt sind, wirkt sich dies in vielen solchen Fällen positiv auf eine Eingliederung aus. Die Integration einer solchen Person in der Gesellschaft ist zudem auch aufgrund ihres persönlichen Hintergrunds normalerweise einfacher.

Durch den laufenden Ausbau der Sozialgesetzgebung in den letzten 70 Jahren hat sich auch die wirtschaftliche Lage für behinderte Personen verbessert. Einschulungs-, Ausbildungs- und Umschulungsprojekte dienen dazu, den Behinderten den Eintritt oder den Wiedereintritt in das Berufsleben zu ermöglichen oder zu erleichtern.

Mit der Einführung der Invalidenversicherung, der obligatorischen Unfallversicherung, der obligatorischen Krankenpflegeversicherung, der obligatorischen Pensionskasse und der freiwilligen Kollektivtaggeldversicherung in den meisten Betrieben in der Schweiz haben nun auch erwerbstätige behinderte Personen mit Erbkrankheiten die Möglichkeit, sich zu versichern und damit ihre Existenz sicherzustellen. Dies war zur Zeit meines Berufseintritts noch nicht der Fall. Diese Möglichkeiten bestehen jedoch auch heute nur bei Vorliegen eines Arbeitsvertrages als unselbständig erwerbende Person (Lohn- bzw. Gehaltsempfänger). Da für selbstständig Erwerbende (Selbständige) außer bei der AHV/IV/EO kein obligatorischer Versicherungszwang besteht, müssen sie sich nicht versichern und tun sie es doch, so handelt es sich um einen freiwilligen Versicherungsschutz. Das kann zur Folge haben, dass sich die Versicherungsgesellschaften je nach bestehenden Krankheiten weigern, mit einem behinderten Versicherungsnehmer einen Versicherungsvertrag abzuschließen.

Dass auch heute noch keine obligatorische Kollektivkrankentaggeldversicherung besteht, ist eigentlich aus gesellschaftlicher Sicht nur schwer nachvollziehbar.

Als ich mich im Jahre 1986 selbständig machte, war ich aufgrund meines Gesundheitszustandes und meiner bestehenden Erbkrankheit gezwungen, eine Aktiengesellschaft zu gründen. Als Angestellter in meiner eigenen Aktiengesellschaft, obwohl faktisch als Einzelunternehmer tätig, galt ich als unselbständig Erwerbender und konnte mich somit problemlos in allen obligatorischen Versicherungsbereichen versichern. Diese Situation zeigt deutlich auf, dass es sich bei den Versicherungsgesellschaften nicht um Wohltätigkeitsinstitutionen handelt, sondern um knallhartes Business. Rein rational beurteilt war dieses Vorgehen, eine AG zu gründen, für mich nicht erklärbar und unter Berücksichtigung der effektiven wirtschaftlichen Verhältnisse ungerecht, rechtlich betrachtet jedoch zulässig und letztlich existenziell zwingend.

Als Denkanstoß für alle Menschen beiderlei Geschlechts, die sich mit behinderten Menschen beschäftigen, sei dies als Elternteil, Lehrer, Pflegefachmann, Berufsberater, Arzt, Sachbearbeiter von sozialen Institutionen und Versicherungsgesellschaften halte ich fest, dass Zuhören, sich Zeit nehmen, sich in die Lage des Behinderten versetzen und einfühlen sehr wichtig ist. Ein Vertrauensverhältnis mit einer behinderten Person aufzubauen und zu gewinnen, braucht immer etwas mehr Zeit als bei einem gesunden Menschen. Sehr viele behinderte Menschen sind durch ihr Schicksal und ihre oftmals erlebten negativen Erfahrungen vorsichtiger, skeptischer und eher misstrauischer. Als Behinderter setzt man sich zudem viel intensiver mit seinem Körper und der damit verbundenen Wahrnehmung auseinander. Diese innere Wahrnehmung verschafft dem Behinderten je nach Krankheit und momentanem Zustand ein spezielles Empfinden. Solche persönlichen Empfindungen können bei einer Beurteilung von konkreten Sachverhalten sehr hilf- und erfolgreich sein. Dank dem, dass ich meinen Körper sehr gut kenne, kann ich heute praktisch immer genau sagen, wann ein bei mir auftretender Schmerz von einer Blutung herrührt oder nicht. Dieses Sensorium ist das Resultat eines langjährigen Abtastungs-Findungs-Erkenntnis-Prozesses.

Auf der Suche nach Hoffnung und Gerechtigkeit einerseits und Hilfe, Unterstützung und Anerkennung andererseits entwickelt sich beim Behinderten auch eine andere Persönlichkeit. Die Gefahr des andersartigen Lebens führt oft dazu, dass er ungeduldig, fanatisch und explosiv wird. Viele behinderte Personen entwickeln auch einen übermäßigen Gerechtigkeitssinn. Obwohl eine absolute Gerechtigkeit aus meiner Sicht erstrebenswert wäre, wird sie in der Gesellschaft und von einzelnen Mitmenschen oftmals gar nicht gewünscht. Allfällige Niederlagen bei gerichtlichen Auseinandersetzungen werden von behinderten Menschen viel ausgeprägter empfunden. Dies ist möglicherweise darauf zurückzuführen, dass behinderten Mitmenschen ein kleineres Spielfeld für das Ausleben ihrer Persönlichkeit zur Verfügung steht.

Ein fröhliches Gemüt, positives Denken und ein adäquates Denkmuster sind die maßgebenden Faktoren für den Aufbau eines persönlichen Steuerungssystems. Daneben müssen Körper, Geist und Seele in Einklang sein. Stimmen diese Elemente überein, lassen sich auch schwierige Situationen meistern.

Das Ganze spielt sich wie bei einem Räderwerk ab. Betrachten wir die einzelnen Elemente als Einzelräder und verbinden wir diese mit einem Keilriemen, so entsteht ein Zusammenwirken als Räderwerk. Solange keine Störungen bei den Rädern oder beim Keilriemen auftreten, funktioniert das Räderwerk problemlos. Kommt Sand ins Getriebe, wo immer dies auch sei, gerät das Räderwerk ins Stottern oder zum Stillstand. Damit das Räderwerk wieder auf Kurs kommt, sind entsprechende Vorkehrungen nötig. Analog verhält es sich bei der Steuerung unserer Emotionen und der Vernunft.

Dieses Bild zeigt uns auf, dass auch behinderte Personen persönlich gefordert werden müssen. Es kann sicher nicht sein, dass allein die Gesellschaft die Probleme der Behinderten lösen soll. Die Grundhaltung und das Ziel jeder behinderten Person müssen vielmehr darin bestehen, dass sie ihre persönliche Selbstverantwortung so weit als möglich selbst wahrnimmt. Strebt sie dieses Ziel an und gelingt es ihr, ihre Vorhaben ganz oder teilweise zu realisieren, so erlebt sie ihre Selbstverwirklichung und gewinnt gleichzeitig an Selbstvertrauen und Selbstsicherheit. Positives Denken, eine gute Portion Humor, sich nicht aufgeben, stets kontaktfreudig leben und nach dem Guten im Leben trachten, das sind Ansätze, die jedem Menschen weiterhelfen. Was ein Mensch aus seinem Leben macht, steht letztlich zu einem großen Teil in seiner Macht.

Abschließend halte ich fest, dass aus meiner persönlichen Erfahrung und den damit gewonnenen Erkenntnissen das Schicksal einer Behinderung durchaus eine Chance sein kann. Gelingt es einem Menschen, seine Behinderung zu akzeptieren und verfügt er über die psychischen Kräfte, den erforderlichen Lebens- und Leistungswillen aufzubringen und ist er bereit, sein Bestes zu geben, so kann eine behinderte Person Kräfte und Wahrnehmungen entwickeln, die einem Menschen ohne Behinderung schlicht und einfach fehlen. Damit ein Mensch zu einer Persönlichkeit wird, muss er Erfolge erleben und Niederlagen einstecken können. Wichtig zu wissen ist zudem, dass der Mensch sich vorwiegend aufgrund seiner Niederlagen weiterentwickelt. In einem sogenannten normalen Leben werden Menschen generell sicher weniger gefordert.

Leider verfügen viele behinderte Mitmenschen aber nicht über diese Voraussetzungen zur Persönlichkeitsbildung und für sie alle bedeutet eine Behinderung dann nur Schicksal mit all den negativen Auswirkungen. Diesen Mitmenschen persönlich und finanziell beizustehen und sie moralisch zu unterstützen, muss das Ziel von uns sein.

1.2.5 HIV und Aids

HIV und Aids sind nicht dasselbe. Das Immunschwäche-virus HIV geht in die Blutbahn und greift das körpereigene Immunsystem so stark an, dass der Körper gegen Krankheiten und Infektionen machtlos ist. Es kann Viren oder Bakterien nicht mehr bekämpfen. Wird HIV nicht behandelt, kann sich Aids entwickeln, und es können schwerwiegende Erkrankungen auftreten. Bei HIV handelt es sich also um ein menschliches Immunschwä-che-Virus. Das bedeutet, dass ein Anteil der sogenannten T-Helferzellen, das sind Leukozyten im Blut, die bedeutsam für die Immunabwehr im Körper verantwortlich sind, langsam durch das HI-Virus zerstört wird.

Im späteren Verlauf ist das eine besondere Art der Lungenentzündung, Pilzbefall in der Speise- und in der Luftröhre oder auch Krebs, wie etwa das Kaposi-Sarkom. Bei rechtzeitiger Therapie kann Aids vermieden werden und Symptome sogar rückgängig gemacht werden.

A Der Krankheitsverlauf
Es gibt drei Phasen der HIV-Infektion:

I. Akute HIV-Infektion
Erste Anzeichen können sein: Grippeähnlicher Zustand mit Fieber, Lymphknotenschwellungen, Nachtschweiß, Appetitverlust und Hautausschlag.

In dieser ersten Phase werden die Abwehrmechanismen des Immunsystems geschwächt. Die Viren wirken sehr aggressiv auf das Immunsystem ein.

II. Latenzphase

Das Immunsystem gewinnt vorübergehend Oberhand über die Viren, die Viruslast sinkt und es beginnt eine unterschiedlich lange Phase ohne spürbare Symptome. Diese Phase kann einige Jahre dauern. Doch auch wenn die infizierte Person noch keine Krankheitsanzeichen verspürt, verringert sich allmählich die Zahl der für das menschliche Immunsystem so wichtigen CD4-Helferzellen.

Ohne antiretrovirale Medikamente wird die körperliche Abwehr immer schwächer und schon eigentlich harmlose Krankheitserreger führen zu sogenannten opportunistischen* Infektionen. Damit geht die Erkrankung in das Aids-Stadium über.

III. Aids-Stadium

Bakterien, Pilze und Viren, die bei einem gesunden Menschen nur selten eine Erkrankung verursachen, können sich ungehindert ausbreiten, weil die Abwehr des Körpers geschwächt ist. Eine seltene Form von Lungenentzündung, Schäden am Gehirn und bestimmte Krebserkrankungen führen dann ohne Behandlung meistens zum qualvollen Tod.

B Chronologie über 40 Jahre Aids
B1 Im Jahre 1981

Im Juni 1981 schrieben US-amerikanische Ärzte zum ersten Mal über eine Krankheit, die scheinbar vor allem homosexuelle Männer traf. Sie waren vorher gesund gewesen, hatten keine ernsten Vorerkrankungen. Schon bald wurde HIV beziehungsweise Aids zur tödlichsten Pandemie in der jüngsten Geschichte. Am Anfang der Pandemie wurden die meisten Fälle der Immunschwächekrankheit Aids als seltene Form einer Lungenentzündung gesehen.

B2 Im Jahre 1982

Große Verwirrung entstand, als in Miami Haitianer erkrankten, die nicht homosexuell waren. Auch Neugeborene und Bluterkranke in New York waren betroffen. Mittlerweile gab es über 400 Erkrankte, wovon 270 starben. In Fachkreisen war man sich zunehmend darüber einig, dass der Erreger ein Virus sein müsste, das über Spermien (Geschlechtsverkehr) und Blut übertragen werde.

Es wurde daher gefordert, die Saunen der Homosexuellen in Los Angeles und San Francisco, in denen eine besondere freizügige Sexualität praktiziert wurde, zu schließen sowie Homosexuelle nicht mehr als Blutspender zuzulassen. Diese beabsichtigten Maßnahmen trafen auf erbitterten Widerstand der Homosexuellenbewegung, die sich im puritanischen Amerika gerade zu emanzipieren begann und eine erneute Diskriminierung befürchtete. Auch die Blutprodukte-Industrie lehnte zusätzliche Kontrollen aus Kostengründen ab.

Einen spezifischen Test auf das HI-Virus gab es noch nicht, denn das Virus war noch nicht identifiziert. Doch viele Forscher und Institute, unter ihnen Luc Montagnier vom Pasteur-Institut in Paris und Robert Gallo in den USA, suchten nach dem Erreger. Es ging dabei nicht nur um die Forscherlehre. Im Mittelpunkt stand auch die patentrechtliche Nutzung eines serologischen

Antikörpertest, mit dem eine HIV-Infektion nachgewiesen werden kann.

B3 Im Jahre 1984

Im Oktober 1984 wurde das Virus von Luc Montagnier in Paris zweifelsohne identifiziert. Aber auch Robert Gallo beanspruchte die Ehre, es entdeckt zu haben. Eine solche unerfreuliche Konkurrenzsituation ist in der Wissenschaft nicht ungewöhnlich. Bei einem Treffen in Paris einigten sich die Forscher und sowohl Gallo als auch Montagnier wurde der Verdienst der Virus-Identifikation zugesprochen. Bis zu diesem Zeitpunkt waren weltweit 4 100 Menschen erkrankt und weitere 2 900 verstorben. Die Krankheit erhielt jetzt offiziell den Namen „AIDS – Acquired Immunodefciency Syndrome", also „Erworbenes Immunschwäche-Syndrom". 1984 wurde auch der erste Antikörper-Test vorgestellt.

B4 Im Jahre 1985

Endlich wurde ein Testverfahren entwickelt und in der Öffentlichkeit vorgestellt. Es gestattete den Nachweis von Antikörpern, die das Immunsystem der Infizierten gegen das Virus gebildet hatten. Zu diesem Zeitpunkt waren in den USA bereits 6.300 Menschen an der Krankheit verstorben. Im November 1985 fand der erste große AIDS-Schweigemarsch im Gedenken an die vielen Opfer dieser Krankheit statt.

HIV betraf immer mehr Menschen. Das Virus breitete sich weltweit immer schneller und immer weiter aus. Viele berühmte Persönlichkeiten starben weltweit an Aids, darunter Musiker, Fotografen und Schauspieler. Im Jahre 1985 ist der homosexuelle Hollywood-Star

Rock Hudson der erste prominente Aids-Kranke. Das veränderte bei vielen die Wahrnehmung dieser Krankheit.

Hudson war lange Zeit der Inbegriff eines Herzensbrechers gewesen, spielte in vielen Komödien und galt zu seiner Zeit als Traum aller Schwiegermütter. Dann erkrankte er an Aids und gab der Krankheit ein Gesicht. 1985 starb er.

Durch unsere behandelnden Ärztinnen und Ärzte der Hämophilie-Zentren wurden wir Bluter auf das Problem einer möglichen HIV-Infektion angesprochen. Da ich zur fraglichen Zeit mehrmals mit Gerinnungspräparaten versorgt wurde, bestand eine akute Gefahr, dass ich durch HIV infiziert werden würde. Meine zuständige Ärztin empfahl mir deshalb dringend, den HIV-Test machen zu lassen. Letztlich ging es ja nicht nur um mich, sondern auch um die Feststellung einer allfälligen HIV-Infektion bei meiner Ehefrau Yvonne. Nach anfänglichem Zögern entschied ich mich im November 1985 für den Test. Nach bangem Warten wurde mir Anfang Dezember das Resultat mitgeteilt: „HIV-positiv".

B5 Im Jahre 1986

Mit AZT*, einem Nukleosidanalogon*, stand erstmals ein Medikament gegen das HI-Virus zur Verfügung. Es konnte die Krankheit zwar nicht heilen, hemmte aber die Vermehrung der Viren und wirkte so lebensverlängernd für die Patienten.

Ende der 80er outeten sich immer mehr Menschen, die im Licht der Öffentlichkeit standen. Die meisten unbekannten HIV-Positiven aber erfuhren vor allem Stigmatisierung und Diskriminierung.

164

B6 Im Jahre 1988

In rasantem Tempo griff die Aids-Pandemie weiter um sich und mehr als 100 Länder waren betroffen. So riefen die Vereinigten Nationen 1988 den Welt-Aids-Tag aus. Seitdem findet er jedes Jahr unter einem bestimmten Motto am 1. Dezember statt. Der Welt-Aids-Tag 2021 trägt das Motto „Ungleichheiten beenden. Aids beenden. Pandemien beenden".

B7 Im Jahre 1996

Es war das Jahr erster Hoffnungen. 1996 machte die Aids-Forschung einen großen Schritt. Die Präsentation der Kombinationstherapie führte auf dem Welt-Aids-Kongress in Vancouver (Kanada) zu einer regelrechten Euphorie, denn sie ließ hoffen. Zum ersten Mal wurden sogenannte antiretrovirale Mittel eingesetzt. Sie bremsen das Virus. Dabei werden mehrere Medikamente miteinander kombiniert. Sie verhindern, dass sich die Viren im Körper weiter ausbreiten und Aids mit all seinen Folgen ausbrechen kann. Bis heute gilt diese Kombinationstherapie als HIV-Standardbehandlung. Betroffene müssen die Medikamente ihr Leben lang einnehmen, denn die Mittel können das Virus nicht aus dem Körper entfernen. Aids ist also behandelbar, aber nicht heilbar.

Durch eine gute Therapie kann die Viruslast im Körper auf ein Minimum gesenkt werden und ist dann bestenfalls so niedrig, dass sie gar nicht mehr nachzuweisen ist. HIV-Positive können andere Personen nicht mehr anstecken und HIV/Aids ist kein Todesurteil mehr.

B8 In den Jahren 1997 bis 2004
Die Erfolge in der Therapie von HIV-Kranken sind begrenzt. Zwar sind die Überlebenszeiten insbesondere in westlichen Ländern aufgrund der Kombinationstherapie beträchtlich gestiegen. Doch sobald die Medikamente abgesetzt werden, vermehren sich die Viren relativ schnell wieder. Es zeigte sich, dass sich das HI-Virus mit den bisher entwickelten Medikamenten nicht vollständig eliminieren lässt. Da zudem HI-Viren ständig mutieren und über kurz oder lang Resistenzen gegen die Medikamente bilden, ist es notwendig, immer wieder neue Medikamente zu entwickeln.

Aids wurde weltweit zum Schreckgespenst des ausklingenden 20. Jahrhunderts und bestimmte den Alltag und das Sexleben. Es scheint das Ende der freien Liebe zu sein, die in den 70er Jahren propagiert worden war. Die Angst geht um, sich zu infizieren. Kondome haben Hochkonjunktur. Sie galten und gelten noch immer als sicherer Schutz vor dem zerstörenden Virus.

B9 Im Jahre 2005
Auf circa 38.6 Millionen schätzt UNAIDS, das HIV/Aids Weltbekämpfungsprogramm der Vereinten Nationen, die Zahl der weltweit mit HIV-infizierten Menschen. 17,3 Millionen davon sind Frauen. Mit knapp 24.5 Millionen am stärksten betroffen ist das südliche Afrika. Dort leben schätzungsweise 12,1 Millionen Aidswaisen. Doch auch in Asien breitet sich die Epidemie dramatisch weiter aus. Allein im Jahre 2005 wurden weltweit schätzungsweise 4,1 Millionen Neuinfektionen verzeichnet.

B10 Im Jahre 2016

PrEPs sind die neuen Hoffnungsträger. 2016 bekommt das Medikament Truvada von der Europäischen Kommission die Zulassung als PrEP – Präexpositions-Prophylaxe* – ein vorbeugendes HIV-Medikament. Durch die Einnahme können sich HIV-negative Menschen vor einer Infektion mit dem HI-Virus schützen. PrEPs richten sich an besonders gefährdete Personengruppen mit erhöhtem Ansteckungsrisiko. Dazu gehören bspw. Männer, die mit Männern Sex haben.

Die PrEP setzt sich aus zwei HIV-Medikamenten zusammen. Sie wird vor dem Geschlechtsverkehr genommen. Bei einer dauerhaften und täglichen Einnahme unterbindet sie eine HIV-Infektion zu über 95 Prozent. Schutz gegen andere STTs (Sexuell übertragbare Infektionen) bieten diese Medikamente aber nicht. Da ist das Kondom immer das Mittel der Wahl.

B11 Das Ziel von UNAIDS

UNAIDS, das gemeinsame Programm der Vereinten Nationen, hatte ein ehrgeiziges Ziel: 90-90-90 stehen für die Prozentzahlen, die bis zum Jahr 2020 erreicht werden sollten:

- 90 Prozent der Betroffenen sollten über ihre Infektion informiert sein.
- 90 Prozent der Menschen mit der Diagnose HIV sollten eine antiretrovirale Therapie bekommen – lediglich 84 Prozent wurden 2020 erreicht.
- Von den anvisierten letzten 90 Prozent, die so gut mit dem Medikament eingestellt werden sollten, dass das

Virus nicht mehr nachgewiesen werden kann, lag die erreichte Prozentzahl bei gerade mal 66.

Das Ziel wurde 2020 also nicht erreicht und wurde auf 2030 verschoben.

B12 Weltweite Organisationen gegen Aids

Wenn auch unverständlich, ergeben Umfragen immer noch, dass viele Menschen den Unterschied von HIV und Aids nicht kennen, darunter auch viele Jugendliche. Aufklärung ist somit nach wie vor wichtig. Dies haben sich nationale und internationale Organisationen unter anderem zur Aufgabe gemacht. Dazu gehört bspw. die International Aids Society (gegründet 1988), der weltweit größte Verband von HIV-Experten mit Mitgliedern in mehr als 170 Ländern.

B13 Der Wunsch einer Impfung

Einen Impfstoff gegen HIV zu entwickeln, ist kompliziert. Das Virus hat eine dreidimensionale Oberflächenstruktur, die zur Hälfte glykosyliert* ist. Diese anzugreifen, ist für das Immunsystem und auch für einen potentiellen Impfstoff schwierig. Das Immunsystem ist darauf angewiesen, den Gegner zu erkennen. Verändert der sich ständig, gelingt das nicht. Das ist beim HI-Virus der Fall. Es täuscht das Immunsystem immer wieder und scheint der Forschung ständig einen Schritt voraus zu sein. Bis die Forschung einen Impfstoff mit hoher Schutzwirkung entwickelt, besteht die Therapie der Wahl nach wie vor in antiretroviralen Medikamenten.

B14 Aktuelle HIV-/Aids-Statistik

Weltweit leben rund 38 Millionen Menschen mit HIV, das Aids auslösen kann. Seit dem Beginn der Pandemie sind 36.3 Millionen an den Folgen von Aids gestorben.

B15 Meine persönlichen Erfahrungen mit HIV

Aufgrund des Wissenstands über diese Krankheit und im Wissen, dass sie bis heute nicht heilbar ist, sind Information und Prävention die wichtigsten Maßnahmen im Kampfe gegen diese Virus-Erkrankung. Sich an solche epidemischen, gesellschaftlichen Zustände zu gewöhnen ist schwierig. Die Kombinationstherapien dürfen ferner nicht dazu verleiten, dass sich gesunde Menschen im Falle einer Ansteckung infolge Missachtung von Präventionsmaßnahmen von falschen Heilungschancen blenden lassen. HIV ist also ein Gesellschaftsproblem und betrifft und verpflichtet uns alle.

Ein HIV-Infizierter muss sich bewusst sein, dass auch eine Kombinationstherapie keine Heilung verspricht, sondern lediglich den Krankheitsverlauf verlangsamt und seine Lebenserwartung erhöht. Entscheidet sich ein Betroffener für eine Kombinationstherapie, so muss er sich daran gewöhnen, täglich mehrere Tabletten einzunehmen. Anfänglich waren dies bei mir bis zu 18 Tabletten.

Dabei sind Nieren- und Leberschäden und Begleiterscheinungen wie Müdigkeit, Unwohlsein, Magenbeschwerden und Durchfall nicht zu unterschätzen. Bis vor einigen Jahren mussten diese Medikamente zudem in Zeitabständen von acht Stunden eingenommen werden. Dies wirkte sich bei mir dann so aus, dass mein Tagesablauf praktisch von sechs Uhr morgens bis zehn Uhr abends von diesen Medikament-Einnahmen bestimmt

wurde. Meine Lebensfreiheit wurde damit sehr eingeschränkt und dies wiederum wirkte sich belastend auf
mich aus. Ich begann mit dieser antiretroviralen Therapie im Jahre 1992. Infolge einer Resistenz eines Medikamentes und dementsprechend erhöhter Viruswerte
musste bei mir vor einigen Jahren die erste Kombinationstherapie geändert werden.

Mittlerweile hat sich die Anzahl der täglich einzu-
nehmenden Tabletten auf drei reduziert, nämlich eine
Tablette morgens und zwei Tabletten abends. Dieser Zustand wirkte wohltuend auf mich und verschaffte mir
mehr Lebensqualität.

1.2.6 Die sozialen Auswirkungen von HIV

Behinderung bedeutet für einen Menschen massive Einschränkungen der Lebensqualität und teilweise Ausgrenzung aus der Gesellschaft. Die Zugehörigkeit zur Gesellschaft bleibt aber grundsätzlich trotzdem noch erhalten.

Eine HIV-Infektion bedeutet jedoch für eine infizierte Person einen Ausschluss aus der Gesellschaft und bewirkt für sie das Gleiche wie eine Todeserklärung. Diese
quasi Todeserklärung beinhaltet einerseits die lauernde
Todesgefahr aufgrund der Erkrankung und andererseits
den Abbruch der zwischenmenschlichen Beziehungen
mit der Gesellschaft. Eine HIV-Infektion wirkt sich für
einen Infizierten somit wie eine Inhaftierung in ein Gefängnis aus. Der Vorteil einer Inhaftierung gegenüber der
Erkrankung an einer HIV-Infektion liegt darin, dass der
betroffenen Person die Möglichkeit der Kommunikation
erhalten bleibt. Bei einer HIV-Infektion muss sich der oder

die Infizierte nämlich darauf einstellen, tunlichst nicht darüber zu kommunizieren. Eine HIV-Infektion bringt den Infizierten in die gleiche missliche Lage wie einst vor vielen Jahren einen Aussätzigen, der ebenfalls auf Gedeih und Verderb von der Gesellschaft ausgegrenzt wurde. Damals wurden Seuchenbefallene von der Gesellschaft abgesondert und in speziell dafür errichtete Infrastrukturen verlegt, wo sie dann starben. Der grundsätzlich nicht erkennbare Unterschied von damals zu heute ist lediglich, dass die Betroffen nicht mehr abgesondert, sondern nur noch von der Gesellschaft ausgeschlossen werden.

In solchen Situationen verliert ein Mensch seine Perspektiven und gleichzeitig wird ihm der Boden unter den Füßen weggezogen. Wird er von einem engsten Auffangnetz von lieben Menschen getragen, überlebt er. Bleibt ihm diese Unterstützung versagt, wird er möglicherweise Suizid begehen oder an Aids sterben.

Wir Menschen als soziale Lebewesen können in den meisten Fällen weder rational noch mental längerfristig überleben, wenn wir isoliert sind. Sich in einer solchen Zwangsjacke zu befinden, ist während einer absehbaren Zeit überwindbar, längerfristig aber kaum auszuhalten.

Eine HIV-Infektion verursacht auch enorme Veränderungen im Sexualleben von betroffenen Personen. Das Ausleben von natürlichen Liebesbeziehungen ist vorbei. Das Motto lautet: „Sex ohne Schutz ist verboten!". Dieser massive Eingriff in die Intimsphäre einer HIV-infizierten Person und dessen Auswirkungen im emotionalen Bereich sind rigoros. Neben dem psychischen Druck auch noch einem drohenden Existenzverlust ausgesetzt zu sein, erhöht die Hoffnungslosigkeit und führt zu erdrückender Ohnmacht.

Da in der Schweiz zwischen obligatorischen und über-obligatorischen Versicherungsbereichen unterschieden wird, wird auch gleichzeitig eine Zweiklassengesellschaft kreiert. Das bedeutet für Infizierte, dass sie sich grundsätzlich nur im obligatorischen Bereich versichern können. Aufgrund eines allenfalls willkürlich gefällten Entscheids durch die Versicherungsgesellschaft kann es möglich werden, dass eine HIV-betroffene Person mindestens für einen Teil auch im überobligatorischen Bereich versichert wird. Je nach Pensionskassenzugehörigkeit kann sich dies merklich negativ auswirken. Entscheidend spürbar sind solche Auswirkungen zudem bei der Krankentaggeldversicherung. Auch dort versuchen die Versicherungsgesellschaften als Vertragspartner, ihre Risiken möglichst tief zu halten. Sie unterbreiten beispielsweise eine maximal versicherbare Lohnsumme im Umfang von zwei Dritteln des Lohnes bei normalem Gesundheitszustand des Versicherten. Eine HIV-Infektion hat somit gravierende finanzielle Auswirkungen bei der Vorsorge und Altersvorsorge. Dadurch kann es passieren, dass auch die Ausfinanzierung der Lebenshaltungskosten im Alter für die betroffene Person nicht mehr garantiert ist.

Eine weitere äußerst gewohnheitsbedürftige Einschränkung entstand oder besteht zudem in der persönlichen Bewegungsfreiheit. Erinnern wir uns nur kurz an die Zeit, in der von gewissen Staaten für Infizierte ein Einreise-Visum verlangt oder sogar ein Einreiseverbot verhängt wurde.

All diese Ereignisse müssten von den Mitmenschen zur Kenntnis genommen werden und sie gleichzeitig anspornen, dass sie ihr Verhalten gegenüber Infizierten überdenken und allenfalls ändern müssten. Ferner wäre es wünschenswert, dass sie ihr Denkmuster anpassen und ihre Solidarität zum Tragen bringen würden. Bei einer HIV-Infektion handelt es sich nämlich nicht um Selbstverschulden der Betroffenen, sondern um Veränderungen und Neuentwicklungen von Viren in der Natur, analog zu dem derzeit wütenden Corona-Virus.

Als Unterschied zwischen Tier und Mensch wird immer wieder der Verstand erwähnt. Ist das die wirkliche Wahrheit, so müsste die Realität im Alltag anders aussehen.

Die HIV-Infizierten warten nun schon mehr als 40 Jahre auf eine Impfung. Bis heute leider vergebens. Umso unverständlicher wirkt sich das aktuelle Verhalten der Impfgegner der Corona-Pandemie auf mich als HIV-Infizierter.

Würden vom Staat und der Gesellschaft für die Impfgegner die gleichen Spielregeln, und zwar betreffend Umfang und hinsichtlich Intensität wie bei der HIV eingeführt und umgesetzt, so würde sich das Problem „Impfung ja oder nein" kurzerhand von selbst lösen. Zurück blieben nämlich nur noch rund drei Prozent aller Impfgegner, das bedeutet allein der fundamentale Kern dieser Gruppierung.

1.2.7 Die Hepatitis C

Hepatitis C ist eine Form von Leberentzündung, verursacht durch das Hepatitis-C-Virus (HCV). Das Hepatitis-C-Virus ist weltweit verbreitet und wird hauptsächlich über Blut übertragen. Die akute Erkrankung verläuft oft ohne ausgeprägte Symptome. Häufig geht die akute Hepatitis C aber in eine chronische Form über. Als chronisch gilt sie, wenn das Erbgut des Erregers, die HCV-RNA, länger als sechs Monate im Blut des Betroffenen nachweisbar ist.

Die chronische Hepatitis C ist eine der häufigsten Ursachen für eine Schrumpfleber (Leberzirrhose) und Leberkrebs (Leberkarzinom). Weltweit verursacht sie etwa 30 Prozent aller Leberzirrhosen und etwa ein Viertel der Leberzellkarzinome.

Nach Schätzungen der Weltgesundheitsorganisation WHO sind weltweit etwa 58 Millionen Menschen chronisch mit Hepatitis C infiziert. Am häufigsten ist die Erkrankung in Europa und im östlichen Mittelmeerraum mit jeweils 12 Millionen Infizierten. Pro Jahr kommt es weltweit zu etwa 1,5 Millionen Neuinfektionen. Im Jahr 2019 starben Schätzungen zufolge etwa 290 000 Menschen an Hepatitis C, in den meisten Fällen aufgrund von Leberzirrhose und Leberkrebs.

A Der Erreger und die Übertragung

Das Hepatitis-C-Virus wurde im Jahre 1988 mithilfe genetischer Methoden (Nachweis des Erbmaterials) erstmals identifiziert. Bei etwa 30 Prozent der Erkrankungen lässt sich im Nachhinein der Infektionsweg nicht mehr nachvollziehen. Erhöhte Infektionsgefahr besteht für Konsumenten von Drogen wie Heroin und Kokain, die intravenös konsumieren und dasselbe Spritzbesteck mit anderen Konsumenten teilen. Tätowierungen und Piercings sind bei Verwendung verunreinigter Instrumente ein Risikofaktor. Häufige Infektionswege sind Verletzung mit spitzen und scharfen Instrumenten (Nadelstichverletzung) bei gleichzeitiger Übertragung von Blut. Auch betroffen waren bis zum Jahr 1990 Hämophilie-Patienten, die bei operativen Eingriffen auf Spenderblut/-plasma oder auf aus Menschenblut hergestellte Gerinnungspräparate angewiesen waren. Damals wurden Hepatitis C und auch B vielfach unbemerkt auf die Patienten übertragen. Mit der Einführung moderner Testverfahren, mit deren Hilfe heute über 99 Prozent Hepatitis-C-positiver Spender identifiziert werden können, besteht nur noch ein minimales Risiko einer Ansteckung durch eine Blutübertragung.

Beim Geschlechtsverkehr wird Hepatitis C im Gegensatz zu einer Hepatitis B nur äußerst selten übertragen. Aber trotzdem sollte man bedenken, dass sich das Virus auch in den Körpersekreten befindet und somit auch sexuell übertragen werden könnte.

B Die Verbreitung und die Diagnostik

Weltweit sind etwa 170 Millionen Menschen mit dem Hepatitis-C-Virus infiziert. Die Diagnose erfolgt durch Nachweis von virusspezifischen Antikörpern gegen Struktur- und Nichtstrukturproteine* mittels Enzymimmunoassays* und Immunoblots* sowie durch Nachweis von Teilen des Virusgenoms (HCV-RNA)* mittels Polymerase-Kettenreaktion (RT-PCR)*. Liegt ein sicher positiver Antikörpertest und eine im Abstand von mindestens drei Monaten mehrfach negative PCR* vor, so kann von einer früheren, ausgeheilten Infektion ausgegangen werden. Eine Leberbiopsie* vermag zuverlässige Aussagen über das Stadium der Krankheit (Stadium der Gewebeschädigung) zu machen.

C Der Verlauf

Die Hepatitis C ist eine der Infektionskrankheiten, die in der Akutphase aufgrund des meist symptomlosen oder symptomarmen Verlaufs (in 80 Prozent der Fälle) oftmals nicht diagnostiziert wird. Die Erkrankung wird nach einer Inkubationszeit von 20 bis 60 Tagen in vielen Fällen vom Betroffenen gar nicht oder lediglich als vermeintlicher grippaler Infekt wahrgenommen. Die Akutphase geht jedoch in mehr als 70 Prozent der Fälle in eine chronische Verlaufsform über. Aufgrund der hohen Virusvariabilität und der wahrscheinlich spezifischen Unterdrückung einer ausreichenden T-Zell-Antwort kommt es zu einer ständigen Vermehrung des Virus und damit zu einer chronischen Infektion. Bleibt die Infektion dann unbehandelt, so führt sie bei circa einem Viertel der Patienten im Langzeitverlauf nach etwa 20 Jahren zur Leberzirrhose. Außerdem besteht ein erhöhtes Risiko für ein Leberzellkarzinom. Im Verlauf einer chronischen HCV-Infektion kann es zu weiteren, meist antikörpervermittelten Erkrankungen kommen.

D Die Therapien

Eine chronische Hepatitis-C-Infektion ist heute in den allermeisten Fällen unkompliziert heilbar. Bis vor wenigen Jahren war die Standardbehandlung eine Kombination von Interferon und Ribavirin über eine Dauer von 24 bis 48 Wochen. Abhängig von dem beim Patienten vorliegenden Genotyp des Virus bestand mit dieser Therapie eine Chance von etwa 50 bis 80 Prozent, das Virus dauerhaft zu eliminieren. Diese Therapien waren körperlich und psychisch eine große Belastung. Zusätzliche Erkrankungen wie zum Beispiel eine HIV- oder Hepatitis-B-Infektion konnten den Therapieerfolg zusätzlich erschweren. Die häufigste Nebenwirkung von Ribavirin war eine Verminderung der roten Blutkörperchen. Dies konnte dazu führen, dass die Ribavirin-Dosis reduziert und in schweren Fällen die Therapie vorzeitig beendet werden musste. Von meiner Hepatitis-C-Infektion erfuhr ich im Jahre 1988. Ich war damals so sehr von den Problemen der Hämophilie und HIV eingenommen, dass ich relativ gelassen von meiner weiteren ernsthaften Krankheit Kenntnis nahm.

Heute stehen antivirale Wirkstoffe zur Verfügung, die ohne Interferon auskommen und hochwirksam sind, nur von wenigen Nebenwirkungen begleitet werden und eine Heilung in über 95 Prozent der Fälle in acht bis zwölf Wochen herbeiführen.

Mit einer rechtzeitigen, erfolgreichen Therapie der chronischen Hepatitis-C-Erkrankung kann sich die Leber wieder weitgehend erholen, es steigt die Lebenserwartung und sinkt das Risiko für Folgeerkrankungen wie Diabetes, Nierenschäden, Schlaganfall oder bösartiger Lymphdrüsenkrebs. Viele heutzutage Behandelte berichten von einer spürbaren Verbesserung der Lebensqualität durch das Verschwinden der unspezifischen, aber belastenden Symptome.

1.3 Die Zusammenfassung „Persönlicher Bereich"

A Meine Lebensfeststellungen für die Zeit bis zur Pensionierung

- Die Jahre von meiner Geburt bis zu meiner Pensionierung waren meine Sturm- und Drangjahre.
- Mein Glück ist, dass ich mit einer guten Grundintelligenz und einem fröhlichen Gemüt geboren wurde.

- Speziell, bereichernd und entscheidend in dieser Zeit war, dass ich mich immer wieder zum richtigen Zeitpunkt am richtigen Ort und umgeben von den richtigen Mitmenschen befand.
- Die Überwindung meines zeitweisen persönlichen Lebenskampfes und die für mich unbedingt erforderliche Unterstützung bekam ich von meinen Eltern, meinen Schwestern, meiner tief in meinem Herzen verankerten Großmutter und vor allem von meiner mir nun mehr als 50 Jahre treu und unermüdlich zur Seite stehenden lieben Ehefrau Yvonne.
- Ihnen allen verdanke ich, dass ich all diese mir auferlegten Tiefs, wenn auch nicht ganz schadlos, überlebt habe.
- Im Laufe der Zeit erkannte ich, dass es für ein gutes Leben Vernunft und Gefühle braucht. Rationalität allein ist nicht der Königsweg.
- Als Betroffener der Bluterkrankheit war ich während Jahrzehnten gezwungen, ständig aufzupassen, mich zu schonen und möglichst isoliert zu leben.
- Dieses unnatürliche Verhalten hat mich einerseits geprägt und behindert und anderseits in meiner Persönlichkeit auch weiterentwickelt.
- Dispens von sämtlichen sportlichen Aktivitäten verunmöglichte mir gleichzeitig, die durch den Sport normalerweise entstehenden und tragenden zwischenmenschlichen Beziehungen aufzubauen.
- Durch diese Isolation fühlte ich mich minderwertig und diskriminiert.
- Die Folge war, dass ich zum Streber wurde und der Gesellschaft beweisen wollte, dass ich gleichwertig bin.

- Diese Kampfpositionierung begleitete mein Leben. In vielen Situationen wirkte sich diese höchstpersönliche Grundhaltung positiv, in einigen eher negativ aus.
- Als eigentliche Spezia entwickelte sich in mir ferner ein übermäßiger Gerechtigkeitssinn.
- Damit verschaffte ich mir unzählige, eigentlich vermeidbare Probleme.
- Ich empfinde jedoch, dass dieses Denkmuster mich in meiner Persönlichkeitsentwicklung generell betrachtet förderte.
- Gleichzeitig eignete ich mir auch ein Helfersyndrom an. Es bewirkte bei mir, dass ich mich ständig der Gesellschaft gegenüber verpflichtet fühlte.
- Summa summarum führten diese Eigenschaften dazu, dass ich mich von meinen Mitmenschen im Privaten und Geschäftlichen buchstäblich fremdbestimmen ließ.
- Das führte bei mir dazu, dass ich nicht mehr fähig war, das Wesentliche vom Unwesentlichen zu unterscheiden und mich einfach treiben ließ.
- Rückblickend beurteilt hat die Aussage „Weniger kann auch mehr sein" deshalb durchaus ihre Berechtigung.
- Gerät der Mensch in eine unkontrollierbare Lage, besteht für ihn die Gefahr der Flucht vor sich selbst.
- Dies kann dazu führen, dass er seine Bodenhaftung verliert, sukzessive je nach Wahl der Droge zeitlich unterschiedlich in eine Abhängigkeit gerät und schließlich Gefangener seiner Sucht wird.
- Gefangener seiner Sucht sein bedeutet für ihn, gleich einem gehetzten und verfolgten Wildtier zu leben.

- Um dieser misslichen Lage zu entkommen, bedarf es in den meisten Fällen fachmännischer Unterstützung. Sich aus eigenen Kräften auffangen gelingt nur wenigen Menschen.
- Damit fachmännische Unterstützung greift, muss der Betroffene aber höchstpersönlich dazu bereit, gewillt und überzeugt sein, Fremdhilfe in Anspruch zu nehmen.
- Nur so besteht für ihn eine echte Chance, sich aus diesem Teufelskreis zu befreien.

B Meine Lebensfeststellungen für die Zeit während und nach der Pensionierung

- Bewusst, entspannt und selbstbestimmend leben zu dürfen ist ein paradiesischer Zustand.
- Zu dieser Einsicht zu gelangen ist ein nicht zu unterschätzender Persönlichkeitsprozess.
- Einige Jahre vor der Pensionierung träumen alle Menschen davon, was sie nach Rentenantritt alles machen werden.
- Je näher der Zeitpunkt des dritten Lebensabschnittes naht, desto unterschiedlicher reagieren und agieren sie.
- Besonders schwierig wird es, wenn ein selbständiger Unternehmer sich dieser Herausforderung stellen muss.
- Das eigens aufgebaute Lebenswerk aufgeben zu müssen löst ein echtes Wechselbad von Gefühlen aus.
- Aufgabe und Verlust des bisherigen Lebensinhaltes und gleichzeitig eine möglicherweise auch massive Einbuße in der Gesellschaft hinzunehmen, verleiten

Unternehmer mehrheitlich dazu, ihre Nachfolge möglichst lange aufzuschieben.

- Als Selbstbetroffener erlebte ich am eigenen Leib, was der Prozess einer Nachfolge bedeutet.
- Auch ich war nicht bereit, das Geschäft einfach zu verkaufen und mich in den Ruhestand zu begeben.
- Ich zog mich etappenweise aus dem Unternehmen zurück. Zuerst aus der Geschäftsleitung, danach durch Verlagerung meines Büros nach Hause und letztlich mit meiner Demission als Verwaltungsratspräsident und dem Austritt aus dem Verwaltungsrat.
- Dieser allmähliche Rückzug erleichterte mir persönlich den Abnabelungsprozess und den Weg in die Pension massiv.
- Rückblickend beurteilt würde ich in einer gleichen Situation, und zwar aufgrund meiner rein persönlich gemachten Erfahrungen, keinen etappenweisen, sondern einen direkten Ausstieg vornehmen.
- Denn aufgrund meiner positiven Erfahrungen mit meinem heutigen Unternehmen stellte sich heraus, dass ich mir sogar persönlich geschadet habe, nicht materiell, jedoch ideell.
- Eine Nachfolge in Angriff zu nehmen, sich definitiv dafür zu entscheiden und sich danach als beteiligte Partei nicht zu verabschieden birgt die Gefahr in sich, dass daraus anstelle einer Nachfolgeumsetzung eine Nachfolgeblockierung entsteht.
- Hoch interessant für mich ist dabei festzustellen, wie sehr sich nach meiner Pensionierung meine Sichtweise betreffend Ökonomie und Klima geändert hat.

- Früher war ich ein kompletter Verfechter der Wirtschaft, ungeachtet allfälliger negativer Auswirkungen auf die Natur.
- Wie viele meiner Zeitgenossen blendete auch ich die Nachteile, die sich durch unser Handeln negativ auf die Natur auswirken, einfach aus.
- Was zählte war der Wohlstand.
- Heute muss ich feststellen, dass nicht allein der Wohlstand wichtig ist. Sofern die materiellen Werte für die Ausfinanzierung der Lebenshaltungskosten vorhanden sind, zählt die Lebensqualität viel stärker.
- Zwischen Alter und Weisheit besteht angeblich wirklich ein Zusammenhang.
- Abschließend zusammengefasst kann ich nur festhalten: Ein Leben in der Pension mit einer angepassten Tagesstruktur, ohne Leistungsdruck zu arbeiten und sich nebenbei sportlich zu betätigen ist einfach einzigartig und sehr beglückend.

C Meine Lebenserkenntnisse

- Wir Menschen sind einzigartig und zeichnen uns, jeder für sich persönlich, durch unsere Stärken und Schwächen aus.
- Geprägt werden wir von unserer Herkunft, unserem Umfeld, unserer Lebensgeschichte, unserem Naturell und unseren persönlichen Neigungen.
- Was wir mit unseren Ressourcen tun oder lassen, entscheidet jede und jeder für sich ganz persönlich.
- Unsere persönlichen Bedürfnisse und unsere charakterlichen Eigenschaften weisen uns den Weg.

- Für einen erfolgreichen Lebensweg braucht der Mensch Motivation, Beharrlichkeit und Leidenschaft.
- Das Leben als Chance und nicht als Risiko zu betrachten ist die Voraussetzung für positives Denken.
- Positives Denken ist der Lebensanker in allen Lebenslagen.
- Jeder Mensch bestimmt selbst, wie er denkt.
- Für uns als Personen ist einfach wichtig, dass Körper, Geist und Seele in Einklang sind.
- Dazu braucht der Mensch eine faszinierende Beschäftigung und Freiräume wie Erholungszeit, körperliche Betätigung und mentales Training.
- Die Persönlichkeitsentwicklung eines Menschen hängt von seinen Fachkenntnissen im Beruf, seinen persönlichen Erfahrungen und seinen Charaktereigenschaften ab.
- Die wichtigsten Elemente für die Erreichung der idealen Befindlichkeit des Menschen sind Entspannung, Ausgeglichenheit und Gelassenheit.
- Als oberste Ziele und letztlich als das Höchste der Gefühle für jeden Menschen sollten gelten: Erhalt der Gesundheit, Erlangen der vollständigen persönlichen Zufriedenheit und die Selbstfindung zu seiner inneren Ruhe.
- Damit dieser Idealzustand erreicht werden kann, braucht es Leitplanken und ein entsprechendes Denkmuster.
- Meine sinnloseste Aktivität war das Rauchen. Meine schädlichsten, jedoch von mir zugelassenen Einwirkungen auf Körper, Geist und Seele waren die

Zuwendung zum Alkohol und mein Absturz in die Alkoholabhängigkeit.

- Meine größte persönliche Leistung war die Befreiung aus der Gefangenschaft dieser Süchte und die Rückkehr in mein normales Leben.
- Als Teil eines sozialen Systems stehen uns Menschen Rechte und Pflichten zu.
- Wollen wir erreichen, dass unser Staat und die Gesellschaft funktionieren, sind Grundwerte wie Toleranz, Respekt und Achtung einzuhalten.
- Wenn uns bewusst wird, dass wir als Kollektiv leben, wirtschaften und politisieren, dann müssten wir uns auch alle für eine möglichst gerechte Verteilung der materiellen Werte und für gemeinsames, ganzheitliches Denken, Handeln und persönliche Verantwortungsübernahme einsetzen.
- Der Fortbestand einer harmonisch funktionierenden Gesellschaft hängt von guten Rahmenbedingungen, zwischenmenschlichem Teamwork und sozialem Ausgleich ab.
- Dazu zählen Arbeit und Honorierung basierend auf dem Grundsatz von Geben und Nehmen, also nicht gleich einer Einbahnstraße, die finanzielle Existenzsicherheit für alle, korrektes und verantwortungsvolles Verhalten aller Menschen unter- und miteinander und zudem die unentbehrliche Solidarität.
- Der persönliche wie auch der geschäftliche Erfolg hängen letztlich von der Motivation, dem Leistungswillen, dem Leistungseinsatz und der Leidenschaft von uns allen als Teil dieses Sozialsystems ab.
- Besonders wichtig für uns alle zu wissen ist: Vor allem Misserfolge und Niederlagen und nicht Erfolge

tragen vorwiegend zur Weiterentwicklung unserer
Persönlichkeit bei.

- Not macht erfinderisch und fördert das Vertrauen
generell und das Selbstvertrauen im Besonderen,
verschafft Selbstsicherheit und trägt zur Selbst-
verwirklichung bei.
- Das Fazit ist:
- Wichtig ist nicht, was ein Mensch macht, sondern
wie er es macht.
- Emotionen und Empathie sind ebenso wichtig wie
Rationalität.
- Was im Leben zählt, ist stets ein guter Mix von allem.

2 Der private Bereich

2.1 Die gesellschaftliche Entwicklung

2.1.1 *Allgemeine Anmerkungen als Einführung*

Meine nachfolgenden Ausführungen beschränken sich auf meine erlebten Erfahrungen und gewonnen Erkenntnisse als Privatperson, Unternehmer und als Berater von Kleinunternehmen und deren Inhaber während mehr als 50 Jahren.

Mein Berufseinstieg erfolgte also nur kurze Zeit vor Einführung des Frauenstimm- und Wahlrechtes in der Schweiz. Damit kam ich in den Genuss, die gesellschaftlichen Veränderungen während rund einem halben Jahrhundert mitzuerleben.

Damals war die Gesellschaft so organsiert, dass der Mann das Sagen hatte und die Frau parieren musste. Dieses patriarchalische System verwehrte den Frauen viele Rechte und Pflichten. Dagegen wehrte sich ein kleiner, harter Kern von Frauen schon seit einiger Zeit. Dank ihrer Hartnäckigkeit wurde diese längst überfällige Ungerechtigkeit, der Ausschluss der Frauen aus der Politik, beseitigt. Zur Schande von uns Männern besteht bis heute trotz gesetzlicher Grundlage keine eigentliche Gleichstellung von Frau und Mann. Vieles wurde diesbezüglich mittlerweile erreicht und zu hoffen ist, dass die noch bestehenden Ungleichheiten nun endlich beseitigt werden. Es kann und darf doch nicht sein, dass täglich Verstöße gegen Art. 8 der Bundesverfassung geschehen, indem der Grundsatz „Alle Menschen sind vor dem Gesetz gleich" nicht nachgelebt wird.

Die Veränderung unseres Denkmusters hat sich auch auf die Gesellschaft, Wirtschaft, Politik und den Staat ausgewirkt.

Erfreulicherweise hat, ganzheitlich betrachtet, auch die Solidaritätsbereitschaft bei den Mitmenschen zugenommen. Damit wurden auch die Voraussetzungen geschaffen, dass wir als Gesellschaft unsere Rechte und Pflichten als Kollektiv häufiger wahrnehmen und bereit sind, uns damit vermehrt für die Existenzsicherung aller Menschen einzusetzen.

Der heute gut aufgestellte Sozialstaat widerspiegelt die Früchte dieser Entwicklungen.

Parallel dazu haben wir Menschen uns durch diese Veränderungen aber auch vermehrt aus unserer persönlichen Gesellschaftsverantwortung zurückgenommen, und zwar mit der Begründung, der Staat wird es schon richten.

Bewerten wir diese Tatsache, so muss davon ausgegangen werden, dass wir Menschen egoistischer und gleichzeitig emotionsloser geworden sind. Aus dieser Erkenntnis heraus tun wir gut daran, wenn wir alles daransetzen, dass der von uns als Gesellschaft während Jahrzehnten aufgebaute Generationenvertrag (3-Säulen-System) nicht gefährdet wird.

Die negative Profilierungssucht, der zunehmend härtere Ton und die sture Interessenvertretung anstelle einer angemessenen, umsetzbaren und finanziell tragbaren Sachpolitik sollte deshalb von unseren Politikern ernsthaft überdacht werden.

In der Zeit vor 1940 waren die Menschen häufig auf die Solidarität ihrer Mitmenschen angewiesen. Nur dank der gegenseitigen Unterstützung der Familienmitglieder und guten Nachbarn konnte die Existenz für alle überhaupt sichergestellt werden. Bei den vollzogenen Änderungen handelt es sich somit lediglich um Umlagerungen von der Institution Familie und Sippe auf die Institution Staat. Der heutige IST-Zustand birgt jedoch einen riesigen Vorteil in sich, denn wegen dieser Umlagerung fand eine Umverteilung der materiellen Güter statt, die dazu führte, dass die Schwächeren in unserer Gesellschaft gestärkt und die Stärkeren trotzdem nicht übermäßig beeinträchtigt wurden.

Systematisch betrachtet gab es den erwähnten Generationenvertrag somit grundsätzlich immer.

Bei einer gesamtheitlichen Betrachtung der gesellschaftlichen Entwicklung wirkt sich auch die Veränderung der Lebenserwartung der Menschen massiv aus. Zwischen 1950 und 2020 hat die Lebenserwartung von Mann und Frau durchschnittlich um fast 25 Prozent zugenommen. Ferner sanken die Zahlen der Kindersterblichkeit. Ein solcher Verlauf als Gesamtheit stellte uns alle denn auch vor weitere große Herausforderungen.

Dank der Einführung der AHV und des laufenden Ausbaus bis zum 3-Säulen-System ist bis heute auch das Volkseinkommen, d. h. die Existenzsicherheit für die ganze Bevölkerung in der Schweiz mehrheitlich gewährleistet.

Die ständig zunehmende Schnelllebigkeit der letzten 70 Jahre und die starke technische Entwicklung zwang die Unternehmen dazu, ihre Arbeitsmodelle, Arbeitsabläufe und auch ihre Finanzierung anzupassen.

Von Mitte des letzten Jahrhunderts bis in die 70er Jahre wurden die Kleinunternehmen überwiegend aufgrund der erzielten Umsatzzahlen beurteilt und bewertet. Das Motto lautete: „Umsatz um jeden Preis". Die Ölkrise führte nun dazu, dass vermehrt auch die Kosten, die bei der operativen Tätigkeit im Alltag anfallen, hinterfragt wurden. Die schon damals teilweise umgesetzten und geplanten Vorhaben des 3-Säulen-Systems trugen sicher auch zu diesem Umdenken bei. Ein sozialer Ausbau bedeutete für die Unternehmen, dass sie fortan mit massiven zusätzlichen Kosten rechnen mussten. Eine weitere, sehr wichtige Erkenntnis aus dieser Weiterentwicklung war, dass auch den Kleinunternehmern bewusst wurde, dass der Erhalt und ein allfälliger Ausbau des Unternehmenserfolgs nicht primär von der Größe, sondern vielmehr von der Anpassungsfähigkeit des Unternehmens an diese Schnelllebigkeit abhängt.

Die erwähnten Veränderungen führten ferner dazu, dass auch bei der Führung eines Kleinunternehmens sukzessive ein anderer Führungsstil eigeführt wurde. Von der ursprünglich rein patriarchalischen und hierarchischen Führung gingen auch die Kleinunternehmer, je nach Sturheit des Inhabers, schneller oder langsamer auf einen zielführenden und Teamwork orientierten Führungsstil über.

Die Einstellung der Unternehmer den Mitarbeitern gegenüber hat sich sicher fundamental verändert. Auch den Kleinunternehmern ist bewusst geworden, dass ein Unternehmen nur so gut ist, wie sein Team und es die entsprechende Anerkennung verdient.

Selbstverständlich musste sich auch der Staat den rasanten Veränderungen anpassen. Die unzähligen Gesetzesanpassungen, die massiven Ressourcenbeschaffungen für die Umsetzungen und Finanzierungen des heute bestehenden Sozialstaates und die organisatorischen Vorkehrungen in den Verwaltungen, all das würde Bücher füllen. Allein bei der Gesetzgebung haben diese Veränderungen dazu geführt, dass es heute für den Normalbürger sehr schwierig geworden ist, vor lauter Bäumen überhaupt noch den Wald zu sehen.

Durch die zunehmende Komplexität auf allen staatlichen Ebenen wie Gemeinde, Kanton und Bund wurde eine vermehrte Zusammenarbeit unabdingbar. Das führte dazu, dass ständig neue öffentliche Körperschaften, regionale oder sogar überregionale Verbände entstanden, beispielsweise ein Abfallwirtschaftsverband, Zusammenschlüsse von Schulen in Schulverbände etc. Damit gelang es dem Staat, all die vielen neuen Aufgaben auch umzusetzen.

Da die turbulente Entwicklung in der Wirtschaft von der kommunalen zur kantonalen und nationalen Ausweitung an der Landesgrenze nicht Halt machte und es mit der anschließenden Globalisierung der Wirtschaft weiterging, drängte sich auch für die Schweiz eine Zusammenarbeit mit Europa und letztlich der ganzen Welt auf. Mit dem Abschluss der bilateralen Verträge mit der Europäischen Union haben wir unser wirtschaftlich erforderliches Fundament sichergestellt. Nach der Ablehnung des Rahmenabkommens durch den Bundesrat im Jahre 2021 bewegen wir uns momentan eher in einem luftleeren Raum. Die Zukunft wird uns aufzeigen, wo unser Weg uns hinführt.

Gesamthaft beurteilt darf sicher festgehalten werden, dass die Schweiz ihre Aufgaben und Pflichten während der letzten 70 Jahre mit Bravour erfüllt und umgesetzt hat.

2.1.2 *Die rechtliche Entwicklung*

Bei der Gesetzgebung handelt es sich bekanntlich um die Normen, die unser Zusammenleben regeln. Die gesellschaftlichen Veränderungen der letzten Jahrzehnte führten zu einer echten Gesetzesflut. Diese Regulierungswut reduzierte gleichzeitig auch die Rechtssicherheit. Dabei handelt es sich um die Schnelllebigkeit, die dazu führt, dass eine gefestigte Gerichtspraxis ins Wanken gerät. Das wirkt sich so aus, dass es für einen Rechtslaien schwierig wird, zwischen Recht und Unrecht zu unterscheiden. Dieser Zustand löst bei ihm oftmals Unverständnis aus, wenn er erleben muss, dass Recht haben und Recht bekommen „zwei Paar Schuhe" sind. Wenn ich in meinen folgenden Ausführungen nun die Entwicklung bei der Gesetzgebung unter die Lupe nehme, so kommt bei mir ein ähnliches Gefühl von Unverständnis auf. Rechtliche Bestimmungen, die allgemeinverbindlich sind, sollten doch einheitlich zur Anwendung gelangen. Wenn in unserer höchsten Verfassung der Grundsatz aufgeführt ist „Alle Personen sind vor dem Gesetz gleich", gleichzeitig aber zwischen Frau und Mann unterschieden wird, so muss das uns alle als Gesellschaft aufrütteln und anspornen, entsprechende Vorkehrungen einzuleiten und Anpassungen umzusetzen.

A Der Familienbereich

Dieser Bereich im Zivilgesetzbuch der Schweiz regelt das Zusammenleben zwischen uns Menschen. Das Gesetz wurde seinerzeit aufgrund des klassischen Denkmusters des Schweizer Volkes aufgebaut, wonach als Ehe ein Verbund von Mann und Frau verstanden wurde. Im

Partnerschaftsgesetz wurde viel später auch die einge-
tragene Partnerschaft gleichgeschlechtlicher Paare geregelt. Fortan konnten gleichgeschlechtliche Personen,
also Frau und Frau oder Mann und Mann, einen eheähn-
lichen Zustand eingehen. Mit der Absegnung des Geset-
zes „Ehe für alle" durch den Souverän im letzten Jahr
tritt dieses nun per 1. Juli 2022 in Kraft. Damit wurde
gleichzeitig das Partnerschaftsgesetz aufgehoben. Diese Trendwende verdeutlicht, wie sich die Gesellschaft
verändert. Was vor Jahren unvorstellbar gewesen wäre,
wird plötzlich gesellschaftsfähig.

B Der Ehescheidungsbereich

Die massive Zunahme von Ehescheidungen führte auch
zu tiefgreifenden finanziellen Folgen für die Gesellschaft
und letztlich den Staat. Durch die steigende Zahl an al-
leinerziehenden Personen stieg vermehrt auch die Nachfrage nach Kindertagesstätten. Nur so lassen sich Arbeit
und Erziehung der Kinder managen. Der ständige Druck
von außen im Job und im Inneren durch die Kinderbetreuung bringen die erziehenden Elternteile schnell einmal an ihre Belastungsgrenze. Das führte dazu, dass die
zuständigen Staatsstellen von Gemeinde, Kanton oder
Bund personell aufgestockt werden mussten.

Was das Scheidungsverfahren angeht, wurde dieses
dank des neuen Scheidungsrechts erheblich vereinfacht.
Da die Schuldfrage im neuen Gesetz eliminiert wurde,
sind die früher unsäglichen und zermürbenden Diskussionen unter den Scheidungsparteien vom Tisch. Sind sich
die Parteien über das Sorgerecht der Kinder, die Alimente
für die Kinder und allfällige Unterstützungsgelder einig
und liegt zudem ein Vorschlag über die güterrechtliche

Auseinandersetzung vor, so kann die Ehescheidung mit einem von beiden Parteien unterzeichneten Gesuch und den zusätzlich notwendigen Unterlagen versehen beim zuständigen Gericht eingereicht werden. Eine einvernehmliche Scheidung lässt sich materiell beurteilt somit relativ einfach umsetzen.

Die zeitlich auf zwei Jahre begrenzte Dauer, die Scheidung zu verhindern, ist für die betroffenen Parteien ebenfalls sehr hilfreich. Damit wird Klarheit geschaffen und unnötige Kosten und zusätzlicher persönlicher Ressourcenverschleiß eliminiert.

Sehr wichtig und vor allem auch für einen finanziellen Ausgleich möglicherweise dienend sind die klaren Regelungen im neuen Scheidungsgesetz betreffend der BVG- und Säule-3a-Guthaben.

Das Fazit ist:
- **Die heutige Ehe ist grundsätzlich ein Vertrag von zwei Personen auf unbestimmte Zeit mit einer Kündigungsfrist von längstens zwei Jahren.**

C Der Ehegüterrechtsbereich

Wir kennen in der Schweiz im Ehegüterrecht seit jeher drei Güterstände, nämlich den ordentlichen, auch gesetzlicher Güterstand genannt, die Gütertrennung und die Gütergemeinschaft. Die letzteren zwei sind im Grundsatz stets unverändert geblieben. Anders verhält es sich beim ordentlichen Güterstand, der immer zur Anwendung kommt, wenn keine abweichenden vertraglichen Vorkehrungen getroffen werden. Hier galt ursprünglich der Güterstand der Güterverbindung, der Mitte der 80er Jahre des letzten Jahrhunderts aufgrund einer Gesetzesrevision von der auch heute noch gültigen Errungenschaftsbeteiligung abgelöst wurde. Mit dieser Änderung wurden die Frauen endlich als mündige, handlungsfähige und gleichzeitig vollwertige Personen anerkannt. Aus heutiger Sicht beurteilt ist es schlicht und einfach nicht nachvollziehbar, welche Geringschätzung den Frauen von Seiten der Männer entgegengebracht wurde. Bei der Güterverbindung galt, dass bei einer güterrechtlichen Auseinandersetzung, also beispielsweise einer Scheidung oder durch den Tod eines Ehegatten, dem Mann zwei Drittel und der Frau ein Drittel des vorhandenen Vermögens zustanden. Heute erhält bekanntlich jede Partei die Hälfte der Errungenschaft, die sich aus der Summe des vorhandenen Nettovermögens abzüglich der Eigengüter von Frau und Mann ergibt.

Was heute, aber vor allem ab dem 1. Juli 2022 zählt, ist der partnerschaftliche Gedanke im Gegensatz zu früher, wo der geschlechtliche Unterschied von Mann und Frau maßgebend war.

Das Fazit daraus ist:
• **Eine zu späte Änderung des IST-Zustands ist besser als keine!**

D Der Erbrechtsbereich

Anlässlich der Gesetzesrevision beim Ehegüterrecht mit in Kraft treten per 1. Januar 1988 wurde auch gleichzeitig das Erbrecht erneuert und den mittlerweile sich entwickelten Rechtsgrundsätzen angepasst.

Anstatt wie früher einen Viertel der Erbmasse oder die Hälfte als Nutznießung erhält heute eine Ehefrau die Hälfte der Erbmasse oder drei Viertel als Nutznießung zugeteilt. Auch hier wurde der Grundsatz von Partnerschaft umgesetzt.

Mit der aktuellen Erbrechtsrevision, die voraussichtlich am 1. Januar 2023 in Kraft tritt, werden die im Erbrecht festgeschriebenen Pflichtteilsrechte angepasst. Neu beträgt der Pflichtteil für Nachkommen die Hälfte und nicht mehr drei Viertel und der Pflichtteil für die Eltern wird gegenstandslos gestrichen.

Durch diese Neuerungen wird die verfügbare Quote erhöht und weitet den Spielraum der Verfügenden aus, nach ihrem freien Willen allenfalls bestimmte Personen zu begünstigen. Damit lassen sich allfällige Zuwendungen an Lebenspartner, die aufgrund der zunehmenden Anzahl von Scheidungen und der daraus resultierenden Lebenspartnerschaften von Patch-Work-Familien entstehen, problemlos realisieren.

Schön feststellen zu können, dass Gerechtigkeit als oberste Maxime allmählich auch im Recht Eingang findet.

E Der Sozialversicherungsbereich

In diesem Bereich kam eine enorme Bewegung in Schwung. Kein Stein blieb auf dem anderen liegen. Angefangen hat es im Jahre 1940 mit der Einführung der Erwerbsersatzordnung (EO). Es folgte im Jahre 1948 die Ausgleichs- und Hinterlassenenversicherung (AHV). Bis im Jahre 2019 kamen danach praktisch jedes Jahrzehnt neue Sozialversicherungen hinzu.

Im Vorsorgebereich wurde die Invalidenversicherung (IV), die obligatorische Unfallversicherung (UV), die Krankenkassenversicherung (KV), die freiwillige Krankentaggeldversicherung (KTV), die Arbeitslosenversicherung (ALV) und zuletzt die Mutterschaftsentschädigung

(EO) und in der Altersvorsorge das Bundesgesetz über die berufliche Alters-, Hinterlassenen- und Invalidenvorsorge (BVG) und die gebundene Selbstvorsorge (Säule 3a) eingeführt. Alle diese Versicherungen zusammen bilden das 3-Säulen-System in der Schweiz. Das Ganze wird auch als Generationenvertrag angesehen. Damit wird die Existenzsicherung der Bevölkerung auch in kritischen Lebensphasen gewährleistet. Einen wesentlichen Beitrag dazu leistet das Bundesgesetz über Ergänzungsleistungen zur Alters-, Hinterlassenen- und Invalidenversicherung (ELG) vom 6. Oktober 2006. Außer bei der Grundversicherung der Krankenpflegeversicherung werden alle Versicherungen von den Arbeitgebern und den Arbeitnehmern gemeinsam finanziert. Das bedeutete für die Unternehmen, dass sie ständig für zusätzliche Personalkosten aufzukommen hatten. Andererseits wurde damit die soziale Verantwortung für die Arbeitnehmer, die früher bei den Unternehmen lag, sukzessive dem Staat überbürdet.

Mit der Einführung der verschiedenen Kategorien in der Altersvorsorge wurden für alle unselbständig erwerbenden Personen gleichzeitig auch sehr erfreuliche Steueroptimierungsmöglichkeiten geschaffen, die zu massiven Steuereinsparungen für sie führen.

F Der Gesellschaftsrechtsbereich

Bekanntlich wird in der Schweiz zwischen natürlichen und juristischen Personen unterschieden. Bei den natürlichen Personen handelt es sich um Privatpersonen, Einzelfirmen und Kollektiv- und Kommanditgesellschaften. Als wichtigste juristische Personen gelten die eingetragenen Vereine, Stiftungen, Kapitalgesellschaften in Form einer Aktiengesellschaft (AG) oder Gesellschaften mit beschränkter Haftung (GmbH) und die Genossenschaften.

Eine spezielle Beachtung und Beurteilung verdient die Gesellschaft mit beschränkter Haftung. Diese Gesellschaftsform wird auch „Aktiengesellschaft des kleinen Mannes" genannt. Sie spielte bis zur Aktienrechtsreform, in Kraft gesetzt per 1. Juli 1992, eine untergeordnete Rolle. Bis zu diesem Zeitpunkt war für die Gründung einer AG ein Mindestkapital von 50 000 Franken vorgeschrieben, wovon mindestens 20 000 Franken einbezahlt sein mussten. Mit der Aktienrechtsreform wurde das Mindestkapital von 50 000 auf 100 000 Franken angehoben und gleichzeitig wurde im Gesetz festgehalten, dass von diesen 100 000 Franken mindestens 50 000 Franken einbezahlt sein müssen. Das hatte zur Folge, dass bei einer Gründung bedeutend mehr Eigenkapital erforderlich war. Damit gewann die Gesellschaftsform der GmbH massiv an Bedeutung und verbreitete sich in kurzer Zeit um ein Vielfaches.

Mit der Einführung des Revisionsaufsichtsgesetzes (RAG) und der gleichzeitigen Schaffung der Möglichkeit für Kapitalgesellschaften, mit einer Anzahl Mitarbeitender bis zu zehn Vollzeitarbeitsstellen auf eine Revisionsstelle zu verzichten, wurde die Spielwiese für Kleinunternehmer mit krimineller Energie ausgeweitet.

Die vielen, immer wieder im Handelsregister publizierten Konkurse von GmbHs sollten die zuständigen Gesetzgebungsinstanzen eigentlich hellhörig machen. Es stellt sich hier wirklich die Frage, ob es nicht angebracht wäre, das Mindeststammkapital für eine GmbH von derzeit 20 000 auf 50 000 Franken zu erhöhen.

Es ist durchaus nachvollziehbar, dass abenteuerliche Personen große Risiken eingehen, solange das eingesetzte Eigenkapital für sie unbedeutend und ein allfälliger Verlust noch erträglich ist.

Ich führe hier ein typisches Beispiel auf: Bei der Einführung der Arbeitslosenversicherung wurden GmbHs gegründet, und zwar in der Absicht, die Firma kurz nach der Gründung in Konkurs gehen zu lassen, um danach Arbeitslosengelder zu beantragen. Die Leidtragenden sind seither alle Anteilseigner von GmbHs, denn sie sind vom Bezug von Arbeitslosenentschädigungen ausgeschlossen.

Für mich „einen echten Hit" bedeutete die Einführung des Fusionsgesetzes (FusG). Die vielen Gestaltungsmöglichkeiten, die dieses Gesetz auch für Kleinunternehmen eröffnete und der große Nutzen daraus sind einfach phänomenal.

Dank dem FusG lassen sich auch Kleinunternehmen so aufstellen, dass eine Nachfolge erfolgreich umgesetzt werden kann und damit auch der Fortbestand des Unternehmens gewährt bleibt.

Ob eine Umwandlung, Abspaltung, Ausgliederung oder eine Fusion vollzogen wird, alle diese Transaktionen lassen sich heute einfach, zielorientiert und sachgerecht auch steuerneutral umsetzen.

G Der Steuerbereich

Das ist mein Tummelfeld, mit welchem ich mich seit Jahrzehnten als „Fachidiot und Schreibtischtäter" beschäftige.

Wenn wir, das heißt meine Kundschaft und ich, über Steuern sprechen, verspüre ich stets einen negativen Beigeschmack meines Gegenübers. Ich fühle mich dann stets etwas frustriert. Das dauert jeweils aber nur kurze Zeit. Für mich als Steuerberater empfinde ich vielmehr, dass gerade im Steuerbereich viele Impulse schlummern, die zu großen gesellschaftlichen Erfolgen führen, würden wir uns mit dem richtigen Blick darauf fokussieren.

Wir unterscheiden zwischen direkten und indirekten Steuern. Bei den direkten Steuern handelt es sich um die Einkommens- und Vermögenssteuern, die vom Bund, den Kantonen und den Gemeinden erhoben werden. Das Fundament der direkten Steuern ist die wirtschaftliche Leistungsfähigkeit der Unselbständigen, der Selbständigen und der Unternehmen. Da für die Steuererfassung und Berechnung von Selbständigen und Unternehmen die Geschäftsbücher, nämlich Jahresrechnung und Buchhaltung, als Grundlagen dienen, wird gleichzeitig eine weitere Unterteilung in Steuerpflichtige als natürliche Personen einerseits und als juristische Personen andererseits vorgenommen.

Bei den indirekten Steuern handelt es sich um Transaktionssteuern. Als Grundlage für diese Steuern sind Übertragungen zum Beispiel von Waren, angefangen beim Zoll, später auch erfasst von der Warenumsatzsteuer (WUST), welche danach durch die Mehrwertsteuer (MWSt) abgelöst wurde. Weitere indirekte Steuern sind die Stempelabgaben und die Verrechnungssteuer.

Zur Umsetzung der wesentlichen Veränderungen im Steuerbereich Schweiz in den letzten 55 Jahren trugen folgende Maßnahmen bei: Eine Steueramnestie, bei der jedem Steuerpflichtigen die Möglichkeit geboten wurde, sich vom Druck von Schwarzgeld zu befreien und das nicht versteuerte Geld zur straflosen Selbstanzeige zu bringen. Ferner der Wechsel von der Wehrsteuer zur

direkten Bundessteuer und die Einführung der Steuer-
harmonisierung, mit der die Kantone aufgefordert wurden, die gleichen Formalitäten für die Steuererfassung
anzuwenden. Im Weiteren die steuerlichen Regelungen
mit Bezug auf die Altersvorsorge, der Wechsel von der
Warenumsatzsteuer zur Mehrwertsteuer und die nachträglich stattgefundenen Revisionen.

Als weiteres großes Projekt erwähnt werden muss die
Steuerreform I, mit der folgendes geregelt wurde: Tarif-
anpassung für Holding- und Domizilgesellschaften und
die Reduktion des Steuersatzes von drei auf ein Prozent
bei der Emissionsabgabe von Kapitaleinlagen unter Ein-
räumung einer Freigrenze bis zu einer Million.

Mit der späteren Steuerreform II wurde die wirtschaftliche Doppelbesteuerung auf Dividenden aus Kapitalgesellschaften beachtlich reduziert. Fortan mussten Dividenden von den Aktionären und GmbH-Anteilseignern
nur noch zu 60 Prozent versteuert werden, sofern ihre
Beteiligung mindestens zehn Prozent beträgt. Gleichzeitig wurde eingeführt, dass Kapitalnachschüsse, sofern sie in der Bilanz separat ausgewiesen werden, bei
einer allfälligen späteren Rückzahlung an die Inhaber
nicht mehr als Einkommen versteuert werden müssen.
Ferner wurde bestimmt, dass Liquidationsgewinne bei
einer Geschäftsaufgabe von Einzelfirmen und Perso-
nengesellschaften fortan privilegiert besteuert werden.

Im Zuge der Inkraftsetzung des Fusionsgesetzes dräng-
ten sich ebenfalls Steuergesetzanpassungen auf.

Diese Bespiele zeigen auf, dass in der Steuerlandschaft
nichts mehr ist, wie es einmal war.

Eine Anmerkung auf ungelöste Probleme scheint mir
wichtig: Wünschenswert wäre endlich eine Lösung in der

„Besteuerung des Eigenmietwertes bei selbstgenutztem Wohneigentum". Die Besteuerung von fiktivem Einkommen mag steuersystematisch richtig sein. Für die Betroffenen ist dieser Sachverhalt jedoch mehrheitlich unverständlich und abstoßend. Wichtig zu wissen ist aber, dass eine Abschaffung der Eigenmietwertbesteuerung sich für viele Eigentümer je nach Situation kontraproduktiv auswirken wird.

Ein weiterer „Dauerbrenner", ebenfalls seit Jahrzehnten, ist die „Heiratsstrafe". Dieses Problem wäre gar keines, wenn der Fiskus und das Parlament den Mut aufbringen würden, das Ganze pragmatisch anzugehen, indem einfach eine generelle Individualbesteuerung für alle Personen anstelle einer gemeinsamen Besteuerung von Eheleuten zum Tragen kommen würde.

Eigentlich müssten wir alle mit Freude und Genugtuung Steuern zahlen. Leider empfinden wir die Steuern als eine Leistung an den Staat ohne Gegenleistung. Ganz anders verhalten wir uns gegenüber Abgaben und Gebühren. Hier erblicken wir die sofortige Wirkung einer Handlung und stören uns deshalb viel weniger daran. Die Kausalität und gleichzeitig die Akzeptanz sind hier vorhanden. Wenn ich ein Baugesuch einreiche und danach eine Rechnung für die Baubewilligungsgebühr erhalte, so bezahle ich diese anstandslos und betrachte das Ganze als eine logische Folge.

Geht es um die Steuern, verhalten wir uns ganz anders. Warum dies so ist, ist eigentlich unlogisch. Uns allen ist bewusst, dass uns ein gutes Bildungswesen, ein einmaliges Gesundheitswesen, optimale Infrastrukturen wie Straßen, Kulturzentren, gut funktionierende öffentliche Verkehrsmittel und vieles mehr zur Verfügung stehen. Dass ein solches Gesamtsystem finanziert werden muss, ist für uns alle auch nichts Neues und sicher auch verständlich. Dank der Steuern, die wir alle gemeinsam zahlen, können unsere persönlichen Bedürfnisse so vielfältig und so umfangreich befriedigt und unser Wohlbefinden auf diesem hohen Niveau intakt gehalten werden.

Die Steuern sind somit grundsätzlich das einzige Instrument, mit dem sich eine einigermaßen ausgeglichene Gerechtigkeit erzielen lassen würde. Steuern zahlen muss nur die Person, die über materielle Werte verfügt. Zu Reichtum gelangen kann eine Person nur dann, wenn ihr mehr zufließt, als sie zum Leben braucht.

Mein Ziel als Inhaber meines Unternehmens ist es, nach Berücksichtigung eines angemessenen Lohnes, nach Berücksichtigung eines Betrages, der mir die erforderlichen zukünftigen Investitionen für den Fortbestand meiner Firma sicherstellt, eines zusätzlich angemessenen Betrags für mein Unternehmerrisiko und ferner nach Berücksichtigung einer anständigen Rendite für das von mir im Unternehmen investierte Eigenkapital abgedeckt zu sein. Verfüge ich dennoch über einen verbleibenden Unternehmensgewinn, stellt sich zwangsweise die Frage, wie es dazu kommen kann. Die Antwort lautet: Entweder habe ich von irgendjemandem zu viel verlangt oder irgendjemandem zu wenig gegeben. Die Lösung des Problems liegt also im Ausgleich. Genau das ist der Denkansatz, den es braucht, damit die Stabilität in einem Staat erhalten bleibt und die Solidarität, die es in jeder Gesellschaft braucht, eingehalten wird. Mit einer geeigneten Steuerpolitik könnten also viele Probleme schnell, unkompliziert und zudem gerecht gelöst werden.

2.1.3 *Die religiöse Entwicklung*

In der religiösen Entwicklung beschränke ich mich auf meine höchst persönliche Wahrnehmung und meine gemachten Erfahrungen. Ich wurde im christlichen Glauben erzogen. Meine Eltern bemühten sich sehr, uns Nachkommen die christlichen Werte beizubringen. Aufgrund meiner Historie setzte ich mich bereits in jungen Jahren sehr intensiv mit Gott und der Welt auseinander. Das immer wieder in mir auftretende Unverständnis führte mich trotzdem hin zum Glauben. Meine Empathie war nie fundamentalistisch. Ich verspürte jedoch, dass der Glaube mir als Leitplanke und auch als Hilfsmittel dienlich war. Als Leitplanke im Sinne von Sensibilität, dass mir bewusst wurde, was gut und was böse ist und als Hilfsmittel, indem ich bald einmal verspürte, dass es eine höhere Gewalt geben muss. Nur so war ich in der Lage, weiterzuleben, wenn ich an meine Grenzen der Belastbarkeit stieß und nicht mehr wusste, wie es weitergehen sollte. Das Gebet zu Gott, was immer man darunter versteht, verhalf mir schon in den kritischen Phasen in meinen Kinderjahren, irgendwie Trost zu finden und neue Kräfte zu gewinnen.

Was ich als Protestant in meinem Leben nie verstand, ist die Beichte und die Regel, dass Priester nicht heiraten dürfen. Während meiner Kantonsschulzeit nahm ich einmal an einer Veranstaltung zum Thema „Mischehe" teil. Ich konnte einfach nicht nachvollziehen, warum eine unterschiedliche Glaubenszugehörigkeit von zwei Personen ein Eheproblem sein kann. Mir als Kind wurde eingetrichtert: „Liebe deinen Nächsten wie dich selbst." Das Problem Mischehe bestand aber auch bei meiner Heirat mit Yvonne. Auch meine Eltern waren anfänglich alles andere als glücklich über meinen Entscheid.

Für mich stellte eine Mischehe nie ein Problem dar. Was für mich zählt, ist allein, dass Menschen, wenn sie miteinander heiraten wollen, sich lieben und ehren. Dass sich Religionen anstatt für Einigkeit für Trennung einsetzen, war für mich stets schleierhaft. Ich stellte mir vor, dass Kinder den Glauben der Mutter annehmen sollen. Meine Begründung basierte auf der damaligen Funktion und Stellung der Frau in der Gesellschaft. Für mich war naheliegend, dass eine Mutter, die zuhause war und auch für die Erziehung der Kinder verantwortlich war, auch im Glauben mit den Kindern verbunden sein sollte. Da meine liebe Yvonne katholisch und ich evangelisch war und wir entschieden hatten, uns katholisch trauen zu lassen, mussten wir uns von einem Priester über unsere zukünftige Ehe beraten lassen. An unserer zweiten gemeinsamen Sitzung, vorgesehen waren deren fünf, teilte ich dem Geistlichen mit, dass wir aufgrund meiner Bluterkrankheit auf Kinder verzichten würden. Die Folge war, dass sich weitere Sitzungen somit erübrigten. Diese Situation zeigte mir unmissverständlich auf, dass für die kirchlichen Institutionen nicht das Seelenwohl ihrer Schäfchen, sondern ihre finanzielle Bedürfnisbefriedigung vorrangig ist.

Die Kirchenbesuche als Kinder waren Bestandteil unseres Lebens und auch von den Protestanten verhältnismäßig gut besucht. Begebe ich mich heute in einen Gottesdienst, so treffe ich, wenn es hoch zu und her geht, rund drei Prozent der kirchenangehörigen Dorfgemeinschaft. Dieser Zustand löst bei mir jeweils Unverständnis und gleichzeitig Hoffnungslosigkeit aus. Wie ist es nur möglich, dass wir uns glaubensmäßig so weiterentwickelt haben, dass wir überzeugt sind, dass unsere Verpflichtung der Kirche gegenüber mit der Bezahlung der Kirchensteuer abgetan ist und die Kirche ihrerseits mit der Zustellung der Kirchensteuerrechnung ihre Pflicht als erfüllt betrachtet. Die Fakturierung erfolgt zudem durch die zuständige Staatsinstanz, heute meistens durch die Kantone. Bei einer solchen unrühmlichen Situation ist es denn auch nicht verwunderlich, dass die Kirchenaustritte stets zunehmen. Die fehlende Pflege der zwischenmenschlichen Beziehungen zwischen den Geistlichen der staatlich anerkannten Religionen und ihren Gläubigen wird vor allem von Kranken und älteren Personen vermisst, die besonders auf Unterstützung angewiesen wären. Diese Mitmenschen wenden sich deshalb vermehrt den Freien Kirchen zu. Auch die in den letzten Jahren immer häufiger bekannt gewordenen widerlichen und unentschuldbaren Verfehlungen von Kirchenträgern gegenüber Mitgläubigen und Übergriffe von Geistlichen gegenüber Jugendlichen sind alles andere als förderlich für den Fortbestand der Religionsgemeinschaften und deren kirchlichen Institutionen.

Sollen die christlichen Religionen als Lehre und die Kirchen als Institutionen weiterleben und ihre Daseinsberechtigung manifestieren, so werden sie nicht darum herumkommen, sich neu aufzustellen. Die längst überfällige vollständige Trennung von Kirche und Staat und deren Umsetzung sollte auf alle Fälle vollzogen werden.

Wenn wir die Beziehungsthematik in der Gesellschaft unter die Lupe nehmen und gleichzeitig mit derjenigen im Kirchenbereich vergleichen, so gelangen wir zu einem sehr ähnlichen Ergebnis. Wir als Menschen leben vermehrt jede und jeder für sich und möglichst ohne größeres Beziehungsumfeld. Dieses Verhalten fördert die Anonymität und führt scheinbar zu mehr persönlicher Freiheit bei den Menschen. Das führt jedoch zu Gruppenbildungen, spaltet die Gesellschaft und wirkt sich stets negativ auf eine Gesellschaft aus.

Aus meiner persönlichen Beurteilung betrachtet ist unsere Gesellschaft aber nicht ungläubiger geworden. Geändert hat sich jedoch die persönliche Wahrnehmung von uns Menschen gegenüber dem Glauben und vor allem auch dessen Umsetzung. Vielen Menschen ist mittlerweile bewusst geworden, dass Glauben letztlich nichts anderes als Denken bedeutet. Das hat dazu geführt, dass wir vermehrt auf unserer persönlich festgelegten Wahrheit aufbauen. Wichtig ist aber letztlich nicht, was man glaubt, sondern dass das, an was man glaubt, für uns auch die wirkliche Wahrheit ist. Das bedeutet aber nicht, dass die persönliche Wahrheit die absolute Wahrheit ist und auch nicht, dass aufgrund von neu gewonnen Erkenntnissen an der eigenen Wahrheit nichts geändert werden kann und soll.

2.1.4 Die politische Entwicklung

A Allgemeine Bemerkungen

Die Geschichte der letzten 100 Jahre war wohl gesamthaft beurteilt eine Zeit mit den meisten Veränderungen und Möglichkeiten in der persönlichen Weiterentwicklung jedes einzelnen Menschen, in der Gesellschaft, in der Technik und Wirtschaft als auch in der Politik. Die persönlichen Möglichkeiten in allen Lebensbereichen kennen heute keine Grenzen. Die Armut in der Gesellschaft verringerte sich und der Wohlstand wuchs. Die Entwicklungen und die Nutzung von technischen Errungenschaften nahmen übermäßig zu. Die Wirtschaft entpuppte sich als eigentliches Schlaraffenland. Die Aufgaben und Verpflichtungen des Staates wurden stets komplexer und vielfältiger und die Pflichten und Leistungen von uns Menschen als Teil dieses Globus anspruchsvoller und teilweise belastender und führten uns auch in einigen Sachgebieten an die Grenze unserer persönlichen Fähigkeiten bis hin zu einer gewissen persönlichen Überforderung.

Gesamthaft gesehen ist diese Entwicklung positiv. Tragisch und unfassbar ist aber, dass der Mensch trotz dieser Erkenntnisse nicht in der Lage ist, die entsprechenden positiven, konstruktiven Entscheidungen zu fällen.

Ein weiteres trauriges Phänomen ist, dass die zusätzlich erhaltene Freiheit der einzelnen Menschen, die größere persönliche Macht und die dadurch erzielten verbesserten Voraussetzungen für die Gestaltung ihres persönlichen Lebens trotzdem ungenügend zur Förderung der kollektiven Solidarität beitrugen.

Gelingt es uns nicht, endlich unser kollektives Verantwortungsbewusstsein und unsere Solidarität für eine gerechtere Verteilung der materiellen Lebensressourcen einzubringen, solange wird unsere Gesellschaft fortlaufend an dem lebensnotwendigen Zusammenhalt kränkeln und gleichzeitig als Gesamtheit weiterhin versagen.

Das Fazit ist:

- Dass wir Menschen uns persönlich etwas bescheidener verhalten und uns vermehrt auf einen angemessenen Anteil am Wohlstandskuchen beschränken sollten.
- Dass wir uns auf Familien- und Gesellschaftsebene für eine angemessene Machtausübung entscheiden sollten. Missverstandene Macht führt nämlich stets ins Chaos.
- Dass wir uns darüber bewusst werden sollten, dass Geld zweifelsohne existenzielle Sicherheit verschafft, aber eigentlich keine absolute Zufriedenheit garantiert.
- Dass Geld nichts Schmutziges ist und auch nicht darauf verzichtet werden muss, dass jedoch auch in diesem Bereich eine angemessene Ausgeglichenheit dieser Ressourcen auf die einzelnen Gesellschaftsmitglieder sinnvoll, erstrebenswert und lobenswert wäre.
- Dass der Faktor Moral unbedingt auch Bestandteil der Wirtschaft werden muss. Warum Ökonomie Moral braucht, hat Hans Küng in seinem Buch „Anständig wirtschaften" leicht verständlich und hinlänglich begründet beschrieben.
- Dass die Erzielung von Glück, Freude und Zufriedenheit als Summe von Glückseligkeit und als Grundlage für ein sinnvolles und lebenswertes Leben alles ist, was im Leben zählt.

B Die Schweizer Politik

Die Schweiz als Staat ist die gleiche geblieben. Sie ist unverändert eine direkte Demokratie, aufgebaut auf drei

Staatshoheiten Bund, Kantone und Kommunen. Auch die drei Gewalten, nämlich die Exekutive, die Legislative und die Judikative beim Bund und in den Kantonen, funktionieren unverändert wie seit der Einführung der Bundesverfassung im Jahre 1848. Verändert hat sich jedoch das politische Verhalten zwischen dem Staat und dem Souverän. Analog wie die Wirtschaft macht auch die Politik nicht mehr Halt an der Landesgrenze. Die Globalisierung hat auch in der Politik Eingang gefunden. Was sich jedoch in der Politik verändert hat, ist die Zusammensetzung und das Verhalten bei den Politikern und den politischen Parteien.

Bis vor 50 Jahren war die Politik noch in fester Männerhand. Damals wurde in der Schweiz erst das Stimm- und Wahlrecht für Frauen eingeführt. Endlich erlangten die Frauen eine gewisse Gleichberechtigung. Bei der Politikergilde handelte es sich weitgehend um eine Machtelite. An der Spitze in der Wirtschaft, im Militär und in der Politik und gleichzeitig als Vorbilder in der Gesellschaft wirkte ein Gremium von Auserwählten, überwiegend in Personalunion. Nicht umsonst spricht man deshalb von dem damaligen Wirtschaftsfilz und einer Vetternwirtschaft. Die Mächtigen waren Männer aus der FDP, der CVP und in einer Unterzahl und mit weniger Macht ausgestattet auch Personen aus der SP und einer oder zwei Kleinparteien. Im Laufe der Zeit nahmen immer mehr Frauen Einzug in die Parlamente und Exekutiv-Behörden, und zwar bei allen Staatshoheiten, also auf kommunaler, kantonaler und auch auf Bundesebene. Diese Politikentwicklung in der Schweiz führte zum Aufkommen weiterer politischer Parteien wie beispielsweise dem Landesring der Unabhängigen, der Nationalen Aktion gegen die Überfremdung, der Republikaner, der Autopartei, der Partei der Arbeit, die allesamt wieder von der Bildfläche verschwanden. Aber auch neue Parteien, die heute existieren und sehr aktiv sind, haben die Politik aufgemischt. Vor allem die Grüne Partei Schweiz und die Grünliberale Partei haben seit den letzten Parlamentswahlen im Jahre 2019 auf Bundesebene und in mehreren Kantonen massiv an Bedeutung dazugewonnen.

Die vor rund 50 Jahren erfolgte die Fusion der Bauern, Gewerbe und Bürgerpartei mit den Bündner Demokraten und der neue Auftritt der Partei als Schweizerische Volkspartei hat in den Folgejahren zu einer massiven Bewegung und letztlich zur größten Partei der Schweiz geführt.

Als einfacher Staatsbürger ist mir aber aufgefallen: Der Zugang zu besserer Bildung wie Mittelschulen, Hochschulen und Universitäten auch für Personen aus unteren Gesellschaftsschichten hat zwangsweise auch dazu beigetragen, dass die Macht neu verteilt wurde. Die sukzessive Verlagerung von Aufgaben der Wirtschaft auf den Staat als Folge der massiven Ausweitung im Sozialversicherungsbereich hat sich zusätzlich auch auf die personelle Zusammensetzung der Parlamente ausgewirkt. Die Parteien der Linken nahmen an Bedeutung zu, die Parteien der Rechten verloren teilweise an ihrer einstigen Vormachtstellung und die Parteien der Mitte entwickelten sich zusammen mit den linken Parteien aufgrund neuer Themenbereiche wie beispielsweise dem Klimawandel.

Diese unterschiedlichen Einflüsse auf die Parteien haben auch sie gezwungen, ihre Inhalte und Strategien neu festzulegen. Wie der aktuelle IST-Zustand aufzeigt, sind sie leider beim Lösen ihrer parteiinternen Hausaufgaben gescheitert. Ihre Aufgabe, sich der aufdrängenden politischen Sachgeschäfte in zeitlicher Hinsicht angemessen, aus gesellschaftlicher Sicht tragbar und aus fiskalischer Sicht finanzierbar umzusetzen, haben sie nicht erfüllt. Ihre Hauptaufgabe sehen sie, wie sich feststellen lässt, vor allem in der Selbstbewirtschaftung ihrer Parteiinteressen. Ferner wird ersichtlich, dass bei vielen Politikern ihre persönliche Profilierungssucht überhandnimmt und dazu führt, dass die eigentliche Sachpolitik vermehrt in den Hintergrund gerät.

Wo wir uns politisch befinden, zeigen die zwei nachfolgenden Beispiele auf:

Die Verhandlungen über den Rahmenvertrag mit der Europäischen Union sind im Jahr 2021 gescheitert. Während mehr als sieben Jahren hat sich der Bundesrat nicht für eine Neuausrichtung mit der EU entscheiden können und letztlich die Verhandlungen eigenmächtig abgebrochen. Das Vertrauen dem Bundesrat gegenüber in der EU, aber auch bei den Parteien und im Schweizervolk hat sehr darunter gelitten. Aufgrund der vorhandenen Corona-Pandemie wurde dieses Vorgehen nur so nebenbei zur Kenntnis genommen, hat kaum zu großen Diskussionen geführt und lediglich mäßige Reaktionen bei den Parteien ausgelöst. Dass es überhaupt so weit kommen konnte, verschulden zu einem großen Teil auch die Parteien. Ihr unmögliches Verhalten während der Verhandlungsjahre ist auch keine Glanzleistung. Seit ihrem Triumphsieg im Jahre 1992 mit dem Volksentscheid „Nein zum EWR" hat die Schweizerische Volkspartei neben ihrem Kerngeschäft der Fremdenfeindlichkeit auch die EU-Politik auf ihre Fahne geschrieben. Sie fühlt sich deshalb durch den widersinnigen Bundesratsbeschluss zum Rahmenabkommen als Siegerin und damit in ihrer fragwürdigen Politik bestärkt. Ihr Standpunkt war stets bekannt und ihr stures Verhalten auch keine Überraschung.

Unverständlich und letztlich verantwortlich für diesen absurden Ausgang sind aber auch die Linken. Die Gewerkschaften mit ihren uneinsichtigen Forderungen betreffend Einhaltung von zeitlichen Bestimmungen für ausländische Unternehmen im Zusammenhang von Arbeitsausführungen in der Schweiz und ihr an Sturheit nicht zu überbietendes Verhaltens wurde auch von der SP mitgetragen. Der Zusammenschluss von Links und Rechts, obwohl mit unterschiedlichen Begründungen, war denn auch auschlaggebend für das nun vorliegende Chaos. Auch die anderen Parteien außer der GLP haben sich alles andere als zukunftsorientiert und brillant verhalten. Wann und wie sich dieser Scherbenhaufen beseitigen lässt, wird die Zukunft weisen. Mit der derzeit vorherrschenden Überheblichkeit und Selbstüberschätzung dürfte dies für die Schweiz aber kein leichter Spaziergang werden.

Komplett unverständlich reagieren und agieren nun aber die einzelnen Parteien mit ihren separaten Partei-Strategie-Vorschlägen betreffend Zukunftsgestaltung mit der EU. Diese Reaktionen können als Eingeständnis für parteipolitisches Fehlverhalten und gleichzeitig als Schuldbefreiungshandlung gedeutet werden. Sind die Parteien wirklich so weit verkommen, dass die zukünftige Prämisse, ein gemeinsames Ziel zu erreichen, nicht mehr in der Suche nach Einigkeit, sondern aufgrund von Uneinigkeit erreicht werden soll, so ist Handlungsbedarf angesagt.

Eine ähnliche rational nicht nachvollziehbare Patt-situation zeichnet sich ferner bei der erneut durch das Parlament in der letzten Session im Jahre 2021 verab-schiedeten Revision zur AHV ab. Auch hier zählt angeb-lich nicht das Gesamtinteresse, nämlich der Fortbestand unseres einmaligen Sozialwerkes und einer der größten Errungenschaften in der Schweizer Politik. Wenn auch hier für die linken Parteien ihre egoistischen Parteiin-teressen wichtiger sind als die Sicherstellung der Finan-zierung und damit der Erhalt der 1. Säule unseres 3-Säu-len-Systems, so ist dies schlicht und einfach traurig und unangemessen. Um eine Veränderung herbeizuführen, braucht es immer Kompromissbereitschaft. Festhalten am Rentenalter 64 für Frauen und damit das größte So-zialwerk längerfristig zu gefährden ist einfach unverant-wortlich. Ein Referendum zu ergreifen, muss sogar als sträflich gewertet werden.

Dass es auch anders geht, haben der Bundesrat, die Kantonsregierungen mit ihren mutigen und sachgerech-ten Entscheiden während der Corona-Pandemie und auch die Parlamente auf allen Stufen durch ihre Absegnun-gen dieser Entscheide vorbildlich bewiesen. Die unkom-plizierte und großzügige Vergabe von Corona-Krediten an die Unternehmen und die Ausrichtung von Kurzar-beitsentschädigungen an die Arbeitnehmerschaft durch den Staat haben einen Wirtschaftskollaps und eine all-gemeine Existenznotlage in der Bevölkerung abgewen-det. Ein mehrere Milliarden umfassendes Finanzpaket wurde kurzerhand geschnürt und umgesetzt. In nor-malen Zeiten hätte ein solches Finanzprojekt jahrelan-ge politische Diskussionen beansprucht. Einmal mehr wurde illustriert, dass bei genügend Druck und völliger

Ungewissheit der Mensch zu Handlungen und Entscheidungen bereit und fähig ist, die vorher und nachher als unmöglich erscheinen.

Damit unser Staat aber auch in normalen Zeiten funktionsfähig bleibt, sind wir Stimm- und Wahlbürger aufgerufen, Gegensteuer zu geben. Allein wir haben es in der Hand, das Schiff auf Kurs zu bringen und zu halten. Da bekanntlich zu viele Köche den Brei verderben, ist es für die Schweiz wichtig, dass sie über ein neues Parteien-Modell nachdenkt. Zielführend wäre möglicherweise ein 3-Parteien-System bestehend aus einem Rechten-, Mittigen- und Linken-Lager. Die Meinungsvielfalt würde nicht darunter leiden. Alle Parteien wären aber gezwungen, sich vermehrt auf das Wesentliche zu konzentrieren. Der Parlamentsbetrieb würde vereinfacht. Die Umsetzung einer Sachvorlage wäre schneller möglich. Die Aktivität des Parlamentes würde beschleunigt und die Erlangung eines Kompromisses wäre einfacher und effizienter realisierbar. Das Ziel muss jedoch nach wie vor darin bestehen, dass die Parteien gewillt sind, ihre Verantwortung wahrzunehmen und mit ihrem Handeln zum Wohle des Schweizervolkes beizutragen. Wollen wir unseren Wohlstand bewahren und das Vertrauen als Fundament für die zwischenmenschlichen wie auch die zwischenstaatlichen Beziehungen zurückzugewinnen, müssen wir unser Polit-System unbedingt neu aufgleisen. Jede Person kann für sich entscheiden, welchem politischen Lager sie sich anschließen will. Die Richtungsweisung generell können wir aber nur gemeinsam mit unserer Teilnahme an künftigen Wahlen und Abstimmungen beeinflussen und damit echte Veränderungen generieren.

Zu hoffen ist somit, dass die nächsten Wahlen des Bundesparlamentes eine neue parteipolitische Zusammensetzung hervorbringen.

C Der Klimawandel

Seit rund vier Jahrzehnten informieren uns die Wissenschaftler über die Klimaerwärmung und damit verbunden den Klimawandel. Aufgrund persönlicher Bedürfnisse, Machtgelüsten, Abenteuerlust, Geiz und Gier sind wir Menschen trotzdem bereit, diese Warnungen zu ignorieren und uns weiterhin verantwortungslos gegenüber unserer Natur und unserer Nachwelt zu verhalten. Sich selbst belügen und die persönliche Gesundheit zu schädigen ist generell nicht strafbar. Die Gesundheit Dritter zu gefährden und dies als Selbstverständlichkeit hinzunehmen ist jedoch menschenverachtend. Dass nicht einmal Demonstrationen von Kindern in unzähligen Städten auf der ganzen Welt uns Erwachsene aufhorchen lassen, ist ein Beweis, wie verkommen unsere Gesellschaft ist. Auch ich muss mir bedauerlicherweise eingestehen und mir vorwerfen lassen, wie verantwortungslos und egoistisch ich mich persönlich hinsichtlich Umweltschutzes verhalten habe. Auch ich war einer, der die wirkliche Wahrheit nicht wahrhaben wollte. Mit stimmigen Ausreden und der von mir höchst persönlich bestimmten Wahrheit befreite ich mich von Schuldgefühlen und versuchte mich damit gleichzeitig zu beruhigen. Sich Fehler einzugestehen ist nun einmal nicht die Stärke von uns Menschen.

Endlich in meiner letzten Lebensphase habe ich nun doch noch Zeit gefunden, mich mit den eigentlichen wesentlichen und vor allem entscheidenden Problemen für unser Überleben zu beschäftigen. Das einzige Fazit, das mir übrigbleibt, ist: Besser zu spät zur Einsicht gelangen als nie.

Tatsache ist jedoch, dass wir uns heute hinsichtlich Rettung der Natur zeitlich beurteilt nicht fünf vor zwölf, sondern bereits fünf nach zwölf Uhr befinden. Das Positive ist, dass wir uns nicht mehr längere Zeit mit Abklärungen betreffend Handlungsbedarf beschäftigen müssen. Die Fakten liegen auf dem Tisch. Wollen wir unsere Hausaufgaben in Angriff nehmen und damit den Verlust unserer Lebensgrundlagen abwenden, so braucht es nur noch den Einsatz unserer Vernunft und den Willen jedes Einzelnen zur Umsetzung der uns längst bekannten Erfordernisse.

D Die Corona-Pandemie

Das Bundesamt für Gesundheit (BAG) vermeldete am 25. Februar 2020 den Beginn der Corona-Pandemie. Es folgten Monate des Bangens und Hoffens. Die gesamte Menschheit verfiel in eine Schockstarre. Die Wirtschaft wurde teilweise lahmgelegt. Die Existenzen der Arbeitnehmer und auch der Unternehmen waren bedroht.

Mit Wirkung ab 17. Februar 2022 wurden die Corona-Maßnahmen in der Schweiz größtenteils aufgehoben. Dieser Entscheid kam für die meisten Schweizerinnen und Schweizer sehr überraschend. Gerechnet wurde mit einer Rückkehr in die Normalität frühestens per Ende März 2022. Da sich eine Abflachung der Pandemie und eine Öffnung für die Rückgewinnung der persönlichen Freiheit für die Schweiz abzeichnen, fühlte ich mich verpflichtet, auch dieses Ereignis noch festzuhalten. Der Virus ist nicht verschwunden, gespannt dürfen wir auf den Verlauf im Herbst sein.

Eine für uns Menschen nie und nimmer vorstellbare Situation ist eingetroffen. Eine Virus-Infektion mit solchen einschneidenden Folgen war schlicht und einfach unvorstellbar. Die Verunsicherung war denn auch entsprechend immens. Plötzlich wurden wir in ein für uns völlig unvorstellbares und verändertes Lebensumfeld versetzt. Wir alle wurden dadurch gezwungen, und zwar jeder für sich selbst, seinen neuen Lebensstil zu gestalten und sich darin zurechtzufinden.

Die Solidarität und auch die anfängliche Disziplin der Schweizer Bevölkerung waren einfach ergreifend und wohltuend. Auch die Entscheidungsbereitschaft des Bundesrates sowie die nachträgliche Genehmigung durch das Bundesparlament für die wirschaftliche Unterstützung der Arbeitnehmerschaft und der Wirtschaft mehr oder weniger generell war sehr erfreulich und sicher das einzig richtige Vorgehen. Bedenken wir, wie harzig und mit wie viel jeweils unnötigem politischen Hickhack und vor allem auch wie lange es normalerweise dauert, bis ein Sachgeschäft durch das Bundesparlament abgesegnet oder abgelehnt wird, so sind die schnellen, einfachen und unkompliziert getroffenen Entscheidungen als einmalig zu qualifizieren.

Wie in jeder Krise war die persönliche Ansicht und Grundhaltung jeder Einzelperson auch in dieser Pandemie ausschlaggebend und letztlich auch entscheidend für die Bewältigung des gemeinsamen Krisenmodus.

Das Thema „Impfen, ja oder nein?" war für mich eine logische Folge, sich nicht impfen lassen somit grundsätzlich kein Thema. Selbstverständlich traf dies nur zu für Mitmenschen, die sich problemlos hätten impfen lassen können. Wenn jemand sich nicht impfen lassen wollte, so verurteilte ich dieses Verhalten nicht. Für mich bedeutet dies jedoch, dass sich eine Person in diesem Fall für ihren allfälligen Tod entschieden hat. Das Recht dazu, eine Person davon abzuhalten, gibt es nicht. Was eine Person mit ihrem Leben machen will, steht allein in ihrer Kompetenz. Hier befinden wir uns in der höchstpersönlichen und darüber allein zu entscheidenden Verantwortung jedes einzelnen Menschen. Was mich persönlich betrifft, liegt letztlich allein in meiner Selbstverantwortung. Anders verhält es sich jedoch in dem Fall, wenn eine Drittperson durch eine Person zu Schaden kommt. Angenommen ich stecke eine Drittperson mit dem Corona-Virus an, so stellt sich sofort die Frage: „Hätte sich dies verhindern lassen können?" Muss dies bejaht werden, so entsteht unweigerlich das Problem eines Schadenersatzanspruchs. Der entstandene Schaden, sprich die Virus-Ansteckung, erfolgte somit aufgrund von möglicherweise fahrlässigem und somit falschem Verhalten der ansteckenden Person.

Als HIV-Infizierter habe ich mich deshalb immer wieder hinterfragt, wie ein Gericht bei einer verschuldeten Corona-Ansteckung entscheiden würde. Würde die gleiche Gerichtspraxis wie bei HIV-Infizierten angewendet, so bedeutete dies für schuldige Personen folgendes: Führt eine Ansteckung zum Tod oder zu einem Long-Covid-Schaden*, so riskiert eine schuldige Person mit einer Klage und allenfalls einer Verurteilung wegen grobfahrlässiger Körperverletzung belangt zu werden. Solche Schadenersatzklagen und Verurteilungen wurden bei HIV-Ansteckungen durch HIV-Infizierte vollzogen und es konnte nachgewiesen werden, dass die HIV-infizierte Person die Infektion verschwieg oder die erforderlichen Vorschriften beim Sex ignorierte.

Diese für eine gesunde Person möglicherweise unvorstellbare These kann sehr rasch verstanden werden, wenn sie sich in die Lage eines HIV-Infizierten versetzt. Ich beispielsweise warte nun seit 37 Jahren sehnlichst auf einen Impfstoff.

Aufgrund dieser Tatsache wäre es deshalb sicher sinnvoll, wenn sich die Politik mit dem Thema „Impfpflicht" abschließend befasst und darüber entscheiden würde. Es ist sehr wahrscheinlich, dass Corona nicht die letzte Virusinfektionskrankheit sein dürfte. Damit allfällige weitere Spaltungen in der Gesellschaft vermieden werden können, wäre eine abschließende Klärung „Obligatorische Impfpflicht in Zukunft: Ja oder nein?" sicher zielführend und erforderlich.

E Der Krieg Russlands gegen die Ukraine

Mit dem Überfall vom 24. Februar 2022 erklärte Russland der Ukraine den Krieg. Russland getraut sich nicht, das Kind beim Namen zu nennen und spricht von einer Säuberungsaktion von Neonazis oder einer Spezialoperation. Diese Vorkommnisse zwingen mich dazu, viele meiner in diesem Leitfaden aufgeführten positiven Feststellungen und Errungenschaften der Vergangenheit bei einer kritischen Hinterfragung selbst anzuzweifeln. Die Welt wird nicht untergehen. Fest steht aber, dass wir von einer neuen Zeitenwende ausgehen müssen. Wie sich diese präsentiert, darüber kann im Moment nur spekuliert werden. Der Zusammenhalt der ukrainischen Bevölkerung sowie der Kampfgeist und der Leistungseinsatz ihrer Regierung sind einmalig und vorbildlich und lassen hoffen, dass dieser Krieg so rasch wie möglich beendet wird. Die danach umzusetzenden Ziele müssen sein: Erstens die Sicherstellung Europas als Kontinent, zweitens die Rückgewinnung und der Erhalt des Friedens in der Ukraine und drittens die Einführung der längst überfälligen persönlichen Freiheit in Russland.

Haben der Wahnsinn oder einfach sein persönliches Denkmuster und sein Ego Präsident Wladimir Putin zu diesem Kriegsverbrechen hinreißen lassen? Was in seinem Kopf effektiv abgeht, werden wir nie erfahren. Uns bleibt lediglich übrig, ohnmächtig und sprachlos von den sich stündlich überstürzenden Ereignissen Kenntnis zu nehmen. Wären wir ehrlich, so müssten wir uns eingestehen, dass dieser scheußliche und aufs Schärfste zu verurteilende Überfall uns eigentlich in Tat und Wahrheit hätte bewusst sein sollen. Denn viele vergangene Taten und Worte Putins zeigten uns dies auf. Scheinheilig fragen wir nun, wie solche Katastrophen aus heiterem Himmel auf uns niederprasseln können. Faktisch beurteilt haben sich in den letzten Jahren ähnliche, ebenfalls rational nicht nachvollziehbare Vorfälle abgespielt. Denken wir nur kurz an den Abzug des Militärs der USA, Deutschlands und weiterer Staaten aus Afghanistan. Was das für diese Bevölkerung bedeutete und auch heute noch bedeutet, kann durchaus mit den aktuell unfassbaren Zuständen in der Ukraine verglichen werden. Jetzt, da die Gefahr einer Instabilität für uns alle viel näher gerückt ist und uns demzufolge unmittelbar trifft, erwachen wir wie aus einem Dornröschenschlaf. Auch ich muss mir eingestehen, dass ich mich in den letzten 40 Jahren immer mehr von meiner Wunschvorstellung eines Europas ohne Krieg habe täuschen lassen. Der Krieg in der Ukraine bedeutet für uns eine Zeitenwende und zeigt uns gleichzeitig auf, wie gutgläubig, aber auch leichtsinnig wir denken und handeln. Der Glaube an die Vernunft und an die Solidarität ist massiv beeinträchtigt worden. Was die Zukunft uns bringt, ist somit völlig offen. Verfallen wir zurück in eine Zeit des überwunden geglaubten Kalten Krieges oder gehen wir gestärkt und gemeinsam aufgrund dieser absurden Katastrophe in eine bessere Zukunft der Rationalität? Dies wird sich weisen. Unglaublich ist und bleibt jedoch, dass eine kleine Minderheit von Mächtigen über Leben und Tod der Mehrheit von Menschen eines Landes, eines Kontinentes, ja letztlich der globalen Welt entscheiden kann.

Sind wir Menschen wirklich unbelehrbar? Diese Frage muss sich nun jede und jeder stellen. Die Geschichte der letzten 100 Jahre hat uns immer wieder vor Augen geführt, wohin Kriege führen und welches menschliche Leid und welche materielle Not sie verursachen.

Nichtsdestotrotz beschränken wir uns alle auf unsere persönlichen Bedürfnisse und schauen einfach weg, wenn sich unangenehme Probleme stellen.

Endlich sollten wir nun aufwachen und uns darüber bewusst werden, dass überall, wo Machtmissbrauch passiert, wir nicht mehr wegschauen, sondern uns unserer kollektiven Verantwortung stellen und uns mit allen uns zur Verfügung stehenden Mitteln einbringen.

Das Fazit ist:
- **Seit dem Ausbruch des Krieges in der Ukraine ist das Thema Corona-Pandemie bei den meisten Menschen über Nacht wie verschwunden. Obwohl sich die täglichen Zahlen der Infizierten auch erhöhen, werden die Schutzmaßnahmen außer Kraft gesetzt und die Gesellschaft ihrem Schicksal überlassen.**

Von der viel gepriesenen persönlichen Selbstverantwortung ist zudem wenig festzustellen.

- Ein Krieg in Europa bedeutet für uns Menschen in Europa ein persönliches Risiko und damit verbunden auch eine unkalkulierbare Einschränkung der persönlichen Bedürfnisse.
- Angst hilft uns nicht weiter und Ungewissheit schwächt unsere Selbstsicherheit und unser Selbstvertrauen.
- Unverständlich ist, dass wir Menschen mehrheitlich emotional anstatt rational funktionieren. Der Grund liegt wohl darin, dass wir lieber wegschauen als Probleme zu lösen.
- Die Geschichte hat uns gelehrt, dass Machtmissbrauch und grenzenlose materielle Gier nicht zu einem erstrebenswerten Ziel führen. Trotzdem sind wir Menschen nicht bereit und unfähig, aus diesen Erkenntnissen die notwendigen Lehren zu ziehen.
- Gelingt es uns Europäern, das derzeitige Zukunftsrisiko als Chance zu werten und nutzen, so könnten wir auch gleichzeitig aufgrund der gewonnenen Erkenntnisse unser Denkmuster ändern und das notwendige Fundament für eine beständigere und gerechtere Zukunft schaffen.

2.1.5 *Die mediale Entwicklung*

Auch hier muss ich mich zurück in die Vergangenheit begeben, wenn ich die rasante Entwicklung in diesem Bereich beschreiben will. Die Medien als vierte Macht im Staat sind gleichzeitig mitverantwortlich für das Wohlbefinden von uns allen als Gemeinschaft. Als Kind erlebte ich das Radio als Unterhaltungsbringer. Nach dem Aufkommen des Fernsehens öffnete sich in mir ein Blick für das Geschehen auch außerhalb der Schweiz. Im späteren Lebensverlauf wurde mir dann immer verständlicher und vor allem bewusst, mit welcher Intensität auch die Printmedien auf uns Menschen einwirken und uns letztlich prägen. Das Aufkommen der Social Media und ihre Verbreitung in all den vielen Facetten in den letzten Jahren führten zur heutigen Überflutung mit Informationen bei uns Menschen. Ob Social Media Fluch oder Segen für uns Menschen bedeutet, bestimmen wir größtenteils jeder oder jede für sich selbst. Maßgebend ist denn auch, dass ein Mensch über die erforderlichen Fähigkeiten und die von ihm abverlangte Selbstdisziplin verfügt.

2.2 Die Zusammenfassung „Privater Bereich"

- In diesem Bereich spielt sich in der Regel das emotionale, mentale, rationale, rechtliche, gesellschaftliche und technische Zusammenwirken und Zusammenleben von uns Menschen als Gemeinschaft ab.
- Die vorgefallenen Veränderungen in all diesen Teilbereichen während der letzten 50 Jahre sind einzigartig und überwältigend.
- Hätte ein Mensch sich im Jahre 1970 zu einer Prognose dieses Ausmaßes der Entwicklung hinreißen lassen, so wäre er höchstwahrscheinlich als ein Irrer bezeichnet worden.

- Damit solche Prozesse umgesetzt werden können, müssen auch die geistigen Fundamente neu definiert werden.
- Dabei handelt es sich vor allem um die weichen Faktoren des Menschen wie das Denkmuster, die Moral, die Sozialkompetenz und die persönlichen Konsumbedürfnisse.
- Als Beispiel für das Umdenken betreffend die weichen Faktoren nenne ich stets die moderne Glücksforschung.
- Bei dieser Wissenschaft geht man doch ganz spontan beurteilt davon aus, dass dies ein Produkt von Psychologen oder Soziologen sein müsste. Erstaunt stellt man dann aber fest, dass der Vater dieser Wissenschaft ein Ökonom namens Martin Binder ist.
- Das Erfreuliche und Hoffnungsvolle ist, dass festgestellt werden kann, dass wir Menschen uns in den letzten 50 Jahren grundsätzlich ein neues Denkschema angeeignet haben. Wir denken also generell offener, toleranter und sicher sozialer als in früheren Zeiten.
- Dieser Wandel manifestiert sich auch in den unzähligen neuen Gesetzen, neuen Verhaltensnormen und allgemeinen Umgangsformen.
- Besonders ersichtlich und erfreulich führte uns dieses Phänomen auch unser Verhalten in der Corona-Pandemie vor Augen. Das größtenteils disziplinierte und solidarische Verhalten der Schweizer Bevölkerung dem Bundesrat und den Kantonsregierungen gegenüber ist wirklich lobenswert. Die entgegengebrachte Toleranz gegenüber unseren Pandemie-Verantwortlichen und dies trotz der teilweise einschneidenden Anweisungen und Eingriffe in unsere

persönliche Freiheit beweist die große Verbundenheit und Mitverantwortung von uns Mitmenschen als Kollektiv in unserem Land. Daraus lässt sich auch schließen, dass Not erfinderisch macht und gleichzeitig die Solidarität stärkt.

- Als Mensch verfüge ich über mein eigenes Denkmuster. Wie dieses aussehen soll, bestimme ich aufgrund meiner persönlichen Wahrnehmung.
- Die kollektive Wahrheit, die allgemeinverbindlich gelten soll, ist eine Vereinbarung von uns Menschen als Kollektiv der Gesellschaft und zwar teilweise aufgrund von Gesetzesgrundlagen, aber auch aus Tradition.
- In den letzten Jahrzehnten hat unser kollektives Denken erfreulicherweise zugenommen.
- Durch unseren offeneren und unkomplizierteren Umgang miteinander hat sich aber auch die persönliche Profilierungssucht jedes einzelnen Menschen erhöht.
- Dies ist ein negativer Trend, der uns egoistischer werden ließ und die zwischenmenschlichen Beziehungen beeinträchtigt und gleichzeitig einschränkt.
- Das Fundament unserer Gesellschaft ist das Vertrauen.
- Misstrauen ist Gift für eine Gesellschaft und führt zu Trennung, Disharmonie und Verunsicherung.
- Vertrauen wiederzufinden ist ein mühsamer und schwieriger Weg.
- Wir Menschen tun also gut daran, wenn wir uns respektvoll, achtungsvoll und tolerant begegnen.
- Unser offeneres Verhalten hat uns als Gemeinschaft im Staat aber auch sehr große Vorteile verschafft.

- Frühere Tabuthemen wie Sexualität, sexuelle Übergriffe von Geistlichen, neue Eheformen, Regelungen von zukünftigen Erbnachfolgen durch Erblasser zu Lebzeiten oder Tod, Selbstbestimmung über das Leben und vieles mehr werden heute offen und sachlich angegangen, analysiert und allenfalls gesetzlich geregelt.
- Dies wirkt sich befreiend auf uns Menschen aus und vermeidet viel Stress und unnötige Sorgen.
- **Wir müssen uns einfach bewusst sein, dass wir Menschen von Natur aus soziale Wesen sind. Das bedeutet, dass wir als Menschen auf ein Mindestmaß an zwischenmenschlichen Beziehungen angewiesen sind.**
- Wenn wir unseren Aufgaben und unseren Verpflichtungen gegenüber bewusst und treu bleiben und uns anständig verhalten, wird uns auch die Zukunft Glück, Freude und Genugtuung bringen.

3 Der berufliche/geschäftliche Bereich

3.1 Die wirtschaftliche Entwicklung allgemein

3.1.1 Die Umlagerung von der Produktions- zur Dienstleistungswirtschaft

Wenn ich mich zurückbesinne an meine Kantonsschulzeit, so fällt mir ein, dass im Zusammenhang mit Wirtschaft allgemein zwischen Betriebswirtschaft und Volkswirtschaft unterschieden wurde.

Als Ziel der Wirtschaft galt: Wichtig ist allein die Befriedigung der persönlichen Bedürfnisse der Einzelpersonen in der Gesellschaft.

Bei der Betriebswirtschaft stand das ökonomische Prinzip im Vordergrund. Dieses besagt: „Maßgebend ist, einen möglichst hohen Gewinn mit einem gegebenen Umsatz und möglichst wenig Aufwendungen oder mit möglichst wenig Aufwendungen einen möglichst hohen Umsatz zu erzielen." Als Produktionsfaktoren galten Arbeit, Kapital und Betriebsmittel.

Im Bereich Volkswirtschaft war wichtig zu wissen, wie sich diese aufteilte. Man unterschied strikt zwischen dem Primärsektor der Landwirtschaft als Urproduktion, dem Sekundärsektor als Industrie und Gewerbe und dem Tertiärsektor der Dienstleistungen. Damals spielte der Dienstleistungsbereich, im Vergleich zu heute, eine untergeordnete Rolle.

Die Unternehmen im Allgemeinen produzierten vorwiegend auf Bestellung. Die Produktion für den unbestimmten

Markt war den Industrieunternehmen vorbehalten. Das Marktgebiet, außer für die Industrie, umfasste die Regionen oder höchstens die Schweiz. Grenzüberschreitende Geschäfte waren etwas für die Großen. Erst in späteren Jahren öffneten sich die Märkte. Es wurde immer mehr für den unbestimmten Markt produziert. Dieser Trend nahm in allen Wirtschaftssektoren laufend zu. Maßgebend für die Preisbildung der Produkte waren immer häufiger die Märkte. Die Nachfrage am Markt und das Angebot zählten. Bei steigender Nachfrage und gleichbleibendem oder sinkendem Angebot stiegen die Preise. War das Angebot im Verhältnis zur Nachfrage höher, sanken die Preise. Aufgrund dieser Entwicklungen veränderte sich auch die Konkurrenzsituation für Unternehmen.

Die massiven Veränderungen bei den Wirtschaftssektoren gründen vor allem in der technischen Entwicklung der letzten Jahrzehnte. Als Folge der vermehrten Automatisierung und späteren Digitalisierung bei den Unternehmen nahmen die Arbeitsstellen vor allem in der industriellen und gewerblichen Produktion ab und im Dienstleistungsbereich zu. Die meisten Arbeitnehmer sind heute im Dienstleistungsbereich tätig. Glücklicherweise entstanden aufgrund dieser Entwicklungen auch unzählige neue Arbeitsstellen.

Dieser Trend war denn auch Grundstein für die aktuell nicht mehr wegzudenkende und tagtäglich wachsende Wissensindustrie. Faszinierend ist somit vor allem auch die Entwicklung im Bildungswesen. Die Ereignisse in der Wirtschaft beweisen, dass der Mensch neugierig, interessiert an Neuem, kreativ und anpassungsfähig ist und nicht müde wird, sich laufend weiterzuentwickeln.

Die Entwicklungen in den zwei nachfolgenden Branchen sollen die sozialen Veränderungen der Vergangenheit etwas vertiefter dokumentieren.

Eine große Bauunternehmung im Kanton Graubünden beschäftigte beispielsweise im Jahre 1970 rund 400 Mitarbeiter. Davon waren circa 20 Prozent Schweizer oder Mitarbeiter mit Niederlassungsbewilligungen und 80 Prozent Saisonniers. Sie wurden für neun Monate pro Jahr angestellt. Danach mussten diese Mitarbeiter die Schweiz verlassen. Je nach Beschäftigungslage wurde ihre Anstellung im folgenden Jahr für eine weitere Saison verlängert. Die Erlangung einer Jahresaufenthalts-Bewilligung konnte erst nach Ablauf von vier Saisonen beantragt werden. Fehlten allenfalls auch nur ein oder zwei Tage für den Nachweis der vorgeschriebenen 36 Monate, so blieb einem Mitarbeiter eine Jahresbewilligung für ein weiteres Jahr verwehrt. Die Arbeiter lebten allein, ohne ihre Familien, vorwiegend in Kantinen ihrer Arbeitgeber. Dieses Saisonstatut diente und verhalf der Schweiz dazu, unseren Wohlstand vollumfänglich auszubauen. Damit wurde nämlich auch gleichzeitig garantiert, dass allfällige anfallende soziale Kosten für den Staat exportiert wurden. Rein volkswirtschaftlich aus Schweizersicht beurteilt sicher ein erfolgreiches Modell. Moralisch und ethisch betrachtet jedoch eher ein fragliches Vorgehen. Heute würde man möglicherweise von modernem Menschenhandel sprechen. Eine Bauunternehmung mit einem Geschäftsgang und entsprechendem Marktanteil von damals würde heute anstelle von 400 noch höchstens 60 Mitarbeiter beschäftigen. Dieser Vergleich führt uns klar vor Augen, wie Arbeitsleistung, einst von Menschen ausgeführt, heute überwiegend von Maschinen und anderen technischen Einrichtungen umgesetzt wird.

Auch die technische Revolution in der Automobilbranche belegt uns unmissverständlich, wie sich dies einerseits betriebswirtschaftlich auf die Unternehmen und andererseits auf uns Menschen als Kunden auswirkte und von uns beeinflusst wurde. Im Jahre 1970 florierte die Branche. Die Gewinnchancen für die Werkstätten waren optimal. Die Nachfrage am Markt nach Fahrzeugen war hervorragend und vor allem war auch die Kundentreue ein Teil der persönlichen Bedürfnisbefriedigung der Kundschaft und der Unternehmen. Das Aufkommen von immer mehr Markenanbietern und die daraus resultierende zunehmende Konkurrenzsituation auf dem Markt und vor allem die persönliche Einstellung der Menschen führten dazu, dass im Laufe der Zeit letztlich allein der Preis zählte. Wir Menschen entschieden uns generell für den Preis als Fundament für unsere Entscheidungen. Einst maßgebende Elemente wie Qualität und Kundentreue verloren an Bedeutung und veränderten die Marktlage massiv. Betriebswirtschaftlich präsentieren sich deshalb heute die Gewinnchancen in der Automobilbranche auf merklich tieferem Niveau als früher.

3.1.2 Die Ausweitung von der regionalen zur globalen Wirtschaft

Diese Ausweitung insgesamt verlief ungeachtet der Branchenangehörigkeit betreffend Umfang und Intensität bei allen Wirtschaftsträgern ähnlich. Sämtliche Branchen wurden, ob von ihnen gewollt oder nicht, im Laufe der Jahre laufend gezwungen, die für sie und für ihr Überleben notwendigen Anpassungen vorzunehmen, und zwar ungeachtet welcher Natur.

Die definitive Verabschiedung des Kalten Krieges aus dem Alltag gegen Ende der 1980er Jahre war ein Befreiungsschlag von besonderer Art für die Wirtschaft. Man stelle sich vor, dass noch vor 60 Jahren ein Blick in den Osten als Sünde galt. Sympathie für alle Staaten des Ostens war des Teufels. Alles, was aus dem Westen, vor allem aus den USA kam, war gut, alles aus dem Osten böse und schlecht.

Als Treuhänder und Steuerberater war ich räumlich betrachtet sehr lokal unterwegs. Die Gesetzgebung im Steuerbereich auf allen drei Staatsebenen wurde anfänglich sehr rudimentär gehalten und gleichzeitig möglichst pragmatisch und föderalistisch angepasst. Die ständige Ausweitung und Verkomplizierung im Steuerbereich bedeuteten dann auch für mich ein fortwährender Lernprozess.

Die Ausweitung von der regionalen bis hin zur globalen Wirtschaft führten auch zu den verschiedenen bilateralen Vereinbarungen und Gesetzausweitungen, sei dies bei den Steuern wie auch im Sozialversicherungsbereich mit den EU-Staaten oder den Nicht-EU-Staaten. Diese Veränderungen forderten somit auch von mir, mich mit den neuen Gegebenheiten zu befassen. Sie machten mein Leben wie auch mein Handeln besonders interessant und sorgten für neue Herausforderungen.

Die Unternehmen profitierten mehrheitlich enorm durch das Aufkommen und die Ausdehnung der Globalisierung. Sie konnten ihre Gewinne durch Gewinnmaximierungen wie Einsparungen von Lager- und Lohnkosten infolge Auslagerung der Produktion in Billigländer und relativ bescheidenen Transportkosten beträchtlich erhöhen.

Leider wurde dieser Gier nach immer mehr Geld auch ungeachtet allfälliger Verletzungen gegen die grundsätzlich global festgeschriebenen Menschenrechte nicht Einhalt geboten.

Die Corona-Pandemie und auch der Krieg in der Ukraine haben zudem offenbart, welche direkten Gefahren und langfristigen Risiken eine globale Wirtschaftsstrategie in sich birgt. Unzählige Lieferketten-Unterbrechungen haben kurzfristig aufgedeckt, wie schnell die Tagesproduktion in den Unternehmen ins Stocken geraten kann.

Aufgrund dieser erschreckenden Erkenntnisse wurde vielen Mitmenschen dieser Welt gleichzeitig endlich bewusst, dass es möglicherweise sinnvoll wäre, neben der herrschenden Wirtschaftskrise auch noch den seit Jahrzenten bekannten, aber nicht zur Kenntnis nehmen wollenden Klimawandel in ihr Denkmuster aufzunehmen.

Fest steht, dass wir Hausaufgaben zu lösen haben. Ebenso klar ist aber auch, dass diese Themen derart komplex sind, dass sich keine einheitliche Gesamtregelung finden lässt.

Kommen wir als Menschheit zur Einsicht, dass unser Lebensstil wie bis vor der Corona-Pandemie und den kriegerischen Auseinandersetzungen eventuell nicht das höchste aller Gefühle sein kann, so können wir, sofern von uns allen persönlich eine Kurskorrektur begrüßt wird, eine Lösung finden.

Damit möchte ich Ihnen, liebe Leserinnen und liebe Leser, lediglich einen Input geben, indem ich Sie auf das landesweit und viel zitierte Sprichwort hinweise, das besagt: „Erstens kommt es anders und zweitens als man denkt."

Das Fazit ist:
Gehen wir unser Leben möglichst entspannt, ausgeglichen und gelassen an. Vergessen wir dabei aber nicht, unsere persönliche Verantwortung wahrzunehmen.

3.2 Die Entwicklung im Treuhandwesen

3.2.1 Die Veränderungen im Angebot

Zum Kerngeschäft im klassischen Treuhandwesen zählten zum Zeitpunkt meines Berufseinstiegs vor gut 50 Jahren die Buchhaltungsnachführung, die Erstellung der Bilanz, der Gewinn- und Verlustrechnung und die Erstellung der Steuererklärung.

Bei der Buchhaltungsnachführung ging es um die Aufbereitung der Belege und die Kontierung der Geschäftsvorfälle in den Grundbüchern wie Kassa-, Postcheck und Bankbuch oder auf den Bankauszügen.

Im Steuerbereich mussten alle zwei Jahre die Steuererklärungen für die damalige Wehrsteuer beim Bund und die von den Kantonen erhobenen Einkommens- und Vermögenssteuern erstellt werden. Zur damaligen Zeit existierten im Kleinunternehmensbereich mit bis zu 50 Mitarbeitern und auch im Mittelunternehmenssegment mit bis zu 250 Mitarbeitern nur wenige Kapitalgesellschaften. Somit konzentrierte sich die Tätigkeit im Steuerbereich größtenteils auf die Steuern von natürlichen Personen.

Ein weiterer wesentlicher Teil der Arbeiten im Steuerbereich machte damals die Bearbeitung der Nachlass- und Erbschaftssteuern aus. Im Gegensatz zu heute wurden beim Ableben einer Person alle gesetzlichen Erben, denen Vermögen zufloss, mit einer Nachlasssteuer als Erbmassensteuer oder mit einer Erbschaftssteuer als Erbanfallsteuer von den Kantonen und auch von vielen Gemeinden erfasst.

Ein schon damals teilweise komplexes Gebilde in der Steuerberatung spielte die Warenumsatzsteuer, vorerst Einphasensteuer genannt. Es handelte sich dabei um die Vorgängerin der heutigen Mehrwertsteuer als Allphasensteuer und indirekte Steuer beim Bund.

Das geschäftliche Umsatzvolumen im Revisionsbereich spielte für die Mehrheit der damaligen Treuhänder eine untergeordnete Rolle. Schon damals existierten als weiteres Tummelfeld die kantonalen und kommunalen Handänderungs- und Grundstückgewinnsteuern. Das ganze Angebot im Treuhandwesen präsentierte sich insgesamt relativ bescheiden.

Parallel mit den Ausweitungen der unzähligen geschaffenen Möglichkeiten in allen Gesetzesbereichen und auf allen Gesetzesstufen erhöht sich sukzessive auch das Angebot im Treuhandwesen so weit, dass eine eigene Positionierung als Generalist für einen Treuhänder und Steuerberater immer schwieriger und fragwürdiger erscheint.

Enorm zur ganzen Entwicklung im Treuhandbereich beigetragen haben vor allem auch die in den letzten 50 Jahren neu gegründeten Unternehmen. Der zunehmende Trend, einerseits anstelle einer Einzelfirma oder Personengesellschaft eine Kapitalgesellschaft zu gründen oder andererseits eine Umwandlung vorzunehmen, hat sich zu einem wahren Eldorado für alle sich am Kuchen beteiligten Berater entpuppt.

Eine Tatsache steht fest. Schon Anfang der 70er Jahre waren gewisse Wirtschaftsfachleute bereits auch im internationalen Bereich sehr aktiv tätig. Auch die Fiskalinteressen der Schweiz sind dieselben geblieben. Ein sehr heißumstrittenes Geschäft waren stets die Verkäufe von Liegenschaften an Ausländer. Das Risiko war schon damals groß. Einige Ausländer kauften damals Stockwerkeigentum mit Schwarzgeld in der Schweiz. Aufgrund von dubiosen Geschäftspraktiken gingen sie das Risiko ein, ihre Wohnungen zweimal zu bezahlen. Dank der Abschaffung des Schweizer Bankgeheimnisses nach Außen und der Einführung des Automatischen Informationsaustauschs wurde hier ein Riegel vorgeschoben, der gleichzeitig als Richtungsänderung beurteilt werden kann.

Ähnlich wie damals im Fürstentum Liechtenstein Stiftungen wurden in gewissen Kantonen in der Schweiz Domizilgesellschaften gegründet. Alle diese Geschäfte bezweckten eine Steuersubstanzverschiebung vom Ausland in die Schweiz und dienten somit als Instrument für Steuereinsparungen. In Graubünden war dieses Vehikel besonders beliebt. Viele solcher Domizilgesellschaften bescherten der Treuhandbranche in Chur Einnahmen für Administrationsarbeiten, Domizilgebühren und Kontrollstellen-Honorare und einigen Wirtschaftsjuristen beträchtliche Verwaltungsratshonorare. Obwohl für den Kanton die Steuereinnahmen für die Minimalsteuern von Domizilgesellschaften sehr bescheiden waren, flossen ihm trotzdem ansehnliche Steuergelder zu, denn schon damals konnten Ausländer grundsätzlich ihre Verrechnungssteuern auf Dividenden und Zinsen nicht zurückfordern. Aufgrund eines neuen

Doppelbesteuerungsabkommens zwischen Deutschland und der Schweiz verschwanden praktisch zur selben Zeit diese „Milchkühe". Die wirtschaftlichen Interessen und das moralische Verhalten der Berater hatten sich gezwungenermaßen auch verändert.

3.2.2 Die Veränderungen im Einsatz von Betriebsmitteln

A Die Grundbücher

Zurzeit der einfachen Buchhaltung begnügten sich die Unternehmen mit dem Führen von Grundbüchern wie Kassabuch, Postcheckbuch und Bankbuch.

Bei dieser Methode handelte es sich mehr oder weniger um eine Einnahmen-Ausgaben-Rechnung. Die Differenz zwischen Einnahmen und Ausgaben ergab den Gewinn. Unterschieden wurde zudem zwischen Vermögen abzüglich Schulden = Eigenkapital zu Beginn des Geschäftsjahres und am Ende des Geschäftsjahres.

In einem Inventar wurde vorerst das Vermögen separat aufgelistet und danach die Schulden. Dann wurden diese zwei Summen voneinander subtrahiert und die Differenzsumme als Eigenkapital ausgewiesen. Das ausgewiesene Eigenkapital zu Beginn des Jahres abzüglich des Bestandes des Eigenkapitals am Ende des Geschäftsjahres ergab den Jahresgewinn.

B Das Amerikanische Journal

Mit der Einführung der doppelten Buchhaltung wurde, wie bereits der Name andeutet, zwischen der Bilanz und einer Gewinn- und Verlustrechnung unterschieden. Die

Bilanz besteht aus dem Vermögen als Aktiven, die über die Mittelverwendung Auskunft geben und den Passiven unterteilt in Fremdkapital, also die Schulden und das Eigenkapital, die ihrerseits Auskunft über die Mittelherkunft geben. Im Grundsatz existiert dieses System auch heute noch unverändert.

Das Amerikanische Journal ersetzte somit die ursprünglichen Grundbücher wie Kassa-, Postcheck- und Bankbuch als Einzelbücher. Es bestand aus mehreren Spalten mit genauen Anordnungen. Die Spalte 1 beinhaltete das Datum, die Spalte 2 den Text, die Spalte 3 den Totalbetrag, die Spalte 4 die Kasse, die Spalte 5 das Postcheck, die Spalte 6 die Bank und danach folgten Spalten mit zusammengelegten Konten wie Spalte 7 Warenertrag, Spalte 8 Warenaufwand, Spalte 9 Übriger Betriebsaufwand, Spalte 10 Anschaffungen, Spalte 11 Diverser Aufwand und Ertrag und Spalte 12 Kontrollkonto. Jeweils zuunterst auf einer Seite in der Spalte 2 Text wurde die Bezeichnung Übertrag angebracht, sämtliche Spalten addiert und das Total festgehalten, um danach auf der nächsten Journalseite zuoberst wieder auf der ersten Zeile als Betrag bezeichnet in den entsprechenden Spalten vorzukommen.

Am Ende des Monats wurde eine Monats-Rekapitulation erstellt, die für die Verbuchung der Geschäftsvorfälle des laufenden Monats auf den entsprechenden Kontoblättern der verschiedenen Bilanz, Gewinn- und Verlustrechnungspositionen nötig war. Die Bezeichnung Gewinn- und Verlustrechnung in Erfolgsrechnung wurde durch die viel spätere Aufhebung des einstigen Schweizer Kontenrahmens für das Gewerbe durch den KMU-Kontenrahmen ersetzt. Früher war es gang und gäbe, dass

Branchen ihre eigenen Kontenrahmen führten. Solche bestanden beispielsweise im Autogewerbe, für Wirte, Hoteliers und weitere mehr.

Wo kontiert wurde, also ursprünglich in den Grundbüchern, später im Amerikanischen Journal, auf Bankauszügen oder auch kombiniert, immer galt der Grundsatz: Keine Buchung ohne Beleg.

Die Buchführung von damals verlangte somit eine Mehrfachbearbeitung für die gleichen Geschäftsvorfälle ab. Als Albtraum würden heute die damaligen, mindestens dreifachen Bearbeitungsschritte für denselben Geschäftsvorfall erscheinen.

C Die Durchschreibebuchhaltung

Dabei handelte es sich um eine circa fünf Millimeter dicke Metallplatte mit einer Befestigungsvorrichtung auf der linken Seite der Platte. Diese Vorrichtung an der Platte ermöglichte es, das Journal zuunterst, darüber ein Kohlenpapier und darüber das entsprechende Kontoblatt miteinander zu befestigen, damit diese drei Blätter nicht verrückten. Danach konnten die Buchungen in Angriff genommen werden. Das erzielte Resultat war ein original beschriebenes Kontoblatt und das Journal als Kopie. Auf diese Weise wurde eine Buchung nach der anderen vorgenommen.

D Die Buchungsmaschine

Vergleiche ich die Datenerfassung von heute mit damals, als ich mein Handwerk als Treuhänder aufnahm, so kommt mir das so vor, als hätte ich mich einmal in meinem Leben als Neandertaler auf dieser Erde bewegt.

Für die Verbuchung der Monatsrekapitulationen auf den einzelnen Kontenblättern wurden Schreibmaschinen mit Buchungsaufsätzen verwendet. Damit eine Verbuchung vorgenommen werden konnte, musste das entsprechende Kontoblatt in den ersten Trichter im Buchungsaufsatz eingefügt und gleichzeitig darauf geachtet werden, dass das im zweiten Trichter eingelegte Journal noch nicht voll war. Hoch interessant wurde es dann, wenn Korrekturen angebracht wurden, diese allenfalls nicht konsequent umgesetzt wurden und die Additionen danach nicht aufgingen. Ich spüre noch heute dieses „wohltuende" Gefühl.

E Die Registrierkasse

Eine wesentliche Vereinfachung in der Buchführung und eine massive Entlastung für viele Branchen brachte die Erfindung und ständige Weiterentwicklung der Registrierkasse.

Einerseits wurde das Erfassen der Daten vereinfacht, aber ein Glücksfall war vor allem, dass es endlich eine Möglichkeit gab, Daten zu speichern und zukünftig auf ihnen aufzubauen. Trotz dieser großen Errungenschaft mussten die Jahresabschlussarbeiten und auch die Erstellung des Jahresabschlusses aus heutiger Sicht beurteilt dennoch mühsam erarbeitet werden. Bei diesen Registrierkassen handelte es sich um reine mechanische Geräte.

Von diesen Vorteilen profitieren konnten vor allem die Gastronomie, die Hotellerie, das Autogewerbe und die Detailhandelsbranche.

F Der Abschlussbogen

Der Abschlussbogen diente zur Erstellung der jeweiligen Bilanz und Erfolgsrechnung eines Unternehmens. Auf den einzelnen Konten waren nach Verbuchung sämtlicher

Geschäftsvorfälle aufgrund der vorgenommenen Monats-rekapitulationen höchsten zwölf ausgewiesene Zahlen ersichtlich. Damit die zeitlichen und sachlichen Abgren-zungen in der Bilanz und Erfolgsrechnung berücksichtigt werden konnten, bedurfte es eines zusätzlichen Hilfs-mittels.

Der Abschlussbogen war nach dem gleichen Schema wie das Amerikanische Journal aufgebaut. Auch hier wur-den verschiedene Spalten mit unterschiedlichen Inhal-ten genau definiert und diesen zugeordnet. In der Spalte 1 wurde die Konto Nummer, in der Spalte 2 die Konto-bezeichnung, in der Spalte 3 die Saldobilanz mit einer Aufteilung von Soll/Haben, in der Spalte 4 die zeitlichen und sachlichen Nachträge mit einer Aufteilung von Soll/ Haben, in der Spalte 5 die Bilanz mit einer Aufteilung von Soll/Haben und in der Spalte 6 die Erfolgsrechnung mit einer Aufteilung von Soll/Haben aufgeführt. Je nach Vorgehen wurden zusätzliche Spalten geführt, beispiels-weise eine Kontrollspalte oder eine separate Spalte für Geldbewegungen.

Der Arbeitsablauf präsentierte sich wie folgt: Zuerst musste der Abschlussbogen beschriftet und mit allen Kon-ten versehen werden. Danach erfolgte die Zahlenüber-tragung von den einzelnen Konten in die Saldobilanz. Dann wurden die Nachtragsbuchungen in einer Tabelle „Abschlussbuchungen per Stichtag" aufgrund der gängi-gen Abschlussunterlagen wie Debitoren-, Kreditorenlis-ten, Warenvorräte Abschreibungen, Rückstellungen etc. aufgeschrieben. Nach Fertigstellung dieser Tabelle wurde auch hier eine Rekapitulation pro Konto vorgenommen. Diese einzelnen Zahlen wurden danach in die Abschluss-tabelle in der Spalte Nachträge eingetragen. Damit die gewünschten Zahlen ermittelt werden konnten, mussten jetzt nur noch alle Zahlen aus der Saldobilanz und unter Berücksichtigung der Nachträge in die jeweiligen Sparten mit den entsprechenden Konten der Bilanz und der Erfolgsrechnung zugeordnet werden und danach alle Additionen durchgeführt werden. Nach öfters mehreren Additionseinsätzen wurde der Jahresgewinn ersichtlich und wenn alles klappte, war dieser in der Bilanz und der Erfolgsrechnung gleichlautend ausgewiesen.

G Die ersten Buchungsautomaten

Mit der Entdeckung der Magnetkonten zum Ende der 70er Jahre wurde die Datenverarbeitung revolutioniert. Der große Vorteil lag darin, dass die einzelnen Daten kurzerhand vermehrt einzeln und nicht mehr als Sammelbuchungen verbucht wurden und damit die Transparenz in der Buchhaltung massiv erhöht wurde. Endlich war man auch in der Lage, Sachverhalte ausfindig zu machen und allfällige Geschäftsvorfälle nachzuvollziehen.

Zudem entfielen die mühsamen und sinnlosen Additionsarbeiten. Fortan wurden die Salden auf den Kontoblättern automatisch gespeichert und die gewünschte Saldobilanz oder fertigerstellte Bilanz und Erfolgsrechnung konnte ohne weitere Zusatzerfassungen ausgedruckt werden. Der einzige große Nachteil bestand darin, dass sich der Arbeitseinsatz am Buchungsautomat im Falle mehrerer Mitarbeiter in einem Unternehmen hinzog. Eine optimale Arbeitsplanung für die Mitarbeiter in der Benutzung des Buchungsautomaten war erforderlich und führte oftmals zu Verzögerungen.

H Ein Nachwort zur Neuzeit des Personal Computers und zur IT

Mit der Erfindung des Personal Computers wurden für uns Privatpersonen wie auch für alle Unternehmen so viele Möglichkeiten geschaffen, dass wir häufig überfordert von und auch süchtig nach den unendlichen Möglichkeiten geworden sind.

Wenn wir uns allein aus privater Sicht vor Augen führen und gleichzeitig darüber bewusst werden, welche Freiheiten, welche Möglichkeiten, welche Unabhängigkeit, welche Einsatzmöglichkeiten und vieles mehr wir dank der Errungenschaft des PC und der ganzen weiteren IT erhalten haben, so ist dies einfach phänomenal und einmalig.

Mit Worten von Hermann Hesse als Fazit:
- „Solange du nach dem Glück jagst, bist du nicht reif zum Glücklichsein."

3.2.3 Die Veränderungen in der Arbeit

„Kleider machen Leute" hält Gottfried Keller in seiner Novelle fest. Das Outfit einer Person ist sicher ein wichtiges Element in der Gesellschaft. Als Kind vom Lande war mir dies nicht immer so vollständig bewusst. Als ich Anfang Oktober 1970 bei meinem neuen Arbeitgeber die Arbeitsstelle antrat, stellte ich aber kurzfristig fest, wie wichtig die Bekleidung ist. Mein neuer Chef, begrüßte mich freundlich und teilte mir unkompliziert und bestimmt mit, dass ich bei meiner Jobausübung der Krawattenpflicht unterstehe. Ich akzeptierte das, wenn im Moment auch ein wenig perplex, versuchte möglichst gelassen zu bleiben und begab mich unverzüglich auf eine Krawatten-Einkaufstour in die Stadt. Zurückgekehrt gratulierte mir mein Chef zu meinem Geschmack, das Problem Krawatte war vom Tisch und die Anweisung unmissverständlich angekommen. Danach betrachtete ich einen Anzug und auch eine Krawatte als Arbeitsuniform, und zwar während rund 35 Jahren.

Unter Einbezug meiner Ausführungen betreffend Arbeitsmittel ist leicht verständlich, wie sehr die Infrastruktur die tägliche Arbeit beeinflusste und bestimmte. Bis zur Einführung der neuen PC-Kultur waren Arbeitsabläufe und Arbeitsprozesse deshalb stark teamabhängig. In der Buchführung wurden ganz klare Arbeitsfelder festgelegt und zwar für Lernende ab dem ersten bis zum dritten Lehrjahr und auch für die verschiedenen Sachbearbeiterinnen. Nur so war es überhaupt möglich, die mühsamen und mehrheitlich sinnlosen Routinearbeiten unter einen Hut zu bekommen.

Mit dem Einzug des PCs und der Vernetzung sämtlicher Arbeitsstationen miteinander und dem Einsatz eines zentralen Servers konnten Aufgaben, die Fachgebiete und auch die Schwierigkeitsgrade pro Mandat angepasst auf das Arbeitsteam als Einzel- oder Teamprojekt übertragen werden. Seither bieten sich ganz andere Möglichkeiten, die Motivation, das Interesse, aber auch die Leidenschaft der Mitarbeiter zu fordern und zu fördern, gleichzeitig auch die Verantwortung teilweise abzugeben und auf mehrere Schultern zu verteilen.

Die einst patriarchisch und hierarchisch geführte Unternehmensmannschaft wird heute als zielorientiertes und soziales Team als eine Einheit geführt. So lassen sich Mehrwerte für das Unternehmen wie auch für das Team generieren und zudem die Kundenzufriedenheit, als höchste Maxime eines Unternehmens, realisieren.

3.2.4 Die Verlagerung vom Generalisten zum Spezialisten

Tatsache ist, dass sich die klassische Treuhandbranche im durchschnittlichen Wirtschaftsbranchenwachstum in den letzten 50 Jahren überproportional entwickelt hat. Mehr Administration für die Unternehmen, vielfach vom Staat durch die überwuchernde Gesetzesflut aufgezwungen, führte automatisch zu mehr Beratungsbedarf bei der Wirtschaft. Erfreulich war denn auch die stetig steigende Wertschöpfung in der Branche.

Das schon volle Fass zum Überlaufen gebracht, hat bestimmt auch noch die Corona-Pandemie. Ein weiterer Beschleuniger ist zudem die ganze IT-Entwicklung. Strategisch, also längerfristig beurteilt, wird sich dies vor allem im Bereich der Digitalisierung auswirken.

Dieser Trend hat ferner zu ganz neuen Teamplayern im Steuerbereich geführt. Dass dem so ist, kann den Anforderungsprofilen in den Stellenausschreibungen auf dem Arbeitsmarkt für Spezialisten zum Thema „Steuern" entnommen werden.

Generell kann festgehalten werden, dass anstelle der einstigen praktischen Berufsausbildung und nachträglich berufsbegleitenden Weiterbildung zu einem Fachdiplom aktuell von den Jugendlichen eher der akademische Ausbildungsweg gewählt wird.

Dass die Komplexität auch im Treuhandwesen massiv zugenommen hat, sieht man, wenn wir einen Blick auf die verschiedenen Ausbildungsmöglichkeiten in der Branche werfen. Zu den ursprünglich einzigen, gesetzlich anerkannten Berufstiteln „eidgenössisch diplomierter Buchhalter" und „eidgenössisch diplomierter Bücherexperte" sind im Laufe der Jahre die neuen Berufstitel „eidgenössisch diplomierter Wirtschaftsprüfer", „eidgenössisch diplomierter Steuerexperte" und „eidgenössisch diplomierter Treuhandexperte" dazugekommen. Diese drei Fachausrichtungen signalisieren deutlich, dass der Fokus vermehrt auf einer Spezialisierung liegt. Damit wird den einzelnen interessierten Personen ermöglicht, aufgrund ihrer persönlichen Fähigkeiten ihren gewünschten Berufsweg zu bestimmen.

Aufgrund der IST-Situation wird sich für viele bis anhin als Generalisten und mehrheitlich auch als Einzelkämpfer unterwegs befindende Treuhänder die Frage stellen: „Wie weiter?"

Bekanntlich spielt heute in unserer Zeit der Schnelllebigkeit nicht mehr die Größe des Unternehmens die Hauptrolle, sondern vielmehr ihre Anpassungsfähigkeit.

Heute als Generalist unterwegs zu sein und noch über genügend Fachkenntnisse als Treuhänder und Steuerberater zu verfügen, dürfte zusehends schwieriger, aber vor allem auch kritischer und zudem fragwürdiger werden. Erlaubt sich eine Person zusätzlich noch im Bereich der ordentlichen Revision mitzumischen, wird ihre persönliche Situation noch ungemütlicher und für sie wird dies noch belastender.

Rational und realistisch beurteilt, und zwar im Interesse sämtlicher Beteiligter, wäre Handlungsbedarf angesagt. Als Lösungsansatz dienen könnte eine strikte Trennung zwischen Beratern von Privatpersonen und Unternehmern und Unternehmen. Was die Unternehmen angeht, wäre es für diese sinnvoll, wenn zudem zwischen Unternehmen mit bis zu 25 Mitarbeitern und Unternehmen mit mehr als 25 Mitarbeitern unterschieden würde.

Privatpersonen und Unternehmer und Unternehmen mit höchstens 25 Mitarbeitern bedürfen nämlich einer ganz anderen Beratung als größere Unternehmen. Die Kleinunternehmen wie beschrieben sind mehr auf Begleiter denn auf reine Berater angewiesen. Hier zählt vor allem, dass Probleme auf gleicher Augenhöhe, mit der gleichen Sprache, möglichst praktikabel und demzufolge auch finanziell tragbar behandelt und gelöst werden. Dafür braucht es unternehmerisch denkende Coachs und nicht Theoretiker.

Die Lösung des Problems liegt also in den Händen der Generalisten selbst. Gelingt es ihnen, ihre Probleme zielorientiert anzugehen und sachgerecht zu entscheiden, so wird sich für die Berater, Coaches wie auch für ihre Mandanten eine Win-Win-Situation ergeben.

3.2.5 *Das klassische Treuhandmandat*

Die Themen sind die Steuerberatung, das Rechnungswesen und das Prüfungs- und Revisionswesen. Betreut werden diese Mandate von Steuerexperten, Treuhändern und Wirtschaftsprüfern.

Als Grundlage dient die Finanzbuchhaltung. Maßgebend und wegleitend sind also die Gesetzesbestimmungen über die kaufmännische Buchführung und

Rechnungslegung gemäß OR 957 ff sowie die entsprechenden Gesetzesbestimmungen im Gesellschaftsrecht. Wie uns allen bekannt ist, erlaubt das Gesetz die Bildung von stillen Reserven. Da der Jahresabschluss gemäß Finanzbuchhaltung auch die Grundlage für die Besteuerung des Einkommens von Selbständigen und für die Gewinnbesteuerung von juristischen Personen ist, wird in der Steuerpraxis alles ausgereizt, was gesetzlich zulässig ist, damit die Steuerbelastung für die Steuerpflichtigen möglichst tief ausfällt.

Mit diesem Vorgehen wird den Unternehmern und Unternehmen gleichzeitig aber auch vorenthalten, wie hoch der effektive Jahresgewinn und das effektiv im Unternehmen investierte Eigenkapital sind. Letztlich für den Fortbestand und die Festlegung einer zielgerichteten, zukünftigen Unternehmensstrategie zählen allein die effektiven wirtschaftlichen Verhältnisse. Der klassische Treuhänder wirkt somit vorwiegend als verlängerter Arm des Fiskus und weniger als eigentlicher Begleiter und Berater des Kleinunternehmers und Unternehmens.

3.2.6 Das KMU-Coaching-Mandat

Der KMU-Coach wirkt als Begleiter der Kleinunternehmer und deren Unternehmen. Sie fokussieren sich auf die private Finanzplanung ihrer Mandanten und bemühen sich, möglichst genaue Zahlen über den effektiven IST-Zustand eines Unternehmens zu ermitteln und damit die effektiven wirtschaftlichen Verhältnisse aufzuzeigen. Maßgebend für die Ermittlung der effektiven Betriebszahlen ist somit der Einbezug der stillen Reserven. Damit auch ein Kleinunternehmer seine persönliche, aber auch volkswirtschaftliche Verantwortung wahrnehmen kann, sollte er jederzeit über die Ertragslage seines Unternehmens informiert sein. Dank des Basic-Leadership-Konzeptes von Gary Friedman, entwickelt im Jahre 2008, kann mit diesem Führungsinstrument basierend auf einem Jahresbudget und einer Deckungsbeitragsrechnung der Betriebserfolg laufend, beispielsweise monatlich, ermittelt werden. Das Grandiose dabei ist, dass es dafür keiner Finanzbuchhaltung bedarf. Der große Vorteil ist, dass sich allfällig aufdrängende betriebliche Veränderungen zeitnah umsetzen lassen. Der Unternehmer handelt somit nicht mehr aus dem hohlen Bauchgefühl heraus, sondern ist sofort in der Lage, aufgrund von Fakten die richtigen Entscheidungen zu treffen.

Sehr wichtig für alle Beteiligten im Unternehmen ist, dass stets eine ganzheitliche Gesamtbeurteilung auf Unternehmer- und Unternehmens-Ebene vorgenommen wird und aufgrund einer IST-Zustandsaufnahme ein SOLL-Zustand kreiert wird, der mittels entsprechender Maßnahmen umgesetzt werden kann.

Das Fazit ist:
- **Vernetztes Denken und Handeln sollte mittlerweile auch für Kleinunternehmer Standard sein.**
- **Gleichzeitig öffnet sich hier eine Marktnische für Treuhänder mit Unternehmereigenschaften.**
- **Für diesen Job sind neben breiten Fachkenntnissen vor allem Sozialkompetenz und Empathie erforderlich.**

3.3 Die Zusammenfassung „beruflicher/ geschäftlicher Bereich"

- Die wirtschaftliche Entwicklung im letzten halben Jahrhundert insgesamt beurteilt gleicht einem Wunder.
- Der Umgangston unter den Menschen hat sich verschärft und das Zusammenleben wurde hektischer.
- Das absolute Preisdenken in den meisten Köpfen der Menschen hat bei ihnen zu einem veränderten Handeln und Verhalten geführt.
- Die Ego-Bezogenheit hat, gesellschaftlich beurteilt, merklich zugenommen und auch das Selbstverständlichkeitsbewusstsein hat sich verstärkt.
- In der Wirtschaft und in der Politik kommt immer mehr Selbstüberschätzung auf. Damit verbunden besteht die Gefahr, dass vieles aus dem Ruder läuft.
- Etwas mehr Gemeinschaftssinn anstatt sturer Eigensinnigkeit und auch ein wenig mehr Demut und Bescheidenheit könnten förderlich sein.
- Wichtig wäre, dass die Unternehmer wesentliche Sachgeschäfte vermehrt selbst und auf eigene Verantwortung umsetzen und sich weniger auf ihre Verbandsfunktionäre abstützen würden.
- In den Unternehmen muss die Bereitschaft für mehr Umsetzung von mittelfristiger Unternehmensstrategie aufgebracht werden.
- Maßgebend in der heutigen Unternehmenswelt ist nicht mehr die Größe des Unternehmens, sondern die Schnelligkeit. Nicht der Größere, sondern der Schnellere gewinnt das Rennen.

- Das Wesentliche bestimmen, die Kerngeschäfte definieren und zielorientiert umsetzen sichern die Existenz und den Fortbestand des Unternehmens.
- Die Auswahl der maßgebenden Daten für die Grundsatzentscheidungen wird noch schwieriger, je größer das Angebot wird.
- Die eigenen Unternehmenszahlen kennen wird somit zur prioritären Pflicht.
- Die richtige Entscheidung, im richtigen Zeitpunkt, am richtigen Ort, im richtigen Umfang und über das richtige Thema zu fällen wird immer häufiger zur Mammutaufgabe und gleichzeitig zum Überlebenserfordernis der Unternehmen.
- Die letzten zwölf Jahre meiner beruflichen Tätigkeit haben mich gelehrt und mir bewusst gemacht, was für die Kleinunternehmen wesentlich ist.
- Meine Kunden wurden zusammen mit mir älter. Somit wuchsen wir in das Thema Nachfolge hinein.
- Generationenwechsel in den Unternehmen fielen immer öfters an.
- In diesem Zusammenhang stellte ich fest, dass allein die für die Öffentlichkeit bestimmten Zahlen aus der Finanzbuchhaltung eigentlich nichts aussagen und sich die Abtreter wie auch die Berater im luftleeren Raum bewegen.
- Bei Mittel- und Großunternehmen werden Betriebsbuchhaltungen geführt. Dieses Problem besteht somit nicht.
- Bei den Kleinunternehmen wird praktisch ausschließlich aufgrund des Bauchgefühls entschieden. Deshalb fehlen die Zahlen.

- Das Bauchgefühl in Ehren, aber sich als Kleinunternehmer allein auf das Bauchgefühl abzustützen, dürfte je länger je mehr nicht mehr zielführend und auch nicht verantwortbar sein.
- Die Schuld an dieser Misere tragen aber nicht die Kleinunternehmen, sondern ihre Berater.
- Da praktisch alle Treuhänder unter dauernder Arbeitsüberlastung leiden, konzentrieren sie sich verständlicherweise auf ihre Kernaufgaben und lassen es dabei bewenden.
- Das Interesse der Kleinunternehmer als Macher liegt im Tagesgeschäft.
- Ihnen ist größtenteils gar nicht bewusst, wie wichtig die eigenen Zahlen ihres Unternehmens wären.
- Die betriebswirtschaftlichen Daten, die für die Führung eines Unternehmens unerlässlich sind, sollten trotzdem vorliegen.
- Die Pflicht, diese Daten zu beschaffen oder mindestens ihre Mandanten darauf aufmerksam zu machen, liegt bei den Treuhändern.
- Hier beginnt die Unterstützung des Coachs und hier wird der Grundstein für den Nutzen des Kleinunternehmens gelegt, der zum gemeinsamen Unternehmenserfolg führt.
- Das Fazit ist, dass für die Generalisten ein ganz neues, fachlich und finanziell sehr interessantes Angebot besteht und für die Unternehmen sich neue Mehrwerte generieren lassen.

4 Das Fundament für sicheres und sinnvolles Leben

Positives Denken und gewaltlose Kommunikation sind die zwei wichtigsten Elemente für die Gestaltung eines glücklichen und zufriedenen Lebens.

Positives Denken verhilft uns zu einer guten Lebensqualität. Es sorgt dafür, dass wir entspannt, ausgeglichen und gelassen werden und das Leben in vollen Zügen genießen dürfen.

Gewaltlose Kommunikation als Interaktion unter Menschen führt letztlich zur Sinnhaftigkeit und Glückseligkeit für jedes einzelne Individuum. Agieren und Reagieren auf Sachverhalte und Ereignisse spielt sich überwiegend auf der Kommunikationsebene ab.

Erfolg und Misserfolg von Problemlösungen hängen erfahrungsgemäß vom zwischenmenschlichen Verhalten der Personen ab. Wie bei der Sprache der Ton, so ist für eine gute Kommunikation anständiges Verhalten erforderlich. Wichtiger denn Sprechen ist jedoch Zuhören können.

Maßgebend ist somit, wie wir Menschen denken. Wird unser Denkmuster aufgrund unserer subjektiven, selbstbestimmten Perspektive von unseren Mitmenschen akzeptiert und mitgetragen, so sind die Voraussetzungen für anständiges Kommunizieren gegeben und die Erfolgschancen für Lösungsfindungen groß. Schwieriger wird es, wenn unterschiedliche Denkmuster, komplett abweichende Meinungen, übermäßige Machtansprüche, schädliche Profilierungssüchte oder sonstige negative Beweggründe bestehen. In solchen Situationen führen allein eine subjektive Hinterfragung und allfällige Anpassung des persönlichen Denkmusters zu einer Einigung. Da wir Menschen uns bekanntlich sehr egoistisch, allwissend und oftmals abartig verhalten und uns zudem nicht gerne persönliche Fehler eingestehen, braucht es in den meisten kritischen Fällen die nötige Reifezeit, bis es zu einer Einigung kommt. Diese Anpassungsprozesse bieten uns aber gleichzeitig auch die größten Chancen für unsere persönlichen Erfolge, für unsere Persönlichkeitsweiterentwicklung und verhelfen uns, die für unser Leben notwendigen Erfahrungen zu gewinnen.

Das Fazit ist:

- **Wichtig zu wissen ist, dass nur eine gewaltlose Kommunikation zum Erfolg führt.**
- **Erfreulich für uns Menschen ist, dass wir in der glücklichen Lage sind, unser Leben weitgehend selbst gestalten zu können.**
- **Mit Leistungseinsatz, Disziplin, Leidenschaft, Anstand und Respekt, positivem Denken, einer guten Portion Motivation und einer gewaltlosen Kommunikation ist vieles möglich und praktisch alles realisierbar.**
- **Ferner zielführend für uns Menschen ist, wenn wir unser Leben möglichst entspannt, ausgeglichen und gelassen angehen.**

5 Schlusswort

Damit unsere Lebensziele wie Lebenssinn, Lebensfreude, Lebensglück, Lebensqualität, Lebensruhe etc. erreicht werden können, braucht es ein „Sowohl-als-auch-Denken" anstelle einer „Schwarz-Weiß-Denkstrategie" und ferner eine gute Mischung von Rationalität und Emotionalität.

FÜR AUTOREN A HEART FOR AUTHORS À L'ÉCOUTE DES AUTEURS MIA ΚΑΡΔΙΑ ΓΙΑ ΣΥΓΓΡΑΦ
FÖR FÖRFATTARE UN CORAZÓN POR LOS AUTORES YAZARLARIMIZA GÖNÜL VERELIM SZÍVÜ
PER AUTORI ET HJERTE FOR FORFATTERE EEN HART VOOR SCHRIJVERS TEMOS OS AUTORE
ZÖINKERT SERCE DLA AUTORÓW EIN HERZ FÜR AUTOREN A HEART FOR AUTHORS À L'ÉCOUTE
BCEЙ ДУШОЙ К АВТОРАМ ETT HJÄRTA FÖR FÖRFATTARE Á LA ESCUCHA DE LOS AUTORE
MIA ΚΑΡΔΙΑ ΓΙΑ ΣΥΓΓΡΑΦΕΙΣ UN CUORE PER AUTORI ET HJERTE FOR FORFATTARE EEN HA
YAZARLARIMIZA GÖNÜL VERELIM SZÍVÜ ZERZŐINKÉRT SERCE DLA AUTORÓW EIN HERZ FÜR A
SCHRIJVERS OS A CORACÁO BCEЙ ДУШОЙ К АВТОРАМ ETT HJÄRTA FÖR F

Der Autor

Arnold Gredig wurde 1948 in der Schweiz in Masein GR geboren. Der Autor hat sich zum fähigen Experten im Treuhand- und Steuerwesen ausgebildet und ließ sich auch von einer Weiterbildung zum KMU-Finanzexperten nicht abhalten. Dies alles trotz seines immer wieder schwierigen Gesundheitszustandes aufgrund von Hämophilie, HIV und Hepatitis C. Doch wie Gredig in seinen vorhergehenden Büchern und auch nun in „Unser Leben: Traum oder Wirklichkeit?" immer wieder aufzeigt, steht und fällt ein glückliches Leben mit positivem Denken, einem guten Umfeld und der Motivation, weiterzumachen.

Gredig meint auch, dass die Arbeit sein größtes Hobby ist. Nur gut, dass er trotzdem die Zeit findet, seine Lebenserfahrungen und die daraus gewonnenen Erkenntnisse in „Unser Leben: Traum oder Wirklichkeit?" weiterzugeben.

Der Verlag

*Wer aufhört
besser zu werden,
hat aufgehört
gut zu sein!*

Basierend auf diesem Motto ist es dem novum Verlag
ein Anliegen, neue Manuskripte aufzuspüren, zu ver-
öffentlichen und deren Autoren langfristig zu fördern.
Mittlerweile gilt der 1997 gegründete und mehrfach
prämierte Verlag als Spezialist für Neuautoren in
Deutschland, Österreich und der Schweiz.

**Für jedes neue Manuskript wird innerhalb we-
niger Wochen eine kostenfreie, unverbindliche
Lektorats-Prüfung erstellt.**

Weitere Informationen zum Verlag und
seinen Büchern finden Sie im Internet unter:

w w w . n o v u m v e r l a g . c o m